中国科学技术协会统计年鉴

STATISTICAL YEARBOOK

2013

中国科学技术协会 编

CHINA ASSOCIATION FOR SCIENCE AND TECHNOLOGY

中国科学技术出版社

·北 京·

图书在版编目(CIP)数据

中国科学技术协会统计年鉴. 2013 / 中国科学技术协会编.
—北京:中国科学技术出版社, 2013.7
ISBN 978-7-5046-6401-3

Ⅰ. ①中… Ⅱ. ①中… Ⅲ. ①中国科学技术协会-统计资料-2013-年鉴 Ⅳ. ①G322.25-54

中国版本图书馆 CIP 数据核字(2013)第 172863 号

责任编辑 许 慧 薛红玉
责任校对 赵丽英 孟华英
责任印制 张建农 马宇晨

出 版 中国科学技术出版社
发 行 科学普及出版社发行部
地 址 北京市海淀区中关村南大街 16 号
邮 编 100081
发行电话 010—62173865
传 真 010—62179148
网 址 http://www.cspbooks.com.cn

开 本 880mm×1230mm 1/16
字 数 480 千字
印 张 17.25
印 数 1—1850 册
版 次 2013 年 7 月第 1 版
印 次 2013 年 7 月第 1 次印刷
印 刷 北京长宁印刷有限公司印刷

书 号 ISBN 978-7-5046-6401-3/G·621
定 价 75.00 元

编印说明

一、《中国科学技术协会统计年鉴—2013》是一本反映各级科协及所属团体事业发展情况的资料性年刊。年鉴收录了2012年度中国科协（仅指中国科协机关和直属单位，下同）、省级科协、副省级城市科协、省会城市科协、地级科协、县级科协、全国所属学会、委托管理全国学会、省级学会的组织建设、经费收入与支出、学术交流活动、科普活动以及科技服务等方面的统计数据。

二、全书内容分为14个部分，即：1. 中国科协2012年度事业发展统计公报；2. 综合；3. 组织建设；4. 经费收入与支出；5. 学术交流活动；6. 科技期刊；7. 科普活动；8. 青少年科技教育；9. 科普基础设施建设；10. 科技传播；11. 科技开放与交流；12. 科技服务；13. 为科技工作者服务；14. 主要指标解释。各部分前编有《简要说明》。

三、本年鉴各项统计数据均未包括香港特别行政区、澳门特别行政区和台湾省的数据。

四、年鉴中以“学会”统称各类学会、协会、研究会。

五、年鉴第二部分至第十三部分中地级科协的数据均不含副省级城市科协和省会城市科协数据。

六、年鉴表中的符号“—”表示该项统计指标数据不详或无该项数据；“#”表示其中的主要项；“*”表示表下另有注释。

七、年鉴资料来源于中国科协综合统计调查年度报表（批准机关：国家统计局；批准文号：国统制［2012］161号）。综合统计调查年度报表工作由中国科协计划财务部统一组织，所有数据均由基层单位通过中国科协系统统计工作网络平台填报，逐级汇总。各省级和全国学会统计报表汇总、统计年鉴出版委托中国科学技术出版社完成。

为提高数据质量，我们组织对统计数据进行了审核。统计数据直接审核到单个报表单位。由于统计年度调查报表单位有5万多个，报表汇总单位近7000个，约200万的数据量，难免有疏漏之处，欢迎指正。

目录

一、中国科协2012年度事业发展统计公报

中国科协 2012 年度事业发展统计公报

2012 年，在党中央、国务院的正确领导下，中国科协高举中国特色社会主义伟大旗帜，深入贯彻落实科学发展观，认真落实中央书记处对科协工作的指示精神，团结带领广大科技工作者，紧紧围绕科学发展主题和加快转变经济发展方式主线，坚持为经济社会发展服务、为提高全民科学素质服务、为科技工作者服务，在继承中创新，在创新中发展，突出重点、狠抓落实、务求实效，各项工作取得新的成效。

一、组织建设

截止 2012 年底，各级科协组织 3181 个，中国科协所属全国学会 181 个、委托管理学会 17 个，各省级科协所属省级学会 3828 个。

各级科协从业人员 38780 人；全国学会从业人员 3219 人，其中，中国科协所属全国学会从业人员 3041 人；省级学会从业人员 16029 人。

全国学会个人会员 433 万人；省级学会个人会员 644 万人。

全国学会团体会员 52724 个；省级学会团体会员 186065 个。

中国科协基层组织 61004 个。其中，企业科协 20968 个，个人会员 345 万人；高等院校科协 574 个，个人会员 41 万人；街道科协（社区科协）8235 个，个人会员 57 万人；乡镇科协 31227 个，个人会员 211 万人。

高新技术开发区企业科协组织 603 个，占企业科协总数的 3%；技术经济开发区企业科协组织 766 个，占 4%。

农村专业技术协会 113068 个，个人会员 1468 万人。其中，在民政部门注册的农技协 29669 个，占农技协总数的 26%。

截止 2012 年底，在基层直接为公众提供科普服务的专兼职科普工作者 43.6 万人。

二、经费收入和支出

各级科协全年经费收入总额 83.4 亿元，比上年增长 4.58%。全国学会（包括委托管理学会）全年经费收入总额 21.07 亿元，比上年增长 20.26%。省级学会全年经费收入总额 15.72 亿元，比上年增长 22.14%。

各级科协全年经费支出总额 79.91 亿元，其中，科普活动经费支出 33.65 亿元，占支出总额的 42.11%。全国学会（包括委托管理学会）全年经费支出总额 17.45 亿元，其中，学术交流活动经费支出 7.67 亿元，占支出总额的 44.78%。省级学会全年经费支出总额 15.15 亿元，其中，学术交流活动经费支出 7.42 亿元，占支出总额的 48.98%。

三、学术交流活动

各级科协及两级学会共举办学术交流活动 29586 次。其中，高端前沿学术会议 7531 次，综合交叉学术会议10765次，学术服务会议11290次，所占比例分别为26%、36%和38%；交流学术论文近100万篇。其中，高端前沿学术类论文30多万篇，综合交叉类论文37万多篇，学术服务类论文近32万篇；参加学术交流活动人数442万人次。其中，企业科技工作者86万多人，占19.5%。

举办国内学术会议27157次。其中，高端前沿学术会议6349次，综合交叉学术会议9953次，学术服务会议10855次，分别占国内学术会议总数的23%、37%、40%；参加人数396万人次。其中，企业科技工作者75.6万人次，占19%。交流论文87万篇。

举办境内国际学术会议2026次。其中，高端前沿学术会议1026次，综合交叉学术会议665次，学术服务会议335次，分别占境内国际学术会议总数的51%、33%、17%；参加人数40.6万人次。其中，企业科技工作者10万人次，占总人数的25%；境外专家学者3.9万人次，占10%。交流论文11万余篇。

举办港澳台地区学术会议403次，其中，高端前沿学术会议156次，综合交叉学术会议147次，学术服务会议100次，分别占港澳台地区学术会议总数的39%、36、25%；参加人数4.5万人次。其中，企业科技工作者0.7万人次，占总人数的16%。交流论文1.1万篇。

中国科协机关及直属单位、省级科协2012年举办学术年会118次；全国学会举办学术年会923次。

四、科技期刊

各级科协及两级学会主办科技期刊2755种。其中，各级科协主办科技期刊587种，占期刊总数的21%；两级学会主办科技期刊2168种，占79%；科技期刊总印数13853万册；发表论文总数60万篇。其中，英文期刊发表论文数1.3万篇。

各级科协及两级学会主办中文学术期刊1524种，占期刊总数的55%；中文学术期刊总印数4249万册；科普期刊726种，占26%；科普期刊总印数8515万册；技术期刊411种，占15%；技术期刊总印数1034万册；英文学术期刊94种，占4%；英文学术期刊总印数54万册。

五、科普活动

各级科协及两级学会全年举办科普宣讲活动25万多次，受众人数近2亿人次；播放科技广播及影视节目近14万小时；举办实用技术培训24万多次，3640万人次接受培训；推广新技术新品种52678项；参加各类科普活动的科技人员374万人次；

各类科普活动覆盖村446353个。其中，科普日进村91080个，科技周进村102407个，日常科普活动进村252866个。

各类科普活动覆盖社区231781个。其中，科普日进社区31328个，科技周进社区53961个，日常科普活动进社区146492个。

六、青少年科技教育

各级科协及两级学会全年举办青少年科普宣讲活动2万多次，参加活动青少年人数2000多万人次；播放青少年广播及影视节目近2万小时；举办青少年科技竞赛1万多项，参加竞赛活动的青少年4048万人次，85万青少年获各类奖项；组织2000多万青少年参加291次国际及港澳台科技交流活动；组织34万青少年参加1882次青少年科学营活动；编印青少年科技教育资料3904种，总印数1707万册；举办青少年科技教育培训近2万次，培训人数近600万人次。

七、科普基础设施建设

截止2012年底，各级科协拥有所有权或使用权的科技馆419个。其中，8000平方米以上的59个；全年参观人数3000多万人次。其中，少年儿童参观人数近2000万人次；设立科普活动站（中心、室）16万多个；科普画廊建筑面积（宣传栏、宣传橱窗）207万平方米，全年展示面积376万平方米。

截止2012年底，中国科协配发给地方科协用于科普活动的大篷车共607辆。其中，2012年新配发110辆；科普大篷车全年下乡行驶里程近400万公里。

截止2012年底，由中国科协命名的全国科普教育基地（不包括科技馆）995个；由省级科协命名的省级科普教育基地（不包括科技馆）2383个；各级科协命名的科普示范县（县级科协不统计）2564个。其中，中国科协命名的902个，省级科协命名的992个，副省级、省会城市科协命名的89个，地级科协命名的581个；科普示范街道和乡镇15717个；科普示范社区和村63257个；科普示范户2473298户。

八、科技传播

各级科协及两级学会编著科技图书3108种，总印数2060万册；主办科技报纸204种，总印数12553万份；制作科普挂图8505种，总印数1563万张。

制作科技广播影视节目4590套，总播放时间8601小时，平均1.9小时/套；制作科技光盘2942种，光盘总数137万张，平均466张/种；制作科普动漫作品6451套，总播放时间4361小时，平均0.7小时/套。

主办科技网站2182个，浏览人数113526万人次，平均52万人次/个。

九、科技开放与交流

各级科协及两级学会加入国际民间科技组织609个。其中，两级学会加入的组织592个，占97%；在国际民间科技组织中任职专家781人。其中，两级学会任职专家766人，占98%。

参加国际科学计划215项。其中，两级学会参加的国际科学计划194项，占90%。

促成科技合作项目453项。其中，引进优质科技资源204项，占合作项目的45%。

参加国外科技活动1.21万人次；接待国外专家学1.93万人次；参加港澳台地区科技活动1.2万人次；接待港澳台地区专家学者0.83万人次。

十、科技服务

各级科协及两级学会全年提供决策咨询报告1.26万篇。其中获领导批示3694篇；举办决策咨询活动5986次，参加活动专家51848人次；开展科技评价6798项；科技人才评价12238人。其中，专业技术职称评定14395人。

2012年，中央财政和地方财政投入科普惠农兴村奖补资金4.83亿元。其中，中央财政投入3亿元，地方财政投入 1.83 亿元；各级科协表彰奖励作出突出贡献的农村基层科普组织和个人共 12176 个（人）。其中，中国科协表彰奖励 1797 个（人），地方科协表彰奖励 10379 个（人）。

各级科协全年组织 29210 个企业开展讲理想比贡献活动，有 187 万科技工作者参与；地方科协指导建设专家工作站 2502 个，进站专家 27081 人次，组建专家服务团队 2300 个，参加服务团队专家 36585 人次。

十一、为科技工作者服务

各级科协和两级学会引进海外高层次人才 439 人；反映科技工作者建议 32637 条。其中，获得上级领导批示的 8218 条，占 25%；答复人大政协代表（委员）提案 2677 件；走访看望（慰问）科技工作者 54391 人次。

中国科协机关及直属单位、全国学会、省级科协、副省级城市科协、省会城市科协开展科学道德与学风建设宣讲活动 207 场次。其中，省级科协开展宣讲活动 122 场次，占 59%；宣讲活动受众人数 29 万人次；参加宣讲活动专家 871 人次。

中国科协机关及直属单位、省级科协、副省级城市科协、省会城市科协编写科学道德教育读本 21 种。其中，省级科协编写读本 18 种，占总数的 86%。

中国科协机关及直属单位、省级科协举办技术创新方法培训班 182 场次。

中国科协机关及直属单位、省级科协、副省级城市科协、省会城市科协、地级科协、两级学会举办继续教育培训班 7111 场次，培训结业人数 96 万人次，结业人数平均 135 人次/场次；宣传科技工作者 37259 人。

各级科协及两级学会表彰奖励科技工作者 12.6 万人次，其中，表彰奖励女性科技工作者 3.6 万人次，占 29%；表彰奖励 40 岁以下科技工作者 4.2 万人次，占 33%。

注：

1. 各项统计数据均未包括香港特别行政区、澳门特别行政区和台湾省。
2. 本公报中各种范围所表述的含义：

   各级科协：指中国科协机关及直属单位、省级科协、副省级省会城市科协、地级科协、县级科协。

   地方科协：指省级科协、副省级省会城市科协、地级科协、县级科协。

   两级学会：指全国学会、省级学会。

   全国学会：指中国科协所属全国学会、中国科协委托管理学会。
3. 学会、协会、研究会简称学会。
4. 统计数据因四舍五入，存在着分项与合计不等的情况。

二、综合

简要说明

本部分主要指标数值是从各部分提取或经过简单加工的，旨在总体反映科协系统 2012 年的组织建设、经费和主要业务活动的概况。

2—1 科协系统综合统计主要数据汇总表

指标		总计	科协小计	中国科协机关及直属单位	省级科协	副省级、省会城市科协	地级科协	县级科协
机构和人员								
机构数	（个）	3181	3181	1	32	32	382	2734
从业人员	（人）	38780	38780	1124	8451	2506	7448	19251
学会个人会员	（万人）	1077	—	—	—	—	—	—
学会从业人员	（人）	19248	—	—	—	—	—	—
#社会聘用人员	（人）	4896	—	—	—	—	—	—
企业科协	（个）	20968	20968	0	2582	1587	5231	11568
个人会员	（万人）	345	345	0	81	36	127	101
高等院校科协	（个）	574	574	0	176	94	275	29
个人会员	（万人）	41	41	0	20	5	15	0.56
街道科普协会	（个）	8235	8235	—	—	—	529	7706
个人会员	（万人）	57	57	—	—	—	4	53
乡镇科普协会	（个）	31227	31227	—	—	—	604	30623
个人会员	（万人）	211	211	—	—	—	3	208
农技协	（个）	113068	113068	0	3342	1532	12353	95841
个人会员	（万人）	1468	1468	0	38	39	129	1262
经费								
经费收入总额	（百万元）	8341	8341	1183	3138	657	1494	1869
#同级财政补助收入	（百万元）	6452	6452	926	2106	470	1405	1546
学术交流活动								
学术交流活动	（次）	29586	7021	68	630	1316	3461	1546
参加人数	（万人次）	441	102	2	17	22	47	15
#企业科技工作者	（万人次）	86	30	0.01	2	7	17	5
科学技术普及活动								
举办科普宣讲活动	（次）	252886	171354	396	5096	6398	33821	125643
#院士科普报告会	（次）	2968	2002	23	272	83	712	912
#开展科技咨询	（次）	130556	95030	25	1124	643	12845	80393
宣讲活动受众人数	（万人次）	17209	12784	757	2437	312	2497	6780
实用技术培训人数	（万人次）	3639	3212	2	100	40	387	2683
推广新技术、新品种	（项）	52678	41052	24	2597	626	7448	30357
参加活动科技人员	（万人次）	374	282	0.78	23	34	82	142
青少年科技教育								
举办青少年科普宣讲活动	（次）	22609	15341	314	1021	377	2833	10796
受众人数	（万人次）	2290	1953	744	256	32	272	648
举办青少年科技竞赛	（次）	11097	10152	5	297	220	2156	7474
参加人数	（万人次）	4047	3263	3	1258	207	641	1154
举办青少年科学营	（次）	1882	1475	8	173	57	301	936
参加人数	（万人次）	34	29	0.51	3	3	9	14

2—1 续表 1

指 标		总 计	科协小计	中国科协机关及直属单位	省级科协	副省级、省会城市科协	地级科协	县级科协
科技开放与交流								
加入国际民间科技组织	（个）	609	17	11	0	0	1	5
任职专家	（人）	781	15	3	0	0	3	9
参加国外科技活动人数	（人次）	16811	2113	93	961	66	178	815
接待国外专家学者	（人次）	19337	3935	345	1042	677	719	1152
科技服务								
提供决策咨询报告	（篇）	12597	8621	269	430	186	2020	5716
科技评价	（项）	6798	846	0	13	25	95	713
科普惠农兴村奖补资金	（万元）	48306	48306	30000	10089	870	2833	4515
科普惠农兴村表彰的先进单位和个人	（个/人）	12176	12176	1797	1754	283	2332	6010
开展“讲、比”活动企业数	（个）	29210	29210	1	4737	1419	6777	16276
参与“讲、比”活动的科技人员	（万人次）	187	187	0	40	23	74	51
专家工作站（服务中心）	（个）	2502	2502	0	742	309	649	802
为科技工作者服务								
反映科技工作者建议	（条）	32637	24796	1962	1594	270	4294	16676
走访看望（慰问）科技工作者	（人次）	54391	35523	265	2831	1232	5969	25226
科学道德与学风建设宣讲活动	（场次）	207	136	1	122	13	—	—
宣讲活动受众人数	（万人次）	29	27	0.60	25	1	—	—
表彰奖励科技工作者	（人次）	126152	72206	1026	5827	2626	20349	42378
# 女性科技工作者	（人次）	36220	21795	138	1832	763	6364	12698
科技期刊与科技传播								
主办科技期刊	（种）	2755	587	7	71	21	122	366
总印数	（万册）	13853	4629	92	4183	50	121	183
主办科技报纸	（种）	204	105	0	32	5	13	55
总印数	（万份）	12553	10482	0	10092	193	62	135
编著科技图书	（种）	3108	1640	168	332	50	229	861
总印数	（万册）	2060	1388	46	542	72	296	431
制作科普动漫作品	（套）	6451	6149	0	3003	8	88	3050
主办科技网站	（个）	2182	1257	13	117	40	249	838
浏览人数	（万人次）	113526	28785	3209	13764	313	6469	5031
科普基础设施建设								
科技馆	（个）	419	419	1	21	13	95	289
# 建筑面积 8000 平方米以上	（个）	59	59	1	19	8	17	14
全年参观人数	（万人次）	3031	3031	291	1046	397	553	743
# 少儿参观人数	（万人次）	1908	1908	291	588	201	380	449
农村科普示范基地	（个）	27652	27652	—	1222	488	4792	21150
科普画廊建筑面积（宣传栏、橱窗）	（平方米）	2067188	2067188	0	19823	26622	216942	1803801
科普画廊展示面积	（平方米）	3764026	3764026	0	36634	51570	662621	3013201
科普大篷车行驶里程	（公里）	3646396	3646396	—	387176	101650	1196755	1960815

2—1 续表 2

指　　标		学会小计	全国学会		省级学会
			所属学会	委托管理学会	
机构和人员					
机构数	（个）	—	—	—	—
从业人员	（人）	—	—	—	—
学会个人会员	（万人）	1077	431	2	644
学会从业人员	（人）	19248	3041	178	16029
#社会聘用人员	（人）	4896	1018	68	3810
企业科协	（个）	—	—	—	—
个人会员	（万人）	—	—	—	—
高等院校科协	（个）	—	—	—	—
个人会员	（万人）	—	—	—	—
街道科普协会	（个）	—	—	—	—
个人会员	（万人）	—	—	—	—
乡镇科普协会	（个）	—	—	—	—
个人会员	（万人）	—	—	—	—
农技协	（个）	—	—	—	—
个人会员	（万人）	—	—	—	—
经费					
经费收入总额	（百万元）	—	—	—	—
#同级财政补助收入	（百万元）	—	—	—	—
学术交流活动					
学术交流活动	（次）	22565	4735	99	17731
参加人数	（万人次）	339	116	1	222
#企业科技工作者	（万人次）	56	16	0.26	40
科学技术普及活动					
举办科普宣讲活动	（次）	81532	6243	222	75067
#院士科普报告会	（次）	966	195	2	769
#开展科技咨询	（次）	35526	1369	126	34031
宣讲活动受众人数	（万人次）	4426	1220	22	3184
实用技术培训人数	（万人次）	428	174	0.07	253
推广新技术、新品种	（项）	11626	608	10	11008
参加活动科技人员	（万人次）	91	13	0.69	78
青少年科技教育					
举办青少年科普宣讲活动	（次）	7268	1407	2	5859
受众人数	（万人次）	337	146	0.12	191
举办青少年科技竞赛	（次）	945	137	1	807
参加人数	（万人次）	785	411	0.08	374
举办青少年科学营	（次）	407	73	0	334
参加人数	（万人次）	5	0.51	0	4

2—1 续表 3

指　　标		学会小计	全国学会		省级学会
			所属学会	委托管理学会	
科技开放与交流					
加入国际民间科技组织	（个）	592	340	2	250
任职专家	（人）	766	529	2	235
参加国外科技活动人数	（人次）	14698	6910	124	7664
接待国外专家学者	（人次）	15402	6886	440	8076
科技服务					
提供决策咨询报告	（篇）	3976	530	12	3434
科技评价	（项）	5952	2964	4	2984
科普惠农兴村奖补资金	（万元）	—	—	—	—
科普惠农兴村表彰的先进单位和个人	（个/人）	—	—	—	—
开展“讲、比”活动企业数	（个）	—	—	—	—
参与“讲、比”活动的科技人员	（万人次）	—	—	—	—
专家工作站（服务中心）	（个）	—	—	—	—
为科技工作者服务					
反映科技工作者建议	（条）	7841	451	33	7357
走访看望（慰问）科技工作者	（人次）	18868	1709	87	17072
科学道德与学风建设宣讲活动	（场次）	71	66	5	—
宣讲活动受众人数	（万人次）	2	2	0.03	—
表彰奖励科技工作者	（人次）	53946	18742	151	35053
#女性科技工作者	（人次）	14425	4234	69	10122
科技期刊与科技传播					
主办科技期刊	（种）	2168	1028	6	1134
总印数	（万册）	9224	5809	24	3391
主办科技报纸	（种）	99	5	1	93
总印数	（万份）	2071	172	2	1896
编著科技图书	（种）	1468	346	4	1118
总印数	（万册）	672	135	0.23	536
制作科普动漫作品	（套）	302	13	0	289
主办科技网站	（个）	925	297	10	618
浏览人数	（万人次）	84741	74298	52	10391
科普基础设施建设					
科技馆	（个）	—	—	—	—
#建筑面积 8000 平方米以上	（个）	—	—	—	—
全年参观人数	（万人次）	—	—	—	—
#少儿参观人数	（万人次）	—	—	—	—
农村科普示范基地	（个）	—	—	—	—
科普画廊建筑面积（宣传栏、橱窗）	（平方米）	—	—	—	—
科普画廊展示面积	（平方米）	—	—	—	—
科普大篷车行驶里程	（公里）	—	—	—	—

三、组织建设

简要说明

本篇统计资料为

一、汇总数据，反映中国科协、地方科协和全国学会、省级学会的组织建设基本情况。

二、地方科协统计数据，分别反映各省级科协、副省级城市、省会城市科协、地级科协、县级科协的组织建设情况。

三、基层组织统计数据，分别反映乡镇、街道、高校、企业、农村的基层组织建设情况。

四、省级学会统计数据，按行政区划反映省级学会组织建设情况。

3－1 各级科协组织建设汇总表

指　　标	合　计	中国科协机关及直属单位	省级科协	副省级、省会城市科协	地级科协	县级科协
机构数（个）	3181	1	32	32	382	2734
机关从业人员（人）	23115	152	1377	786	4308	16492
#女性从业人员	7556	63	470	270	1361	5392
直属单位（个）	1470	14	238	90	468	660
直属单位从业人员（人）	15665	972	7074	1720	3140	2759
#女性从业人员	7100	483	3209	854	1340	1214
学会数（学会、协会、研究会）（个）	66281	198	3828	1979	12366	47910
企业科协（个）	20968	0	2582	1587	5231	11568
#高新技术开发区科协	603	0	124	40	141	298
#技术经济开发区科协	766	0	88	41	158	479
个人会员（万人）	345	0	81	36	127	101
高等院校科协（个）	574	0	176	94	275	29
个人会员（万人）	41	0	20	5	15	0.56
街道科协（社区科协）（个）	8235	—	—	—	529	7706
个人会员（万人）	57	—	—	—	4	53
乡镇科协（个）	31227	—	—	—	604	30623
个人会员（万人）	211	—	—	—	3	208
农技协（个）	113068	0	3342	1532	12353	95841
#民政部门注册	29669	0	1511	424	2511	25223
个人会员（万人）	1468	0	38	39	129	1262
基层科普员（人）	435994	0	8550	897	55199	371348

3—2　全国学会、省级学会组织建设汇总表

指　　标	合　计	全国学会		省级学会
		所属学会	委托管理学会	
理事会理事（人）	270267	31381	1410	237476
#常务理事	99572	9966	431	89175
#女性理事	39950	3852	233	35865
专门工作委员会（个）	11352	1062	36	10254
所属分科学会（个）	16528	2864	32	13632
学会个人会员（万人）	1077	431	2	644
#女性会员	299	96	0.41	202
#高级（资深）会员	115	24	0.48	90
#学生会员	47	27	0.13	20
#外籍会员	0.23	0.09	0.08	0.06
#港、澳、台会员	0.33	0.24	0	0.08
#交纳会费会员	239	108	0.36	131
学会从业人员（人）	19248	3041	178	16029
#女性从业人员	5778	1525	70	4183
#社会聘用人员	4896	1018	68	3810
学会团体会员（个）	238789	51470	1254	186065

3—3 各省级科协组织建设

地区	机构数（个）	机关从业人员（人）	#女性从业人员	直属单位（个）	直属单位从业人员（人）	#女性从业人员	学会数（学会、协会、研究会）（个）
合计	**32**	**1377**	**470**	**238**	**7074**	**3209**	**3828**
北京	1	52	19	12	309	152	162
天津	1	66	22	4	538	240	151
河北	1	50	13	7	187	85	129
山西	1	43	10	15	552	315	133
内蒙古	1	39	14	5	101	52	90
辽宁	1	37	12	4	167	82	128
吉林	1	35	15	8	93	36	114
黑龙江	1	36	12	7	218	107	140
上海	1	69	40	10	280	127	185
江苏	1	67	16	13	125	30	132
浙江	1	42	9	8	158	72	162
安徽	1	38	8	8	157	51	152
福建	1	47	19	10	256	114	150
江西	1	35	7	4	80	31	117
山东	1	46	11	9	169	62	140
河南	1	32	11	10	280	116	129
湖北	1	38	14	7	130	65	133
湖南	1	40	15	11	230	86	125
广东	1	41	17	6	718	331	154
广西	1	27	13	8	266	124	108
海南	1	42	13	3	29	10	65
重庆	1	64	23	9	832	342	104
四川	1	48	17	12	203	85	126
贵州	1	42	16	3	76	47	112
云南	1	48	19	9	214	109	120
西藏	1	34	16	1	12	5	60
陕西	1	55	21	10	138	48	135
甘肃	1	54	16	6	83	44	94
青海	1	35	12	5	87	36	63
宁夏	1	17	5	4	118	70	79
新疆	1	51	13	10	268	135	118
新疆生产建设兵团	1	7	2	0	0	0	18

3—3 续表

地　区	企业科协（个）	# 高新技术开发区科协	# 技术经济开发区科协	企业科协个人会员（人）	高等院校科协（个）	高等院校科协个人会员（人）	农技协（个）	# 民政部门注册	农技协个人会员（人）	基层科普员（人）
合　计	**2582**	**124**	**88**	**806300**	**176**	**203856**	**3342**	**1511**	**379457**	**8550**
北　京	309	0	0	127400	11	18100	0	0	0	7
天　津	499	119	82	100000	1	550	0	0	0	0
河　北	200	0	0	60000	0	0	0	0	0	0
山　西	50	1	1	34000	1	1000	1	1	10	0
内蒙古	132	0	0	9000	0	0	0	0	0	0
辽　宁	0	0	0	0	0	0	0	0	0	0
吉　林	0	0	0	0	0	0	0	0	0	0
黑龙江	405	0	0	50500	3	12460	0	0	0	0
上　海	32	0	0	20218	1	2000	0	0	0	0
江　苏	0	0	0	0	28	12325	0	0	0	0
浙　江	21	0	0	8428	7	875	0	0	0	0
安　徽	34	1	0	15500	1	1000	0	0	0	0
福　建	0	0	0	0	26	12779	0	0	0	0
江　西	83	0	0	36300	8	2440	0	0	0	0
山　东	10	0	0	15200	3	3953	1	1	32000	0
河　南	0	0	0	0	0	0	0	0	0	0
湖　北	24	0	0	5600	20	9000	1	1	5200	0
湖　南	231	0	0	224000	18	82636	1	1	90	0
广　东	0	0	0	0	0	0	0	0	0	0
广　西	1	0	0	1500	15	9011	1	1	85	0
海　南	11	0	0	2000	0	0	1	1	20	0
重　庆	288	0	1	64550	20	16100	0	0	0	0
四　川	0	0	0	0	0	0	0	0	0	0
贵　州	31	0	0	5800	0	0	3277	1446	341834	7618
云　南	0	0	0	0	1	1000	0	0	0	0
西　藏	0	0	0	0	0	0	0	0	0	800
陕　西	2	0	0	1800	6	7332	0	0	0	0
甘　肃	65	0	0	4400	2	1277	0	0	0	0
青　海	5	0	0	7600	0	0	0	0	0	0
宁　夏	77	1	3	5650	0	0	58	58	130	125
新　疆	72	2	1	6854	4	10018	1	1	88	0
新疆生产建设兵团	0	0	0	0	0	0	0	0	0	0

3－4 各副省级城市科协、省会城市科协组织建设

城市	机构数（个）	机关从业人员（人）	#女性从业人员	直属单位（个）	直属单位从业人员（人）	#女性从业人员	学会数（学会、协会、研究会）（个）
合计	**32**	**786**	**270**	**90**	**1720**	**854**	**1979**
副省级城市小计	**15**	**437**	**140**	**49**	**1329**	**647**	**1192**
宁波*	1	21	7	3	28	15	79
厦门*	1	18	5	1	6	5	76
深圳*	1	24	8	3	80	23	72
青岛*	1	37	9	3	120	42	87
大连*	1	26	11	3	62	29	75
省会城市小计	**27**	**660**	**230**	**77**	**1424**	**740**	**1590**
石家庄	1	28	7	3	31	11	35
太原	1	18	6	5	32	18	53
呼和浩特	1	13	3	2	17	9	30
沈阳*	1	29	6	4	27	11	76
长春*	1	22	7	2	12	1	53
哈尔滨*	1	35	9	3	42	19	84
南京*	1	37	12	2	122	74	89
杭州*	1	30	15	4	97	54	69
合肥	1	20	7	3	68	39	49
福州	1	18	8	4	35	16	76
南昌	1	27	10	3	20	9	80
济南*	1	38	9	3	39	14	71
郑州	1	28	9	5	70	48	66
武汉*	1	27	8	3	113	60	96
长沙	1	23	4	1	4	2	48
广州*	1	38	15	8	502	266	77
南宁	1	24	9	1	4	2	45
海口	1	14	4	1	5	1	10
成都*	1	27	10	4	27	10	102
贵阳	1	38	17	1	6	5	52
昆明	1	26	10	4	31	17	121
拉萨	1	4	1	0	0	0	16
西安*	1	28	9	3	52	24	86
兰州	1	13	6	3	20	11	42
西宁	1	17	10	1	5	1	23
银川	1	16	8	1	8	0	0
乌鲁木齐	1	22	11	3	35	18	41

注：城市名称后带“*”的为副省级城市，包括省会城市中带“*”的

3—4 续表

城　　市	企业科协（个）	#高新技术开发区科协	#技术经济开发区科协	企业科协个人会员（人）	高等院校科协（个）	高等院校科协个人会员（人）	农技协（个）	#民政部门注册	农技协个人会员（人）	基层科普员（人）
合　　计	**1587**	**40**	**41**	**362385**	**94**	**46877**	**1532**	**424**	**390500**	**897**
副省级城市小计	**1126**	**5**	**11**	**230036**	**85**	**44807**	**1032**	**192**	**356908**	**45**
宁　　波*	8	0	0	5076	11	3664	0	0	0	0
厦　　门*	25	0	0	1997	11	543	0	0	0	40
深　　圳*	0	0	0	0	0	0	0	0	0	0
青　　岛*	53	0	0	8348	3	825	0	0	0	0
大　　连*	61	0	0	21470	10	1046	305	0	305000	0
省会城市小计	**1440**	**40**	**41**	**325494**	**59**	**40799**	**1227**	**424**	**85500**	**857**
石 家 庄	65	0	0	2400	4	1100	0	0	0	0
太　　原	64	0	0	40000	0	0	27	0	7200	0
呼和浩特	4	0	0	1000	1	350	0	0	0	0
沈　　阳*	30	2	6	15500	17	27787	465	192	40000	0
长　　春*	14	1	0	11500	12	1676	1	0	4800	0
哈 尔 滨*	66	0	1	17520	6	297	260	0	6972	0
南　　京*	184	1	1	13000	0	0	0	0	0	0
杭　　州*	59	0	0	25623	2	1200	0	0	0	0
合　　肥	3	0	0	85	0	0	0	0	0	0
福　　州	15	0	0	1600	0	0	0	0	0	0
南　　昌	13	0	0	13	0	0	150	81	9800	210
济　　南*	267	0	2	22508	5	1347	1	0	136	0
郑　　州	62	18	15	19000	0	0	0	0	0	0
武　　汉*	142	0	0	28400	0	0	0	0	0	0
长　　沙	5	1	4	26000	0	0	30	30	322	0
广　　州*	38	1	1	18094	0	0	0	0	0	5
南　　宁	43	0	0	14780	1	126	0	0	0	0
海　　口	12	0	0	120	0	0	90	0	4600	0
成　　都*	144	0	0	13500	8	6422	0	0	0	0
贵　　阳	81	1	0	14174	1	324	1	1	50	40
昆　　明	41	0	0	50	1	20	0	0	0	0
拉　　萨	0	0	0	0	0	0	0	0	0	567
西　　安*	35	0	0	27500	0	0	0	0	0	0
兰　　州	18	0	0	9220	0	0	120	120	6420	0
西　　宁	1	0	0	87	0	0	0	0	0	0
银　　川	1	0	0	2390	1	150	82	0	5200	0
乌鲁木齐	33	15	11	1430	0	0	0	0	0	35

3—5 各地区地级科协组织建设

地　区	机构数（个）	机关从业人员（人）	#女性从业人员	直属单位（个）	直属单位从业人员（人）	#女性从业人员	学会数（学会、协会、研究会）（个）
合　计	**382**	**4308**	**1361**	**468**	**3140**	**1340**	**12366**
北　京	14	146	57	7	48	14	218
天　津	15	97	38	6	34	20	180
河　北	10	206	69	24	163	61	408
山　西	10	143	54	26	145	62	502
内蒙古	11	145	55	12	151	51	355
辽　宁	12	181	70	37	398	177	920
吉　林	8	71	15	10	117	49	246
黑龙江	12	146	60	14	59	29	309
上　海	16	223	101	14	133	64	427
江　苏	12	217	54	23	113	59	705
浙　江	9	88	21	12	103	46	447
安　徽	15	168	40	13	169	85	544
福　建	7	70	13	15	68	32	385
江　西	10	111	31	20	76	36	351
山　东	15	196	52	24	206	74	458
河　南	16	212	61	33	158	59	669
湖　北	12	156	44	24	164	52	446
湖　南	13	153	47	16	103	43	537
广　东	19	223	55	24	296	143	605
广　西	13	134	42	10	31	11	489
海　南	1	12	4	0	0	0	7
重　庆	20	154	46	7	24	11	492
四　川	20	231	79	27	98	44	824
贵　州	8	94	27	5	22	12	144
云　南	15	170	53	20	58	26	397
西　藏	6	13	5	7	14	0	56
陕　西	9	117	39	6	52	21	290
甘　肃	13	172	52	8	46	20	358
青　海	7	41	10	4	14	6	102
宁　夏	4	39	16	2	6	2	69
新　疆	13	136	33	15	62	26	303
新疆生产建设兵团	17	43	18	3	9	5	123

3—5 续表 1

地　　区	企业科协（个）	#高新技术开发区科协	#技术经济开发区科协	企业科协个人会员（人）	高等院校科协（个）	高等院校科协个人会员（人）
合　　计	**5231**	**141**	**158**	**1274095**	**275**	**149686**
北　　京	45	0	1	5435	11	885
天　　津	108	1	0	24855	3	1648
河　　北	129	1	0	69845	16	8822
山　　西	184	1	0	71110	5	984
内 蒙 古	116	1	1	53422	2	106
辽　　宁	349	14	23	138859	32	10593
吉　　林	120	0	0	38960	9	3903
黑 龙 江	121	0	0	49649	18	15081
上　　海	57	6	0	4987	10	377
江　　苏	540	30	51	117646	40	55167
浙　　江	81	0	0	7657	18	3786
安　　徽	41	2	2	44912	6	3068
福　　建	89	1	0	11967	3	950
江　　西	69	4	20	17166	7	3620
山　　东	983	46	26	77078	11	3215
河　　南	142	1	1	29495	7	2828
湖　　北	320	3	6	55320	17	7143
湖　　南	142	0	0	130834	12	2282
广　　东	812	19	0	49637	5	1077
广　　西	101	2	3	28653	11	9079
海　　南	0	0	0	0	0	0
重　　庆	142	6	6	34918	2	258
四　　川	181	0	2	105268	17	6034
贵　　州	3	0	0	1136	2	300
云　　南	54	2	0	2729	2	5313
西　　藏	1	0	0	1050	0	0
陕　　西	56	0	0	16910	7	2432
甘　　肃	153	1	16	73466	0	0
青　　海	4	0	0	551	0	0
宁　　夏	12	0	0	822	0	0
新　　疆	46	0	0	9062	0	0
新疆生产建设兵团	30	0	0	696	2	735

3—5 续表 2

地　　区	街道科协(社区科协)(个)	街道科协(社区科协)个人会员(人)	乡镇科协(个)	乡镇科协个人会员(人)	农技协(个)	#民政部门注　册	农技协个人会员(人)	基层科普员(人)
合　　计	**529**	**39654**	**604**	**31989**	**12353**	**2511**	**1291408**	**55199**
北　　京	125	16929	124	6996	189	155	12555	19938
天　　津	100	5664	77	2145	101	20	14532	3149
河　　北	0	0	0	0	206	96	15850	2300
山　　西	0	0	0	0	826	47	139710	3330
内 蒙 古	0	0	0	0	806	85	55400	0
辽　　宁	0	0	0	0	1850	373	125570	2984
吉　　林	0	0	0	0	324	14	42796	20
黑 龙 江	0	0	0	0	2189	297	223695	2201
上　　海	85	4941	95	5922	22	7	1382	1496
江　　苏	0	0	0	0	0	0	0	0
浙　　江	0	0	0	0	2	2	150	0
安　　徽	0	0	0	0	10	9	1279	0
福　　建	0	0	0	0	7	0	850	78
江　　西	0	0	0	0	141	53	13887	2451
山　　东	0	0	0	0	14	7	5703	2323
河　　南	0	0	0	0	672	278	83567	310
湖　　北	0	0	0	0	78	3	11630	50
湖　　南	0	0	0	0	293	71	25697	0
广　　东	0	0	0	0	504	30	21176	595
广　　西	0	0	0	0	15	1	1163	240
海　　南	0	0	0	0	2	0	20	0
重　　庆	219	12120	308	16926	873	650	118020	8770
四　　川	0	0	0	0	61	8	8340	2574
贵　　州	0	0	0	0	5	4	320	8
云　　南	0	0	0	0	15	4	4161	400
西　　藏	0	0	0	0	38	31	2177	274
陕　　西	0	0	0	0	2	2	3980	61
甘　　肃	0	0	0	0	2309	68	161500	629
青　　海	0	0	0	0	9	0	51149	0
宁　　夏	0	0	0	0	318	61	65470	766
新　　疆	0	0	0	0	187	14	7636	53
新疆生产建设兵团	0	0	0	0	285	121	72043	199

3—6 各地区县级科协组织建设

地区	机构数（个）	机关从业人员（人）	#女性从业人员	直属单位（个）	直属单位从业人员（人）	#女性从业人员	学会数（学会、协会、研究会）（个）
合计	**2734**	**16492**	**5392**	**660**	**2759**	**1214**	**47910**
北京	2	25	9	0	0	0	29
天津	3	19	6	0	0	0	41
河北	170	1003	372	19	71	14	2338
山西	119	920	409	23	106	40	2235
内蒙古	101	599	266	25	127	57	1500
辽宁	100	470	161	15	44	18	1790
吉林	60	330	116	46	303	161	1208
黑龙江	126	417	178	9	26	13	2531
上海	1	6	5	1	11	4	28
江苏	102	718	179	36	131	62	2605
浙江	92	770	216	37	139	63	1956
安徽	106	591	148	17	88	20	2675
福建	84	456	117	38	136	66	1556
江西	99	507	128	8	25	5	1667
山东	139	993	253	42	149	54	2873
河南	158	1307	477	66	299	163	3182
湖北	104	718	194	64	248	132	2004
湖南	152	835	269	43	216	76	2493
广东	121	593	169	8	26	13	1393
广西	110	601	170	16	68	20	1223
海南	20	125	34	0	0	0	266
重庆	19	145	26	8	21	12	399
四川	180	890	271	23	97	37	3689
贵州	87	550	172	34	104	39	1407
云南	129	884	265	25	104	38	1421
西藏	0	0	0	0	0	0	0
陕西	107	657	261	9	38	17	1809
甘肃	86	589	232	17	42	18	2012
青海	39	194	62	14	72	34	417
宁夏	21	111	37	2	4	4	423
新疆	97	469	190	15	64	34	740

3—6 续表 1

地　区	企业科协（个）	#高新技术开发区科协	#技术经济开发区科协	企业科协个人会员（人）	高等院校科协（个）	高等院校科协个人会员（人）
合　计	**11568**	**298**	**479**	**1010892**	**29**	**5565**
北　京	0	0	0	0	0	0
天　津	2	0	0	186	0	0
河　北	334	0	10	34539	4	298
山　西	357	3	7	37736	1	8
内 蒙 古	185	0	6	20846	3	51
辽　宁	472	2	9	44226	0	0
吉　林	166	1	1	14140	0	0
黑 龙 江	262	9	9	51376	3	41
上　海	0	0	0	0	0	0
江　苏	1993	68	55	150100	5	1722
浙　江	1381	9	8	103275	0	0
安　徽	215	4	15	22746	0	0
福　建	1535	99	111	101784	1	80
江　西	156	0	8	8224	0	0
山　东	1457	38	104	130272	6	1351
河　南	463	3	22	25389	0	0
湖　北	537	38	33	43379	2	84
湖　南	408	2	7	46113	2	820
广　东	150	0	3	18952	0	0
广　西	125	0	0	15124	1	960
海　南	0	0	0	0	0	0
重　庆	75	0	1	6570	0	0
四　川	488	7	12	68913	0	0
贵　州	127	0	12	10475	0	0
云　南	142	5	7	12209	1	150
西　藏	0	0	0	0	0	0
陕　西	212	4	9	19546	0	0
甘　肃	203	1	21	7289	0	0
青　海	5	0	0	562	0	0
宁　夏	64	2	4	4876	0	0
新　疆	54	3	5	12045	0	0

3－6 续表 2

地　　区	街道科协(社区科协)(个)	街道科协(社区科协)个人会员(人)	乡镇科协(个)	乡镇科协个人会员(人)	农技协(个)	#民政部门注册	农技协个人会员(人)	基层科普员(人)
合　　计	**7706**	**531424**	**30623**	**2082906**	**95841**	**25223**	**12617908**	**371348**
北　　京	3	120	15	2300	64	64	5640	233
天　　津	0	0	58	376	31	11	8736	1130
河　　北	340	10129	1800	99292	3096	600	504587	8770
山　　西	430	14951	1846	96887	4097	545	243187	10468
内 蒙 古	205	24237	584	19431	2618	884	261953	4803
辽　　宁	815	46264	1160	172620	5014	845	516506	10463
吉　　林	284	12046	600	38756	2434	606	213366	4908
黑 龙 江	595	34642	966	72434	5104	1146	405984	5217
上　　海	0	0	18	900	0	0	0	0
江　　苏	297	57673	965	112111	5297	1513	482905	69872
浙　　江	370	23622	929	67104	2065	218	128125	17553
安　　徽	294	20759	1214	91199	3987	1481	737143	15827
福　　建	171	9534	933	44658	2066	551	156787	18970
江　　西	157	11466	1429	66892	2202	659	248607	5591
山　　东	670	52489	1379	115635	8556	3142	1126628	56904
河　　南	455	26784	2002	124338	7543	1739	827819	19483
湖　　北	333	34389	962	64375	3285	901	663151	17907
湖　　南	315	27478	1938	203164	2986	744	609649	14001
广　　东	460	27803	980	60754	1172	249	104853	6018
广　　西	88	2715	814	35021	2517	904	634578	11150
海　　南	40	1375	164	7575	305	141	24729	1864
重　　庆	63	27689	529	128956	982	335	51859	7007
四　　川	296	13083	3328	253399	11167	1705	2448705	19645
贵　　州	127	9314	961	31018	2793	952	248237	4542
云　　南	181	10001	1116	42403	6333	1821	722946	8108
西　　藏	0	0	0	0	0	0	0	0
陕　　西	221	14680	1243	47454	4073	1454	399393	19744
甘　　肃	263	8295	1612	47655	3594	976	379551	3972
青　　海	34	1346	183	9852	280	119	103254	613
宁　　夏	50	3571	178	5038	550	332	92503	2326
新　　疆	149	4969	717	21309	1630	586	266527	4259

3—7 各地区省级学会组织建设

地　　区	理事会理事（人）	#常务理事	#女性理事	专门工作委员会（个）	所属分科学会（个）
合　　计	**237476**	**89175**	**35865**	**10254**	**13632**
北　　京	10391	3781	2349	575	672
天　　津	7382	2217	1255	425	494
河　　北	9394	3622	1679	397	387
山　　西	10653	4097	1752	424	388
内 蒙 古	5191	1893	902	196	240
辽　　宁	10715	3987	1974	341	529
吉　　林	9216	3657	1855	353	501
黑 龙 江	5259	2023	1063	147	330
上　　海	7789	2242	1287	658	992
江　　苏	9612	3858	1119	532	620
浙　　江	8855	3443	1163	477	615
安　　徽	9938	3954	1282	373	416
福　　建	11291	4282	1635	306	484
江　　西	7420	2667	1042	262	949
山　　东	10341	3607	1352	395	648
河　　南	9728	3490	1270	367	504
湖　　北	9724	3397	994	340	376
湖　　南	11820	4587	1516	314	448
广　　东	11823	4468	1522	491	658
广　　西	6974	2607	1089	263	392
海　　南	2107	822	231	76	40
重　　庆	6745	2465	1008	368	384
四　　川	9992	3745	1276	537	556
贵　　州	4663	2040	745	235	271
云　　南	6570	2481	1180	254	333
西　　藏	797	366	122	38	36
陕　　西	8368	3266	1142	466	474
甘　　肃	1810	717	223	88	212
青　　海	2272	998	259	125	115
宁　　夏	3212	1322	447	166	214
新　　疆	7424	3074	1132	265	354

3—7 续表 1

地　区	学会个人会员（人）	#女性会员	#高级（资深）会员	#学生会员	#外籍会员	#港、澳、台会员	#交纳会费会员
合　计	**6437449**	**2023859**	**900894**	**196017**	**575**	**817**	**1313193**
北　京	228100	108034	60482	10607	57	35	92613
天　津	144771	56025	22196	5739	17	10	34024
河　北	194803	67434	27654	3223	7	0	37140
山　西	787930	293791	20361	17578	25	2	28692
内蒙古	83017	20532	13225	1805	2	0	8493
辽　宁	314441	73227	20446	18935	0	1	29360
吉　林	185784	41886	31690	9127	7	3	31230
黑龙江	237071	90403	44619	6912	24	5	8516
上　海	216222	82467	32580	8516	119	140	124471
江　苏	272691	106526	25872	9869	39	28	107033
浙　江	200156	81052	30019	4303	25	3	65135
安　徽	200744	61069	29941	12300	12	0	45149
福　建	191681	74379	33411	13855	20	68	88165
江　西	198367	45941	33628	2066	64	7	44118
山　东	381129	82867	89247	6283	5	1	45882
河　南	253888	75749	28351	1767	0	0	23100
湖　北	151194	34922	32349	3856	10	14	15899
湖　南	379318	107581	74868	4048	17	7	78472
广　东	444518	108320	34386	5316	25	304	128640
广　西	167687	56928	17409	5196	64	58	45051
海　南	21545	8844	1883	1671	2	0	1462
重　庆	86428	31895	14134	4588	9	4	46515
四　川	382770	80704	56078	9074	10	8	37872
贵　州	86743	22297	11282	2013	0	0	5945
云　南	165410	68639	32345	1113	6	116	51291
西　藏	3368	649	270	158	0	0	85
陕　西	226063	69388	52002	17364	5	3	54054
甘　肃	46761	11124	5668	2723	0	0	5671
青　海	33626	13571	2262	2127	0	0	6648
宁　夏	43225	13399	4383	579	0	0	7261
新　疆	107998	34216	17853	3306	4	0	15206

3—7 续表 2

地　区	学会从业人员（人）	# 女性从业人员	# 社会聘用人员	学会团体会员（个）
合　计	**16029**	**4183**	**3810**	**186065**
北　京	814	278	351	7560
天　津	1466	398	143	7073
河　北	490	130	113	8743
山　西	656	102	116	4724
内蒙古	603	118	50	3193
辽　宁	457	137	77	6179
吉　林	361	89	74	9593
黑龙江	363	105	44	6672
上　海	804	284	391	14686
江　苏	541	155	134	7591
浙　江	590	126	179	8634
安　徽	480	117	107	5622
福　建	643	182	225	9639
江　西	492	120	111	3637
山　东	502	168	103	6129
河　南	376	90	70	5489
湖　北	565	98	89	4502
湖　南	486	137	153	9417
广　东	735	265	294	14041
广　西	468	140	145	4509
海　南	262	10	70	1154
重　庆	504	128	120	5979
四　川	524	95	100	6497
贵　州	319	107	52	1710
云　南	555	173	144	10308
西　藏	124	11	0	251
陕　西	721	141	128	4442
甘　肃	109	20	27	866
青　海	182	63	31	815
宁　夏	356	46	63	1849
新　疆	481	150	106	4561

四、经费收入与支出

简要说明

本篇统计资料为

一、汇总数据，反映中国科协、地方科协和全国学会、省级学会的经费收入和支出的总体情况。

二、地方科协统计数据，分别反映各省级科协、副省级城市、省会城市科协、地级科协、县级科协的经费收入和支出情况。

三、省级学会经费收入和支出统计数据。

4—1 各级科协经费收入与支出汇总表

单位：千元

指　　标	合　计	中国科协机关及直属单位	省级科协	副省级、省会城市科协	地级科协	县级科协
本年经费收入总额	8340944	1182696	3137793	656946	1494288	1869221
同级财政补助	6452170	925672	2105619	469512	1405321	1546046
# 科普经费	3388387	835482	1068169	214520	553538	716678
上级科协项目补助	500077	—	130729	13752	58422	297174
# 科普经费	302147	—	70764	7113	40655	183615
事业收入	728864	124623	468482	121106	13117	1536
经营收入	424483	75645	304353	42800	1503	182
其他收入	235353	56756	128610	9777	15926	24284
本年经费支出总额	7991885	1174226	2640054	679349	1663271	1834985
# 科普经费	3365898	836756	852442	216144	572875	887681
# 青少年科技活动费	263308	28500	62816	13777	58104	100111
# 科普设施建设费	505569	93402	85182	27183	77682	222120

4—2 全国学会、省级学会经费收入与支出汇总表

单位：千元

指 标	合 计	全国学会		省级学会
		所属学会	委托管理学会	
本年经费收入总额	3678880	2070457	36662	1571761
科协资助	208146	138941	2434	66771
挂靠单位资助	257378	164778	1466	91134
会费收入	415889	122561	2783	290544
捐赠	134379	80773	12181	41426
学会活动收入	1656825	1088310	12070	556445
科技期刊收入	179478	118070	0	61408
承担委托项目收入	374981	166355	1509	207117
其他收入	451803	190668	4219	256916
本年经费支出总额	3260540	1713713	31555	1515272
学术活动费	1521874	767215	13037	741621
科普活动费（含青少年科技活动费）	159273	59767	5060	94446

4—3 各省级科协经费收入与支出

单位：千元

地区	本年经费收入总额	同级财政补助	#科普经费	上级科协项目补助	#科普经费	事业收入
合计	**3137793**	**2105619**	**1068169**	**130729**	**70764**	**468482**
北京	231654	134096	79180	50850	36333	21288
天津	176585	112439	12113	4498	947	51760
河北	76971	51142	6740	200	0	22329
山西	126187	95584	25153	2421	1051	21469
内蒙古	187799	185083	174597	1043	1043	528
辽宁	54719	48411	15492	2278	2278	0
吉林	55390	46920	14700	2440	2440	2000
黑龙江	40709	30294	3758	1694	523	70
上海	196060	90106	19571	19743	2830	69852
江苏	107438	65847	33131	940	180	11050
浙江	36746	30157	5660	0	0	0
安徽	37378	33242	25898	1317	1317	2785
福建	201892	110566	38963	1477	207	67433
江西	60906	44707	26226	220	0	15941
山东	81376	54508	42767	0	0	10250
河南	65028	33556	26102	1272	1184	4198
湖北	69647	48357	30906	9338	2526	7448
湖南	95755	69262	55487	3577	2317	20112
广东	199368	100891	24087	150	0	88016
广西	99237	67791	24674	4943	2852	18869
海南	17394	14937	6851	1014	1014	444
重庆	207317	55873	23117	3785	2395	6735
四川	89962	65019	47956	1228	1228	5584
贵州	47284	43228	9901	4034	0	0
云南	117625	39009	19430	3525	3525	16436
西藏	227123	225117	222483	2000	2000	0
陕西	50500	41197	23960	295	295	2699
甘肃	86600	85930	10540	670	0	0
青海	23880	21912	5620	480	470	285
宁夏	45207	38659	2470	4622	1210	0
新疆	20952	19178	8636	675	600	899
新疆生产建设兵团	3100	2600	2000	0	0	0

4—3 续表 单位：千元

地　区	经营收入	其他收入	本年经费支出总额	#科普经费	#青少年科技活动费	#科普设施建设费
合　计	**304353**	**128610**	**2640054**	**852442**	**62816**	**85182**
北　京	5242	20178	224997	124087	3537	0
天　津	0	7889	157232	34156	2690	5495
河　北	878	2423	76880	7840	770	0
山　西	4040	2672	100129	55071	1386	1837
内蒙古	0	1145	38460	29693	2851	4393
辽　宁	0	4030	56916	14400	3141	0
吉　林	1640	2390	45130	18950	150	5000
黑龙江	7898	752	41589	4858	7	0
上　海	0	16358	199307	24119	1850	1800
江　苏	25255	4345	104331	33131	3150	0
浙　江	0	6589	32893	5636	0	0
安　徽	0	34	36242	29949	2373	0
福　建	0	22416	153175	40867	5728	14257
江　西	0	38	51417	16504	268	596
山　东	13868	2750	81730	34530	2905	0
河　南	24124	1877	68370	30922	1100	0
湖　北	0	4505	69037	39628	5847	3820
湖　南	30	2774	93415	27663	400	27263
广　东	6236	4076	195600	26508	2131	0
广　西	0	7634	97460	31774	2666	6711
海　南	300	699	14268	7241	1400	300
重　庆	136083	4842	198118	31457	8710	2277
四　川	14486	3644	88648	70878	360	0
贵　州	0	23	47514	22720	1150	2000
云　南	57334	1321	202529	29212	2382	600
西　藏	0	6	2923	280	280	0
陕　西	4881	1429	50059	25158	298	0
甘　肃	0	0	27103	10540	600	10
青　海	200	1003	23784	7559	696	0
宁　夏	1857	69	35844	4587	1590	0
新　疆	0	200	21853	10523	1700	8823
新疆生产建设兵团	0	500	3100	2000	700	0

4—4 各副省级城市科协、省会城市科协经费收入与支出

单位：千元

城市	本年经费收入总额	同级财政补助	#科普经费	上级科协项目补助	#科普经费	事业收入
合计	**656946**	**469512**	**214520**	**13752**	**7113**	**121106**
副省级城市小计	**527023**	**347866**	**138869**	**9688**	**3326**	**119339**
宁波*	33119	30893	8751	1450	1450	6
厦门*	12913	12616	10855	113	113	0
深圳*	37149	36735	8856	0	0	0
青岛*	17503	16301	7840	480	0	0
大连*	19262	19255	12059	0	0	0
省会城市小计	**537000**	**353713**	**166159**	**11709**	**5550**	**121100**
石家庄	8373	8373	2100	0	0	0
太原	7062	7011	3350	0	0	0
呼和浩特	3589	3509	934	80	0	0
沈阳*	600	600	0	0	0	0
长春*	8640	8640	3600	0	0	0
哈尔滨*	10058	10055	4590	0	0	0
南京*	73099	25872	11309	1279	1009	0
杭州*	47662	47662	7725	0	0	0
合肥	7546	7257	3835	110	110	0
福州	9932	9366	9361	560	560	0
南昌	6354	6239	2500	115	115	0
济南*	11348	11317	2642	31	31	0
郑州	21804	19963	19963	0	0	1739
武汉*	71555	57440	34399	5272	0	7717
长沙	7120	7110	7110	10	0	0
广州*	156551	44119	9321	813	473	111616
南宁	8646	7194	3839	15	15	0
海口	1600	1600	427	0	0	0
成都*	16614	16614	10661	0	0	0
贵阳	10874	10714	4740	160	160	0
昆明	10972	10632	5350	337	150	0
拉萨	1023	963	963	60	60	0
西安*	10948	9747	6260	250	250	0
兰州	3912	3912	2000	0	0	0
西宁	1680	1680	1680	0	0	0
银川	4153	4090	2060	60	60	0
乌鲁木齐	15286	12033	5440	2556	2556	28

注：城市名称后带“*”的为副省级城市，包括省会城市中带“*”的

4—4 续表 单位：千元

城　市	经营收入	其他收入	本年经费支出总额	#科普经费	#青少年科技活动费	#科普设施建设费
合　计	**42800**	**9777**	**679349**	**216144**	**13777**	**27183**
副省级城市小计	**42509**	**7620**	**550255**	**144659**	**10101**	**17662**
宁　波*	618	153	33569	10084	1528	480
厦　门*	0	185	13662	10901	949	3497
深　圳*	0	414	61172	35789	500	0
青　岛*	0	722	16772	4983	80	0
大　连*	0	7	19262	13069	1100	466
省会城市小计	**42182**	**8297**	**534912**	**141317**	**9620**	**22740**
石家庄	0	0	7886	2100	140	0
太　原	0	51	7063	3352	330	0
呼和浩特	0	0	3535	971	40	0
沈　阳*	0	0	600	0	0	0
长　春*	0	0	8370	3540	0	0
哈尔滨*	0	2	8013	2601	0	107
南　京*	41891	4058	69022	13293	420	1942
杭　州*	0	0	47662	7425	300	0
合　肥	0	179	7347	3775	427	0
福　州	0	6	9600	7633	110	1044
南　昌	0	0	5743	2500	0	0
济　南*	0	0	10291	2965	0	0
郑　州	0	101	21809	19963	100	1345
武　汉*	0	1126	67640	16224	1535	9376
长　沙	0	0	7120	0	0	0
广　州*	0	3	166470	5676	3079	1394
南　宁	0	1437	7333	3839	454	100
海　口	0	0	1600	427	380	40
成　都*	0	0	16614	10661	440	0
贵　阳	0	0	10550	4566	70	278
昆　明	0	3	10972	5100	250	0
拉　萨	0	0	640	640	0	0
西　安*	0	951	11137	7448	170	401
兰　州	0	0	3912	2000	235	508
西　宁	0	0	1680	1680	120	100
银　川	0	3	3490	1400	200	0
乌鲁木齐	291	377	18812	11538	820	6107

4—5 各地区地级科协经费收入与支出

单位：千元

地区	本年经费收入总额	同级财政补助	#科普经费	上级科协项目补助	#科普经费	事业收入
合计	**1494288**	**1405321**	**553538**	**58422**	**40655**	**13117**
北京	89555	84127	59943	5410	5170	0
天津	214877	209504	30603	1797	1220	81
河北	44412	42433	13949	1857	1850	0
山西	22335	22087	10568	110	40	0
内蒙古	27156	25961	12516	1195	720	0
辽宁	50859	45814	16873	3887	1637	0
吉林	17381	14959	3566	2067	2067	55
黑龙江	22605	22391	593	100	0	0
上海	166484	162258	120786	4051	4016	0
江苏	113677	105532	34366	1176	1090	4704
浙江	67303	65518	26450	842	640	0
安徽	37989	36924	13034	590	244	82
福建	29753	28549	14179	626	613	33
江西	25056	22264	8253	2757	2086	0
山东	52218	50635	14728	1144	868	30
河南	38443	38278	13482	15	0	150
湖北	41434	38222	11909	3000	650	100
湖南	36491	35692	17626	275	200	0
广东	103391	92478	31230	1031	70	7488
广西	34084	32598	9644	982	502	359
海南	1000	1000	590	0	0	0
重庆	54420	48374	24432	3306	2911	0
四川	56489	54257	15132	2160	1510	0
贵州	19569	18442	5644	909	610	0
云南	39922	36330	16524	3140	2605	0
西藏	4914	1277	492	3638	698	0
陕西	22316	21196	9031	740	740	0
甘肃	20728	19411	6298	1248	923	0
青海	2154	2103	820	20	0	30
宁夏	3492	3102	555	390	190	0
新疆	25365	18828	6596	6399	3835	4
新疆生产建设兵团	8412	4776	3127	3560	2950	0

4—5 续表

单位：千元

地区	经营收入	其他收入	本年经费支出总额	#科普经费	#青少年科技活动费	#科普设施建设费
合　计	**1503**	**15926**	**1663271**	**572875**	**58104**	**77682**
北　京	0	18	77341	54926	3075	8357
天　津	0	3495	211278	29778	1931	1690
河　北	0	122	44478	14799	571	1055
山　西	130	9	20644	7632	559	0
内蒙古	0	0	23873	14028	926	1160
辽　宁	0	1159	46009	15463	844	2844
吉　林	0	300	17340	5724	361	242
黑龙江	0	114	22967	1738	296	1
上　海	0	175	154606	115687	14650	11332
江　苏	0	2265	110625	41865	2029	12378
浙　江	0	944	66738	28512	1302	2859
安　徽	0	393	38548	13010	1080	2914
福　建	0	545	28650	12820	1242	2467
江　西	0	35	249445	10122	947	1237
山　东	165	243	50969	16387	650	1409
河　南	0	0	37805	12796	738	222
湖　北	0	113	38638	13085	1518	1980
湖　南	0	524	36879	18965	1666	3269
广　东	1193	1200	105515	31924	11127	3463
广　西	0	145	34103	11552	1303	280
海　南	0	0	888	728	60	100
重　庆	0	2739	52625	26909	2494	6028
四　川	0	72	54412	15672	1863	2712
贵　州	0	218	19590	6107	319	432
云　南	0	453	39579	18158	1099	3600
西　藏	0	0	4914	1398	52	315
陕　西	0	380	21988	9571	611	1223
甘　肃	15	54	18921	7167	2529	786
青　海	0	1	2124	945	105	310
宁　夏	0	0	3166	1344	249	70
新　疆	0	134	20707	8401	1170	265
新疆生产建设兵团	0	76	7907	5661	739	2683

4—6 各地区县级科协经费收入与支出

单位：千元

地　区	本年经费收入总额	同级财政补助	#科普经费	上级科协项目补助	#科普经费	事业收入
合　计	**1869221**	**1546046**	**716678**	**297174**	**183615**	**1536**
北　京	9854	7976	5050	1878	1878	0
天　津	4255	3645	1925	610	610	0
河　北	44101	36003	15477	7528	4286	0
山　西	25860	22868	11372	2959	623	5
内蒙古	33355	24920	14925	8435	5276	0
辽　宁	37698	27996	19910	9324	7564	0
吉　林	32706	29186	8688	2943	1368	193
黑龙江	13631	11601	3982	2022	1302	0
上　海	5020	4615	4615	400	400	0
江　苏	204050	192906	110191	7961	5377	0
浙　江	211971	194636	93103	14605	8579	0
安　徽	57365	48346	20713	7587	6242	0
福　建	112892	81070	41246	30528	21469	51
江　西	38048	29503	11918	7012	4529	304
山　东	87694	70702	26368	16331	10344	0
河　南	78112	76403	30629	1450	900	70
湖　北	122741	100970	33294	19286	7640	88
湖　南	73842	60662	34769	11098	6690	0
广　东	97592	91622	51242	5468	4120	0
广　西	73582	58295	18097	14629	8615	0
海　南	22206	20418	7846	1768	1539	0
重　庆	26523	20812	10049	2105	1015	0
四　川	122127	93355	42677	27977	13905	516
贵　州	73956	57981	16894	15138	9770	182
云　南	136546	88233	31385	47096	32815	0
西　藏	0	0	0	0	0	0
陕　西	49105	36514	18692	12273	7270	126
甘　肃	23743	17519	7770	6150	3705	0
青　海	7865	5895	4448	1864	337	0
宁　夏	9665	6713	2761	2810	727	0
新　疆	33115	24679	16644	7939	4719	0

4—6 续表

单位：千元

地区	经营收入	其他收入	本年经费支出总额	#科普经费	#青少年科技活动费	#科普设施建设费
合　计	**182**	**24284**	**1834985**	**887681**	**100111**	**222120**
北　京	0	0	9854	6928	100	4350
天　津	0	0	4255	2125	48	1565
河　北	0	570	43580	20921	1539	2714
山　西	20	8	24583	11005	1539	2260
内蒙古	0	0	31831	20024	2385	7334
辽　宁	0	377	37064	25451	1947	6347
吉　林	0	383	31499	8086	1018	2388
黑龙江	0	7	22454	4996	654	1512
上　海	0	5	3860	3360	120	300
江　苏	0	3183	203610	115777	14747	28210
浙　江	0	2730	226495	101781	8814	18556
安　徽	0	1432	56080	27117	3498	10402
福　建	0	1242	111823	62705	8170	23429
江　西	0	1230	37217	16858	1658	4721
山　东	0	661	95756	35264	4919	12348
河　南	0	189	78638	30380	3116	5034
湖　北	98	2299	96214	39791	5376	11165
湖　南	6	2077	71456	40380	5851	10943
广　东	58	444	98477	58073	8490	12304
广　西	0	658	69986	24442	3667	4130
海　南	0	20	16934	8620	691	1011
重　庆	0	3606	26272	10994	1639	2777
四　川	0	279	118875	55921	5630	12349
贵　州	0	655	70451	25207	2701	5559
云　南	0	1217	131537	62842	3554	10316
西　藏	0	0	0	0	0	0
陕　西	0	192	46806	27346	2592	11016
甘　肃	0	74	23736	10904	1920	3371
青　海	0	106	5389	4821	365	824
宁　夏	0	142	9400	4254	462	1647
新　疆	0	498	30852	21310	2902	3238

4—7　各地区省级学会经费收入与支出

单位：千元

地　区	本年经费收入总额	科协资助	挂靠单位资助	会费收入	捐赠	学会活动收入
合　计	**1571761**	**66771**	**91134**	**290544**	**41426**	**556445**
北　京	175681	17559	7153	20740	5466	64533
天　津	24525	2127	2306	6347	1940	4097
河　北	38430	1559	985	5967	167	11882
山　西	28497	599	2921	2799	36	8161
内蒙古	21103	652	1429	2392	50	9799
辽　宁	19120	2923	2021	8144	395	2388
吉　林	31211	476	2782	4753	6254	6626
黑龙江	10105	103	770	2158	296	996
上　海	240910	4278	3485	34650	388	107328
江　苏	116144	3076	12156	35314	2266	42386
浙　江	81249	4066	2184	21951	3133	26155
安　徽	32095	2921	4249	5840	348	12668
福　建	81557	4815	10238	12147	7356	21861
江　西	23660	1396	1535	7328	247	6081
山　东	48651	860	1555	10082	69	20537
河　南	32063	284	865	7891	75	4617
湖　北	15612	1439	771	4679	267	3790
湖　南	71737	410	5090	12798	8492	15475
广　东	196722	2979	3146	29506	1666	101728
广　西	32815	1165	1891	8871	576	5959
海　南	3913	133	342	540	20	588
重　庆	46421	2452	5870	7903	115	10830
四　川	73201	532	1105	6953	88	41950
贵　州	20751	650	1156	2724	567	7577
云　南	45612	4658	6388	10187	403	7774
西　藏	1341	161	322	538	150	60
陕　西	21359	2384	3207	6617	418	2750
甘　肃	4700	385	734	2060	0	868
青　海	6338	90	1078	2535	0	376
宁　夏	8080	427	1040	736	104	1356
新　疆	18158	1211	2355	5394	74	5250

4—7 续表 单位：千元

地区	科技期刊收入	承担委托项目收入	其他收入	本年经费支出总额	学术活动费	科普活动费（含青少年科技活动费）
合计	**61408**	**207117**	**256916**	**1515272**	**741621**	**94446**
北京	8870	28553	22806	152075	66085	15423
天津	2296	1032	4381	21188	11288	1379
河北	17	150	17702	41532	8992	602
山西	389	670	12922	25027	8474	390
内蒙古	45	180	6558	18013	9241	885
辽宁	246	1671	1331	16906	9107	1410
吉林	345	5141	4834	29781	7093	4860
黑龙江	323	1985	3475	100729	94499	435
上海	13402	42136	35243	219824	135538	14434
江苏	2622	2361	15963	89086	35768	7763
浙江	1451	8021	14289	70690	32780	3636
安徽	1080	2601	2388	26329	15743	1984
福建	1444	14967	8730	68983	24256	6261
江西	2920	1630	2523	27489	10041	1300
山东	1501	560	13487	46101	13865	3430
河南	4715	5889	7726	21966	8262	650
湖北	747	993	2926	14001	8367	1050
湖南	2078	19706	7688	62955	36052	3779
广东	6842	31380	19474	169321	95708	8071
广西	435	4998	8921	26029	10872	1337
海南	804	682	804	3210	1497	458
重庆	287	4005	14959	38236	14583	1937
四川	1937	7560	13077	50629	29770	920
贵州	2954	4002	1120	17418	8118	1270
云南	2125	9989	4088	107802	26521	4927
西藏	0	90	19	1149	467	367
陕西	756	2515	2711	18163	6910	1682
甘肃	52	227	373	4358	3099	342
青海	528	1433	298	4965	1704	477
宁夏	0	19	4397	6575	398	116
新疆	195	1975	1705	14743	6522	2869

五、学术交流活动

简要说明

本篇统计资料为

一、汇总数据，反映中国科协、地方科协和全国学会、省级学会开展各类学术交流活动的总体情况。

二、地方科协和省级学会统计数据，分别反映各省级科协及其所属学会、副省级城市、省会城市科协、地级科协、县级科协开展的各类学术交流活动。

三、统计指标，主要反映在中国境内开展的国内学术会议、国际学术会议、同港澳台地区开展学术会议；按学术交流的内容主要分为：高端前沿学术会议、综合交叉学术会议、学术服务会议；还反映了各类学术会议的交流论文数量。

5—1 各级科协学术交流活动汇总表

指　标	科协合计	小　计	中国科协机关及直属单位		
			高端前沿学术会议	综合交叉学术会议	学术服务会议
国内学术会议（次）	6660	60	35	11	14
#学术年会	118	4	2	2	0
参加人数（人次）	948988	20024	2807	6410	10807
#企业科技工作者	278369	0	0	0	0
交流论文（篇）	117313	8469	640	1067	6762
境内国际学术会议（次）	307	7	2	1	4
参加人数（人次）	62022	1791	1400	200	191
#企业科技工作者	22164	70	0	0	70
#境外专家学者	4215	126	30	10	86
交流论文（篇）	10757	608	370	180	58
港澳台地区学术会议（次）	54	1	0	0	1
参加人数（人次）	7785	120	0	0	120
#企业科技工作者	1190	0	0	0	0
交流论文（篇）	1043	31	0	0	31

5—1 续表 1

指　标	小　计	省级科协		
		高端前沿学术会议	综合交叉学术会议	学术服务会议
国内学术会议（次）	537	94	351	92
#学术年会	114	14	89	11
参加人数（人次）	148239	35461	89753	23025
#企业科技工作者	14150	4165	6783	3202
交流论文（篇）	25838	6452	14965	4421
境内国际学术会议（次）	68	42	21	5
参加人数（人次）	15279	11996	2503	780
#企业科技工作者	2706	1430	1110	166
#境外专家学者	733	321	182	230
交流论文（篇）	1632	851	571	210
港澳台地区学术会议（次）	25	4	16	5
参加人数（人次）	3271	428	2760	83
#企业科技工作者	509	183	326	0
交流论文（篇）	625	131	466	28

5—1 续表 2

指　　标	小　　计	副省级城市科协、省会城市科协		
		高端前沿学术会议	综合交叉学术会议	学术服务会议
国内学术会议（次）	1220	211	379	630
#学术年会	—	—	—	—
参加人数（人次）	197321	36710	101965	58646
#企业科技工作者	65956	14656	27271	24029
交流论文（篇）	15708	5080	7235	3393
境内国际学术会议（次）	85	45	22	18
参加人数（人次）	17190	7265	5585	4340
#企业科技工作者	4495	2615	1320	560
#境外专家学者	733	480	182	71
交流论文（篇）	2219	1269	600	350
港澳台地区学术会议（次）	11	3	4	4
参加人数（人次）	1290	300	360	630
#企业科技工作者	335	100	65	170
交流论文（篇）	158	70	49	39

5—1 续表 3

指　　标	小　　计	地级科协		
		高端前沿学术会议	综合交叉学术会议	学术服务会议
国内学术会议（次）	3357	467	1295	1595
#学术年会	—	—	—	—
参加人数（人次）	445083	61659	180700	202724
#企业科技工作者	155152	27211	61173	66768
交流论文（篇）	48809	7138	19692	21979
境内国际学术会议（次）	100	46	39	15
参加人数（人次）	19396	9952	6704	2740
#企业科技工作者	10515	5827	3378	1310
#境外专家学者	1944	1646	179	119
交流论文（篇）	5526	2947	2026	553
港澳台地区学术会议（次）	4	2	2	0
参加人数（人次）	2050	1500	550	0
#企业科技工作者	30	0	30	0
交流论文（篇）	60	30	30	0

5－1续表4

指　　标	小　　计	县级科协		
		高端前沿学术会议	综合交叉学术会议	学术服务会议
国内学术会议（次）	1486	174	434	878
#学术年会	—	—	—	—
参加人数（人次）	138321	12650	35592	90079
#企业科技工作者	43111	5893	12219	24999
交流论文（篇）	18489	574	6185	11730
境内国际学术会议（次）	47	26	10	11
参加人数（人次）	8366	3056	3038	2272
#企业科技工作者	4378	1377	1420	1581
#境外专家学者	679	283	302	94
交流论文（篇）	772	481	204	87
港澳台地区学术会议（次）	13	2	4	7
参加人数（人次）	1054	40	480	534
#企业科技工作者	316	15	178	123
交流论文（篇）	169	5	60	104

5－2　全国学会、省级学会学术交流活动汇总表

指　　标	学会合计	小　　计	中国科协所属全国学会		
			高端前沿学术会议	综合交叉学术会议	学术服务会议
国内学术会议（次）	20497	4131	1257	1641	1233
#学术年会	923	916	269	443	204
参加人数（人次）	3012347	980426	228815	495164	256447
#企业科技工作者	478026	129606	34613	51899	43094
交流论文（篇）	751284	322034	84366	131762	105906
境内国际学术会议（次）	1719	535	259	180	96
参加人数（人次）	344216	173401	64342	50842	58217
#企业科技工作者	77712	31307	10430	6870	14007
#境外专家学者	34570	23914	8973	7165	7776
交流论文（篇）	102978	58667	22365	17987	18315
港澳台地区学术会议（次）	349	69	35	25	9
参加人数（人次）	37419	9078	4954	3215	909
#企业科技工作者	6373	1652	825	534	293
交流论文（篇）	11140	4063	2458	1249	356

5—2 续表 1

指　　标	小　　计	中国科协委托管理全国学会		
		高端前沿学术会议	综合交叉学术会议	学术服务会议
国内学术会议（次）	87	41	34	12
#学术年会	7	4	3	0
参加人数（人次）	10062	4637	3655	1770
#企业科技工作者	1893	220	1173	500
交流论文（篇）	2603	1016	1274	313
境内国际学术会议（次）	10	5	5	0
参加人数（人次）	1727	1122	605	0
#企业科技工作者	668	233	435	0
#境外专家学者	454	394	60	0
交流论文（篇）	472	340	132	0
港澳台地区学术会议（次）	2	2	0	0
参加人数（人次）	110	110	0	0
#企业科技工作者	0	0	0	0
交流论文（篇）	13	13	0	0

5—2 续表 2

指　　标	小　　计	省级学会		
		高端前沿学术会议	综合交叉学术会议	学术服务会议
国内学术会议（次）	16279	4070	5808	6401
#学术年会	—	—	—	—
参加人数（人次）	2021859	560300	732212	729347
#企业科技工作者	346527	101755	129648	115124
交流论文（篇）	426647	138407	150567	137673
境内国际学术会议（次）	1174	601	387	186
参加人数（人次）	169088	102659	46742	19687
#企业科技工作者	45737	28516	10627	6594
#境外专家学者	10202	7160	2113	929
交流论文（篇）	43839	25537	13395	4907
港澳台地区学术会议（次）	278	108	96	74
参加人数（人次）	28231	11112	7610	9509
#企业科技工作者	4721	2559	1457	705
交流论文（篇）	7064	2949	1436	2679

5—3 各省级科协学术交流活动

地区	国内学术会议							
	合计（次）	高端前沿学术会议	综合交叉学术会议	学术服务会议	#学术年会			
					合计（次）	前端前沿学术会议	综合交叉学术会议	学术服务会议
合计	**537**	**94**	**351**	**92**	**114**	**14**	**89**	**11**
北京	20	0	20	0	0	0	0	0
天津	5	1	1	3	0	0	0	0
河北	8	0	6	2	4	0	3	1
山西	6	0	1	5	1	0	1	0
内蒙古	37	2	30	5	1	0	1	0
辽宁	2	0	0	2	1	0	0	1
吉林	27	14	12	1	1	0	1	0
黑龙江	11	5	2	4	2	1	0	1
上海	8	4	4	0	1	0	1	0
江苏	2	1	0	1	1	0	0	1
浙江	10	3	3	4	2	1	1	0
安徽	42	3	30	9	20	0	20	0
福建	7	0	7	0	3	0	3	0
江西	57	0	46	11	46	0	46	0
山东	22	1	19	2	2	0	1	1
河南	94	0	94	0	1	0	1	0
湖北	4	0	1	3	1	0	0	1
湖南	7	3	3	1	2	2	0	0
广东	7	7	0	0	0	0	0	0
广西	11	0	11	0	0	0	0	0
海南	17	1	15	1	4	0	4	0
重庆	83	42	18	23	15	9	3	3
四川	1	0	1	0	0	0	0	0
贵州	7	0	7	0	0	0	0	0
云南	8	1	7	0	2	0	2	0
西藏	0	0	0	0	0	0	0	0
陕西	1	0	1	0	0	0	0	0
甘肃	6	1	2	3	1	1	0	0
青海	7	0	1	6	2	0	0	2
宁夏	12	0	8	4	1	0	1	0
新疆	6	5	1	0	0	0	0	0
新疆生产建设兵团	2	0	0	2	0	0	0	0

5—3 续表 1

地　　区	国内学术会议参加人数							
	合　计（人次）	高端前沿学术会议	综合交叉学术会议	学术服务会　　议	# 企业科技工作者			
					合　计（人次）	前端前沿学术会议	综合交叉学术会议	学术服务会　　议
合　　计	**148239**	**35461**	**89753**	**23025**	**14150**	**4165**	**6783**	**3202**
北　　京	2854	0	2854	0	0	0	0	0
天　　津	650	50	200	400	0	0	0	0
河　　北	1477	0	1450	27	200	0	200	0
山　　西	1030	0	1000	30	800	0	800	0
内 蒙 古	8200	200	7000	1000	0	0	0	0
辽　　宁	2200	0	0	2200	0	0	0	0
吉　　林	4345	958	3187	200	280	20	260	0
黑 龙 江	3510	2200	800	510	200	200	0	0
上　　海	28060	310	27750	0	0	0	0	0
江　　苏	1500	820	0	680	500	200	0	300
浙　　江	5000	2000	1500	1500	0	0	0	0
安　　徽	5900	260	5000	640	0	0	0	0
福　　建	1190	0	1190	0	33	0	33	0
江　　西	7000	0	5800	1200	0	0	0	0
山　　东	2248	40	1805	403	1019	0	900	119
河　　南	11520	0	11520	0	0	0	0	0
湖　　北	510	0	260	250	41	0	0	41
湖　　南	1733	703	1030	0	987	0	987	0
广　　东	3700	3700	0	0	0	0	0	0
广　　西	2281	0	2281	0	2250	0	2250	0
海　　南	1875	50	1795	30	330	10	315	5
重　　庆	33250	22310	5780	5160	5630	3435	850	1345
四　　川	300	0	300	0	50	0	50	0
贵　　州	840	0	840	0	0	0	0	0
云　　南	1500	60	1440	0	0	0	0	0
西　　藏	0	0	0	0	0	0	0	0
陕　　西	120	0	120	0	30	0	30	0
甘　　肃	2600	1600	400	600	600	300	100	200
青　　海	6926	0	51	6875	1200	0	8	1192
宁　　夏	5000	0	4000	1000	0	0	0	0
新　　疆	600	200	400	0	0	0	0	0
新疆生产建设兵团	320	0	0	320	0	0	0	0

5—3 续表 2

地　区	合　计（篇）	国内学术会议交流论文		
		高端前沿学术会议	综合交叉学术会议	学术服务会议
合　计	**25838**	**6452**	**14965**	**4421**
北　京	428	0	428	0
天　津	81	0	5	76
河　北	440	0	429	11
山　西	16	0	10	6
内蒙古	3100	100	2700	300
辽　宁	41	0	0	41
吉　林	612	60	548	4
黑龙江	1510	1200	200	110
上　海	1691	1	1690	0
江　苏	50	25	0	25
浙　江	3000	1500	800	700
安　徽	2210	180	2000	30
福　建	145	0	145	0
江　西	1000	0	830	170
山　东	640	8	381	251
河　南	2740	0	2740	0
湖　北	33	0	30	3
湖　南	412	406	3	3
广　东	7	7	0	0
广　西	524	0	524	0
海　南	572	0	572	0
重　庆	5256	2715	326	2215
四　川	100	0	100	0
贵　州	37	0	37	0
云　南	188	20	168	0
西　藏	0	0	0	0
陕　西	72	0	72	0
甘　肃	380	180	100	100
青　海	205	0	9	196
宁　夏	150	0	80	70
新　疆	88	50	38	0
新疆生产建设兵团	110	0	0	110

5—3 续表 3

地　　区	境内国际学术会议 合　计（次）	高端前沿学术会议	综合交叉学术会议	学术服务会　议	境内国际学术会议交流论文 合　计（篇）	高端前沿学术会议	综合交叉学术会议	学术服务会　议
合　　计	**68**	**42**	**21**	**5**	**1632**	**851**	**571**	**210**
北　　京	0	0	0	0	0	0	0	0
天　　津	3	3	0	0	27	27	0	0
河　　北	3	0	3	0	260	0	260	0
山　　西	0	0	0	0	0	0	0	0
内 蒙 古	1	0	1	0	10	10	0	0
辽　　宁	0	0	0	0	0	0	0	0
吉　　林	0	0	0	0	0	0	0	0
黑 龙 江	0	0	0	0	0	0	0	0
上　　海	1	0	1	0	73	0	73	0
江　　苏	1	1	0	0	42	42	0	0
浙　　江	21	21	0	0	121	121	0	0
安　　徽	1	1	0	0	60	60	0	0
福　　建	0	0	0	0	0	0	0	0
江　　西	3	0	3	0	110	0	110	0
山　　东	0	0	0	0	0	0	0	0
河　　南	4	4	0	0	42	42	0	0
湖　　北	3	0	0	3	74	0	0	74
湖　　南	3	0	3	0	2	0	2	0
广　　东	0	0	0	0	0	0	0	0
广　　西	1	0	1	0	91	0	91	0
海　　南	8	0	8	0	5	0	5	0
重　　庆	10	9	0	1	562	512	0	50
四　　川	0	0	0	0	0	0	0	0
贵　　州	1	0	0	1	86	0	0	86
云　　南	3	2	1	0	62	32	30	0
西　　藏	1	1	0	0	5	5	0	0
陕　　西	0	0	0	0	0	0	0	0
甘　　肃	0	0	0	0	0	0	0	0
青　　海	0	0	0	0	0	0	0	0
宁　　夏	0	0	0	0	0	0	0	0
新　　疆	0	0	0	0	0	0	0	0
新疆生产建设兵团	0	0	0	0	0	0	0	0

5—3 续表 4

地　　区	境内国际学术会议参加人数					
	合　计（人次）	高端前沿学术会议	综合交叉学术会议	学术服务会　议	#企业科技工作者	
					合　计（人次）	高端前沿学术会议
合　　计	**15279**	**11996**	**2503**	**780**	**2706**	**1430**
北　　京	0	0	0	0	0	0
天　　津	650	650	0	0	0	0
河　　北	440	0	440	0	0	0
山　　西	0	0	0	0	0	0
内 蒙 古	60	60	0	0	0	0
辽　　宁	0	0	0	0	0	0
吉　　林	0	0	0	0	0	0
黑 龙 江	0	0	0	0	0	0
上　　海	126	0	126	0	38	0
江　　苏	180	180	0	0	0	0
浙　　江	4621	4621	0	0	0	0
安　　徽	100	100	0	0	0	0
福　　建	0	0	0	0	0	0
江　　西	500	0	500	0	0	0
山　　东	0	0	0	0	0	0
河　　南	650	650	0	0	480	480
湖　　北	280	0	0	280	12	0
湖　　南	796	0	796	0	750	0
广　　东	0	0	0	0	0	0
广　　西	211	0	211	0	202	0
海　　南	300	0	300	0	90	0
重　　庆	3055	2755	0	300	880	880
四　　川	0	0	0	0	0	0
贵　　州	200	0	0	200	154	0
云　　南	310	180	130	0	100	70
西　　藏	2800	2800	0	0	0	0
陕　　西	0	0	0	0	0	0
甘　　肃	0	0	0	0	0	0
青　　海	0	0	0	0	0	0
宁　　夏	0	0	0	0	0	0
新　　疆	0	0	0	0	0	0
新疆生产建设兵团	0	0	0	0	0	0

5—3 续表 5

地　区	境内国际学术会议参加人数					
	#企业科技工作者		合　计（人次）	#境外专家学者		
	综合交叉学术会议	学术服务会　议		高端前沿学术会议	综合交叉学术会议	学术服务会　议
合　计	**1110**	**166**	**733**	**321**	**182**	**230**
北　京	0	0	0	0	0	0
天　津	0	0	62	62	0	0
河　北	0	0	80	0	80	0
山　西	0	0	0	0	0	0
内 蒙 古	0	0	6	6	0	0
辽　宁	0	0	0	0	0	0
吉　林	0	0	0	0	0	0
黑 龙 江	0	0	0	0	0	0
上　海	38	0	22	0	22	0
江　苏	0	0	10	10	0	0
浙　江	0	0	46	46	0	0
安　徽	0	0	20	20	0	0
福　建	0	0	0	0	0	0
江　西	0	0	12	0	12	0
山　东	0	0	0	0	0	0
河　南	0	0	16	16	0	0
湖　北	0	12	89	0	0	89
湖　南	750	0	15	0	0	15
广　东	0	0	0	0	0	0
广　西	202	0	9	0	9	0
海　南	90	0	15	0	15	0
重　庆	0	0	182	102	0	80
四　川	0	0	0	0	0	0
贵　州	0	154	46	0	0	46
云　南	30	0	103	59	44	0
西　藏	0	0	0	0	0	0
陕　西	0	0	0	0	0	0
甘　肃	0	0	0	0	0	0
青　海	0	0	0	0	0	0
宁　夏	0	0	0	0	0	0
新　疆	0	0	0	0	0	0
新疆生产建设兵团	0	0	0	0	0	0

5—3 续表 6

地区	港澳台地区学术会议 合计（次）	港澳台地区学术会议 高端前沿学术会议	港澳台地区学术会议 综合交叉学术会议	港澳台地区学术会议 学术服务会议	港澳台地区学术会议交流论文 合计（篇）	港澳台地区学术会议交流论文 高端前沿学术会议	港澳台地区学术会议交流论文 综合交叉学术会议	港澳台地区学术会议交流论文 学术服务会议
合计	**25**	**4**	**16**	**5**	**625**	**131**	**466**	**28**
北京	0	0	0	0	0	0	0	0
天津	0	0	0	0	0	0	0	0
河北	0	0	0	0	0	0	0	0
山西	0	0	0	0	0	0	0	0
内蒙古	1	1	0	0	15	15	0	0
辽宁	0	0	0	0	0	0	0	0
吉林	0	0	0	0	0	0	0	0
黑龙江	0	0	0	0	0	0	0	0
上海	1	0	1	0	125	0	125	0
江苏	0	0	0	0	0	0	0	0
浙江	0	0	0	0	0	0	0	0
安徽	1	0	1	0	136	0	136	0
福建	4	1	3	0	115	15	100	0
江西	1	0	1	0	30	0	30	0
山东	1	1	0	0	100	100	0	0
河南	0	0	0	0	0	0	0	0
湖北	4	0	4	0	15	0	15	0
湖南	1	0	0	1	1	0	1	0
广东	0	0	0	0	0	0	0	0
广西	0	0	0	0	0	0	0	0
海南	5	0	5	0	9	0	9	0
重庆	0	0	0	0	0	0	0	0
四川	0	0	0	0	0	0	0	0
贵州	2	0	0	2	25	0	0	25
云南	0	0	0	0	0	0	0	0
西藏	0	0	0	0	0	0	0	0
陕西	2	0	0	2	3	0	0	3
甘肃	1	0	1	0	50	0	50	0
青海	1	1	0	0	1	1	0	0
宁夏	0	0	0	0	0	0	0	0
新疆	0	0	0	0	0	0	0	0
新疆生产建设兵团	0	0	0	0	0	0	0	0

5—3 续表 7

地　区	港澳台地区学术会议参加人数							
	合　计（人次）	高端前沿学术会议	综合交叉学术会议	学术服务会　议	合　计（人次）	#企业科技工作者		
						高端前沿学术会议	综合交叉学术会议	学术服务会　议
合　计	**3271**	**428**	**2760**	**83**	**509**	**183**	**326**	**0**
北　京	0	0	0	0	0	0	0	0
天　津	0	0	0	0	0	0	0	0
河　北	0	0	0	0	0	0	0	0
山　西	0	0	0	0	0	0	0	0
内蒙古	80	80	0	0	0	0	0	0
辽　宁	0	0	0	0	0	0	0	0
吉　林	0	0	0	0	0	0	0	0
黑龙江	0	0	0	0	0	0	0	0
上　海	260	0	260	0	90	0	90	0
江　苏	0	0	0	0	0	0	0	0
浙　江	0	0	0	0	0	0	0	0
安　徽	600	0	600	0	0	0	0	0
福　建	944	30	914	0	30	30	0	0
江　西	100	0	100	0	0	0	0	0
山　东	300	300	0	0	150	150	0	0
河　南	0	0	0	0	0	0	0	0
湖　北	20	0	20	0	0	0	0	0
湖　南	186	0	186	0	107	0	107	0
广　东	0	0	0	0	0	0	0	0
广　西	0	0	0	0	0	0	0	0
海　南	600	0	600	0	120	0	120	0
重　庆	0	0	0	0	0	0	0	0
四　川	0	0	0	0	0	0	0	0
贵　州	31	0	0	31	0	0	0	0
云　南	0	0	0	0	0	0	0	0
西　藏	0	0	0	0	0	0	0	0
陕　西	52	0	0	52	0	0	0	0
甘　肃	80	0	80	0	9	0	9	0
青　海	18	18	0	0	3	3	0	0
宁　夏	0	0	0	0	0	0	0	0
新　疆	0	0	0	0	0	0	0	0
新疆生产建设兵团	0	0	0	0	0	0	0	0

5—4 各副省级城市科协、省会城市科协学术交流活动

城市	国内学术会议				国内学术会议交流论文			
	合计（次）	高端前沿学术会议	综合交叉学术会议	学术服务会议	合计（篇）	前端前沿学术会议	综合交叉学术会议	学术服务会议
合计	**1220**	**211**	**379**	**630**	**15708**	**5080**	**7235**	**3393**
副省级城市小计	**808**	**201**	**253**	**354**	**12746**	**5030**	**4821**	**2895**
宁波*	26	10	12	4	511	240	200	71
厦门*	0	0	0	0	0	0	0	0
深圳*	2	0	1	1	30	0	20	10
青岛*	45	23	22	0	484	220	264	0
大连*	80	10	5	65	80	10	5	65
省会城市小计	**1067**	**168**	**339**	**560**	**14603**	**4610**	**6746**	**3247**
石家庄	1	0	1	0	38	0	38	0
太原	3	0	3	0	100	0	100	0
呼和浩特	4	0	0	4	1	0	0	1
沈阳*	52	33	19	0	1350	400	950	0
长春*	1	1	0	0	25	25	0	0
哈尔滨*	18	0	15	3	200	0	200	0
南京*	43	8	31	4	423	7	380	36
杭州*	130	6	22	102	1450	570	180	700
合肥	5	0	3	2	135	0	70	65
福州	2	0	2	0	136	0	136	0
南昌	0	0	0	0	0	0	0	0
济南*	50	3	15	32	500	400	50	50
郑州	326	10	50	266	500	50	300	150
武汉*	200	90	50	60	5000	3000	2000	0
长沙	1	0	1	0	438	0	438	0
广州*	3	0	3	0	10	0	10	0
南宁	0	0	0	0	0	0	0	0
海口	0	0	0	0	0	0	0	0
成都*	80	12	5	63	2100	120	150	1830
贵阳	61	0	61	0	1280	0	1280	0
昆明	2	0	2	0	12	0	12	0
拉萨	0	0	0	0	0	0	0	0
西安*	78	5	53	20	583	38	412	133
兰州	0	0	0	0	0	0	0	0
西宁	2	0	2	0	35	0	35	0
银川	1	0	1	0	5	0	5	0
乌鲁木齐	4	0	0	4	282	0	0	282

注：城市名称后带“*”的为副省级城市，包括省会城市中带“*”的

5—4 续表 1

城市	国内学术会议参加人数							
	合计（人次）	前端前沿学术会议	综合交叉学术会议	学术服务会议	#企业科技工作者			
					合计（人次）	前端前沿学术会议	综合交叉学术会议	学术服务会议
合　计	**197321**	**36710**	**101965**	**58646**	**65956**	**14656**	**27271**	**24029**
副省级城市小计	**134424**	**31710**	**63430**	**39284**	**50851**	**11656**	**22315**	**16880**
宁　波 *	3000	2000	800	200	1000	750	150	100
厦　门 *	0	0	0	0	0	0	0	0
深　圳 *	150	0	80	70	100	0	70	30
青　岛 *	9380	1080	8300	0	991	126	865	0
大　连 *	8000	1000	500	6500	3000	300	150	2550
省会城市小计	**176791**	**32630**	**92285**	**51876**	**60865**	**13480**	**26036**	**21349**
石家庄	300	0	300	0	0	0	0	0
太　原	300	0	300	0	0	0	0	0
呼和浩特	300	0	0	300	0	0	0	0
沈　阳 *	15800	10000	5800	0	3700	2000	1700	0
长　春 *	500	500	0	0	150	150	0	0
哈尔滨 *	5000	0	4920	80	200	0	180	20
南　京 *	6744	160	6000	584	740	160	0	580
杭　州 *	13700	1370	4930	7400	4520	370	1440	2710
合　肥	706	0	386	320	94	0	56	38
福　州	400	0	400	0	200	0	200	0
南　昌	0	0	0	0	0	0	0	0
济　南 *	7000	5000	1000	1000	0	0	0	0
郑　州	30000	5000	15000	10000	13000	3000	4000	6000
武　汉 *	30000	8000	12000	10000	24000	7000	10000	7000
长　沙	2000	0	2000	0	500	0	500	0
广　州 *	350	0	350	0	300	0	300	0
南　宁	0	0	0	0	0	0	0	0
海　口	0	0	0	0	0	0	0	0
成　都 *	8800	1000	750	7050	1750	100	450	1200
贵　阳	19719	0	19719	0	0	0	0	0
昆　明	80	0	80	0	60	0	60	0
拉　萨	0	0	0	0	0	0	0	0
西　安 *	26000	1600	18000	6400	10400	700	7010	2690
兰　州	0	0	0	0	0	0	0	0
西　宁	300	0	300	0	120	0	120	0
银　川	50	0	50	0	20	0	20	0
乌鲁木齐	8742	0	0	8742	1111	0	0	1111

5—4 续表 2

城市	境内国际学术会议 合计（次）	境内国际学术会议 高端前沿学术会议	境内国际学术会议 综合交叉学术会议	境内国际学术会议 学术服务会议	境内国际学术会议交流论文 合计（篇）	境内国际学术会议交流论文 高端前沿学术会议	境内国际学术会议交流论文 综合交叉学术会议	境内国际学术会议交流论文 学术服务会议
合　　计	**85**	**45**	**22**	**18**	**2219**	**1269**	**600**	**350**
副省级城市小计	**72**	**42**	**18**	**12**	**2093**	**1239**	**529**	**325**
宁　　波*	12	8	4	0	210	160	50	0
厦　　门*	12	0	7	5	750	0	450	300
深　　圳*	0	0	0	0	0	0	0	0
青　　岛*	2	2	0	0	170	170	0	0
大　　连*	0	0	0	0	0	0	0	0
省会城市小计	**59**	**35**	**11**	**13**	**1089**	**939**	**100**	**50**
石 家 庄	0	0	0	0	0	0	0	0
太　　原	0	0	0	0	0	0	0	0
呼和浩特	0	0	0	0	0	0	0	0
沈　　阳*	0	0	0	0	0	0	0	0
长　　春*	0	0	0	0	0	0	0	0
哈 尔 滨*	2	0	2	0	3	0	3	0
南　　京*	3	1	1	1	37	11	15	11
杭　　州*	6	5	1	0	307	302	5	0
合　　肥	0	0	0	0	0	0	0	0
福　　州	0	0	0	0	0	0	0	0
南　　昌	0	0	0	0	0	0	0	0
济　　南*	0	0	0	0	0	0	0	0
郑　　州	10	1	3	6	50	5	20	25
武　　汉*	16	16	0	0	400	400	0	0
长　　沙	1	1	0	0	20	20	0	0
广　　州*	2	2	0	0	182	182	0	0
南　　宁	1	0	1	0	51	0	51	0
海　　口	0	0	0	0	0	0	0	0
成　　都*	15	8	3	4	22	14	6	2
贵　　阳	0	0	0	0	0	0	0	0
昆　　明	1	1	0	0	5	5	0	0
拉　　萨	0	0	0	0	0	0	0	0
西　　安*	2	0	0	2	12	0	0	12
兰　　州	0	0	0	0	0	0	0	0
西　　宁	0	0	0	0	0	0	0	0
银　　川	0	0	0	0	0	0	0	0
乌鲁木齐	0	0	0	0	0	0	0	0

注：城市名称后带“*”的为副省级城市，包括省会城市中带“*”的

5—4 续表 3

城　　市	境内国际学术会议参加人数					
	合　计（人次）	高端前沿学术会议	综合交叉学术会议	学术服务会　议	合　计（人次）	# 企业科技工作者 高端前沿学术会议
合　　计	**17190**	**7265**	**5585**	**4340**	**4495**	**2615**
副省级城市小计	**10830**	**5965**	**2525**	**2340**	**3455**	**2405**
宁　　波＊	800	600	200	0	200	130
厦　　门＊	2680	0	1700	980	500	0
深　　圳＊	0	0	0	0	0	0
青　　岛＊	685	685	0	0	600	600
大　　连＊	0	0	0	0	0	0
省会城市小计	**13025**	**5980**	**3685**	**3360**	**3195**	**1885**
石 家 庄	0	0	0	0	0	0
太　　原	0	0	0	0	0	0
呼和浩特	0	0	0	0	0	0
沈　　阳＊	0	0	0	0	0	0
长　　春＊	0	0	0	0	0	0
哈 尔 滨＊	200	0	200	0	160	0
南　　京＊	230	55	105	70	85	25
杭　　州＊	1650	1500	150	0	260	210
合　　肥	0	0	0	0	0	0
福　　州	0	0	0	0	0	0
南　　昌	0	0	0	0	0	0
济　　南＊	0	0	0	0	0	0
郑　　州	5000	1000	2000	2000	400	50
武　　汉＊	2000	2000	0	0	1200	1200
长　　沙	200	200	0	0	150	150
广　　州＊	485	485	0	0	180	180
南　　宁	1060	0	1060	0	480	0
海　　口	0	0	0	0	0	0
成　　都＊	1500	640	170	690	260	60
贵　　阳	0	0	0	0	0	0
昆　　明	100	100	0	0	10	10
拉　　萨	0	0	0	0	0	0
西　　安＊	600	0	0	600	10	0
兰　　州	0	0	0	0	0	0
西　　宁	0	0	0	0	0	0
银　　川	0	0	0	0	0	0
乌鲁木齐	0	0	0	0	0	0

5—4 续表 4

城市	境内国际学术会议参加人数					
	#企业科技工作者		合计（人次）	#境外专家学者		
	综合交叉学术会议	学术服务会议		高端前沿学术会议	综合交叉学术会议	学术服务会议
合计	**1320**	**560**	**733**	**480**	**182**	**71**
副省级城市小计	**640**	**410**	**705**	**470**	**174**	**61**
宁波*	70	0	100	80	20	0
厦门*	300	200	65	0	27	38
深圳*	0	0	0	0	0	0
青岛*	0	0	85	85	0	0
大连*	0	0	0	0	0	0
省会城市小计	**950**	**360**	**483**	**315**	**135**	**33**
石家庄	0	0	0	0	0	0
太原	0	0	0	0	0	0
呼和浩特	0	0	0	0	0	0
沈阳*	0	0	0	0	0	0
长春*	0	0	0	0	0	0
哈尔滨*	160	0	40	0	40	0
南京*	20	40	21	7	6	8
杭州*	50	0	101	30	71	0
合肥	0	0	0	0	0	0
福州	0	0	0	0	0	0
南昌	0	0	0	0	0	0
济南*	0	0	0	0	0	0
郑州	200	150	20	5	5	10
武汉*	0	0	84	84	0	0
长沙	0	0	1	1	0	0
广州*	0	0	154	154	0	0
南宁	480	0	3	0	3	0
海口	0	0	0	0	0	0
成都*	40	160	45	30	10	5
贵阳	0	0	0	0	0	0
昆明	0	0	4	4	0	0
拉萨	0	0	0	0	0	0
西安*	0	10	10	0	0	10
兰州	0	0	0	0	0	0
西宁	0	0	0	0	0	0
银川	0	0	0	0	0	0
乌鲁木齐	0	0	0	0	0	0

注：城市名称后带“*”的为副省级城市，包括省会城市中带“*”的

5—4 续表 5

城　　市	合　计（次）	港澳台地区学术会议			合　计（篇）	港澳台地区学术会议交流论文		
		高端前沿学术会议	综合交叉学术会议	学术服务会　议		高端前沿学术会议	综合交叉学术会议	学术服务会　议
合　　计	**11**	**3**	**4**	**4**	**158**	**70**	**49**	**39**
副省级城市小计	**10**	**3**	**3**	**4**	**157**	**70**	**48**	**39**
宁　　波*	5	3	2	0	100	70	30	0
厦　　门*	0	0	0	0	0	0	0	0
深　　圳*	0	0	0	0	0	0	0	0
青　　岛*	0	0	0	0	0	0	0	0
大　　连*	0	0	0	0	0	0	0	0
省会城市小计	**6**	**0**	**2**	**4**	**58**	**0**	**19**	**39**
石 家 庄	0	0	0	0	0	0	0	0
太　　原	0	0	0	0	0	0	0	0
呼和浩特	0	0	0	0	0	0	0	0
沈　　阳*	0	0	0	0	0	0	0	0
长　　春*	0	0	0	0	0	0	0	0
哈 尔 滨*	0	0	0	0	0	0	0	0
南　　京*	1	0	1	0	18	0	18	0
杭　　州*	0	0	0	0	0	0	0	0
合　　肥	0	0	0	0	0	0	0	0
福　　州	0	0	0	0	0	0	0	0
南　　昌	0	0	0	0	0	0	0	0
济　　南*	0	0	0	0	0	0	0	0
郑　　州	1	0	1	0	1	0	1	0
武　　汉*	0	0	0	0	0	0	0	0
长　　沙	0	0	0	0	0	0	0	0
广　　州*	2	0	0	2	37	0	0	37
南　　宁	0	0	0	0	0	0	0	0
海　　口	0	0	0	0	0	0	0	0
成　　都*	0	0	0	0	0	0	0	0
贵　　阳	0	0	0	0	0	0	0	0
昆　　明	0	0	0	0	0	0	0	0
拉　　萨	0	0	0	0	0	0	0	0
西　　安*	2	0	0	2	2	0	0	2
兰　　州	0	0	0	0	0	0	0	0
西　　宁	0	0	0	0	0	0	0	0
银　　川	0	0	0	0	0	0	0	0
乌鲁木齐	0	0	0	0	0	0	0	0

5—4 续表 6

城　　市	港澳台地区学术会议参加人数 合　计（人次）	高端前沿学术会议	综合交叉学术会议	学术服务会　议	# 企业科技工作者 合　计（人次）	高端前沿学术会议	综合交叉学术会议	学术服务会　议
合　　计	**1290**	**300**	**360**	**630**	**335**	**100**	**65**	**170**
副省级城市小计	**1280**	**300**	**350**	**630**	**335**	**100**	**65**	**170**
宁　　波 *	500	300	200	0	150	100	50	0
厦　　门 *	0	0	0	0	0	0	0	0
深　　圳 *	0	0	0	0	0	0	0	0
青　　岛 *	0	0	0	0	0	0	0	0
大　　连 *	0	0	0	0	0	0	0	0
省会城市小计	**790**	**0**	**160**	**630**	**185**	**0**	**15**	**170**
石 家 庄	0	0	0	0	0	0	0	0
太　　原	0	0	0	0	0	0	0	0
呼和浩特	0	0	0	0	0	0	0	0
沈　　阳 *	0	0	0	0	0	0	0	0
长　　春 *	0	0	0	0	0	0	0	0
哈 尔 滨 *	0	0	0	0	0	0	0	0
南　　京 *	150	0	150	0	15	0	15	0
杭　　州 *	0	0	0	0	0	0	0	0
合　　肥	0	0	0	0	0	0	0	0
福　　州	0	0	0	0	0	0	0	0
南　　昌	0	0	0	0	0	0	0	0
济　　南 *	0	0	0	0	0	0	0	0
郑　　州	10	0	10	0	0	0	0	0
武　　汉 *	0	0	0	0	0	0	0	0
长　　沙	0	0	0	0	0	0	0	0
广　　州 *	330	0	0	330	150	0	0	150
南　　宁	0	0	0	0	0	0	0	0
海　　口	0	0	0	0	0	0	0	0
成　　都 *	0	0	0	0	0	0	0	0
贵　　阳	0	0	0	0	0	0	0	0
昆　　明	0	0	0	0	0	0	0	0
拉　　萨	0	0	0	0	0	0	0	0
西　　安 *	300	0	0	300	20	0	0	20
兰　　州	0	0	0	0	0	0	0	0
西　　宁	0	0	0	0	0	0	0	0
银　　川	0	0	0	0	0	0	0	0
乌鲁木齐	0	0	0	0	0	0	0	0

注：城市名称后带“*”的为副省级城市，包括省会城市中带“*”的

5—5 各地区地级科协学术交流活动

地区	国内学术会议 合计（次）	高端前沿学术会议	综合交叉学术会议	学术服务会议	国内学术会议交流论文 合计（篇）	前端前沿学术会议	综合交叉学术会议	学术服务会议
合计	**3357**	**467**	**1295**	**1595**	**48809**	**7138**	**19692**	**21979**
北京	39	7	7	25	541	254	53	234
天津	1	0	0	1	250	0	0	250
河北	213	12	106	95	2287	416	755	1116
山西	27	0	1	26	431	0	280	151
内蒙古	16	4	5	7	383	163	200	20
辽宁	115	11	39	65	2981	267	1134	1580
吉林	8	2	3	3	1408	100	600	708
黑龙江	218	4	38	176	1441	20	259	1162
上海	254	60	42	152	1791	670	338	783
江苏	1106	203	610	293	10344	1132	5780	3432
浙江	75	3	40	32	1171	110	902	159
安徽	55	12	26	17	1055	100	719	236
福建	33	3	13	17	1255	320	762	173
江西	37	2	20	15	947	36	660	251
山东	132	12	34	86	3283	1296	1106	881
河南	332	13	116	203	6344	82	2168	4094
湖北	147	10	54	83	2980	200	820	1960
湖南	84	6	2	76	805	330	155	320
广东	138	58	11	69	1709	70	414	1225
广西	21	1	4	16	762	90	280	392
海南	0	0	0	0	0	0	0	0
重庆	157	11	57	89	2096	298	416	1382
四川	57	4	42	11	2139	810	1037	292
贵州	12	0	4	8	390	0	95	295
云南	45	23	11	11	1177	202	381	594
西藏	1	0	1	0	1	0	1	0
陕西	3	1	0	2	80	68	0	12
甘肃	19	2	7	10	465	21	276	168
青海	2	0	0	2	57	0	0	57
宁夏	0	0	0	0	0	0	0	0
新疆	0	0	0	0	0	0	0	0
新疆生产建设兵团	10	3	2	5	236	83	101	52

5—5 续表 1

地区	国内学术会议参加人数 合计（人次）	前端前沿学术会议	综合交叉学术会议	学术服务会议	#企业科技工作者 合计（人次）	高端前沿学术会议	综合交叉学术会议	学术服务会议
合计	**445083**	**61659**	**180700**	**202724**	**155152**	**27211**	**61173**	**66768**
北京	1501	900	102	499	396	0	68	328
天津	500	0	0	500	500	0	0	500
河北	25370	1750	11720	11900	7110	770	2730	3610
山西	1367	0	500	867	40	0	0	40
内蒙古	2798	1100	1336	362	88	0	68	20
辽宁	24850	2360	11220	11270	10120	1260	2610	6250
吉林	1624	500	500	624	430	150	140	140
黑龙江	14176	20	3702	10454	2287	0	629	1658
上海	41717	11620	7903	22194	22855	5646	5069	12140
江苏	108285	21637	64777	21871	56206	11133	32871	12202
浙江	9038	600	5070	3368	1131	400	615	116
安徽	9240	1300	4560	3380	2425	620	940	865
福建	6580	600	2780	3200	454	0	322	132
江西	4580	320	2360	1900	2385	140	1346	899
山东	18390	3695	6420	8275	5805	720	2061	3024
河南	86830	886	37690	48254	16448	633	7180	8635
湖北	12375	2000	2675	7700	1200	0	350	850
湖南	9196	2200	396	6600	1265	1000	265	0
广东	21555	4060	3250	14245	10262	3480	217	6565
广西	3850	110	880	2860	610	20	250	340
海南	0	0	0	0	0	0	0	0
重庆	20180	955	4330	14895	9932	727	1282	7923
四川	9309	2303	6231	775	2332	512	1680	140
贵州	1053	0	182	871	53	0	30	23
云南	6145	1482	610	4053	210	0	10	200
西藏	20	0	20	0	5	0	5	0
陕西	538	100	0	438	20	0	0	20
甘肃	1834	80	869	885	546	0	403	143
青海	132	0	0	132	0	0	0	0
宁夏	0	0	0	0	0	0	0	0
新疆	0	0	0	0	0	0	0	0
新疆生产建设兵团	2050	1081	617	352	37	0	32	5

5—5 续表 2

地 区	境内国际学术会议 合计（次）	境内国际学术会议 高端前沿学术会议	境内国际学术会议 综合交叉学术会议	境内国际学术会议 学术服务会议	境内国际学术会议交流论文 合计（篇）	境内国际学术会议交流论文 高端前沿学术会议	境内国际学术会议交流论文 综合交叉学术会议	境内国际学术会议交流论文 学术服务会议
合 计	**100**	**46**	**39**	**15**	**5526**	**2947**	**2026**	**553**
北 京	5	0	0	5	40	0	0	40
天 津	0	0	0	0	0	0	0	0
河 北	6	1	2	3	720	150	220	350
山 西	0	0	0	0	0	0	0	0
内蒙古	0	0	0	0	0	0	0	0
辽 宁	6	3	2	1	360	200	133	27
吉 林	4	2	1	1	181	90	50	41
黑龙江	1	0	1	0	21	0	21	0
上 海	25	18	3	4	394	313	26	55
江 苏	41	16	25	0	2806	1300	1506	0
浙 江	4	0	4	0	45	0	45	0
安 徽	0	0	0	0	0	0	0	0
福 建	0	0	0	0	0	0	0	0
江 西	0	0	0	0	0	0	0	0
山 东	4	4	0	0	511	511	0	0
河 南	0	0	0	0	0	0	0	0
湖 北	0	0	0	0	0	0	0	0
湖 南	0	0	0	0	0	0	0	0
广 东	0	0	0	0	0	0	0	0
广 西	2	0	1	1	65	0	25	40
海 南	0	0	0	0	0	0	0	0
重 庆	0	0	0	0	0	0	0	0
四 川	1	1	0	0	60	60	0	0
贵 州	0	0	0	0	0	0	0	0
云 南	0	0	0	0	0	0	0	0
西 藏	0	0	0	0	0	0	0	0
陕 西	0	0	0	0	0	0	0	0
甘 肃	0	0	0	0	0	0	0	0
青 海	0	0	0	0	0	0	0	0
宁 夏	0	0	0	0	0	0	0	0
新 疆	1	1	0	0	323	323	0	0
新疆生产建设兵团	0	0	0	0	0	0	0	0

5—5 续表 3

地区	境内国际学术会议参加人数					
	合计（人次）	高端前沿学术会议	综合交叉学术会议	学术服务会议	#企业科技工作者	
					合计（人次）	高端前沿学术会议
合计	**19396**	**9952**	**6704**	**2740**	**10515**	**5827**
北京	400	0	0	400	0	0
天津	0	0	0	0	0	0
河北	2590	400	950	1240	1078	200
山西	0	0	0	0	0	0
内蒙古	0	0	0	0	0	0
辽宁	1065	700	285	80	580	400
吉林	230	100	50	80	56	15
黑龙江	150	0	150	0	0	0
上海	4249	3049	510	690	2971	2136
江苏	7551	3342	4209	0	3715	1283
浙江	500	0	500	0	45	0
安徽	0	0	0	0	0	0
福建	0	0	0	0	0	0
江西	0	0	0	0	0	0
山东	1300	1300	0	0	935	935
河南	0	0	0	0	0	0
湖北	0	0	0	0	0	0
湖南	0	0	0	0	0	0
广东	0	0	0	0	0	0
广西	300	0	50	250	277	0
海南	0	0	0	0	0	0
重庆	0	0	0	0	0	0
四川	280	280	0	0	168	168
贵州	0	0	0	0	0	0
云南	0	0	0	0	0	0
西藏	0	0	0	0	0	0
陕西	0	0	0	0	0	0
甘肃	0	0	0	0	0	0
青海	0	0	0	0	0	0
宁夏	0	0	0	0	0	0
新疆	781	781	0	0	690	690
新疆生产建设兵团	0	0	0	0	0	0

5—5 续表 4

地　区	境内国际学术会议参加人数					
	#企业科技工作者		合　计（人次）	#境外专家学者		
	综合交叉学术会议	学术服务会　议		高端前沿学术会议	综合交叉学术会议	学术服务会　议
合　计	**3378**	**1310**	**1944**	**1646**	**179**	**119**
北　京	0	0	5	0	0	5
天　津	0	0	0	0	0	0
河　北	400	478	10	2	3	5
山　西	0	0	0	0	0	0
内 蒙 古	0	0	0	0	0	0
辽　宁	130	50	343	300	33	10
吉　林	18	23	18	6	6	6
黑 龙 江	0	0	9	0	9	0
上　海	306	529	408	287	48	73
江　苏	2432	0	804	743	61	0
浙　江	45	0	16	0	16	0
安　徽	0	0	0	0	0	0
福　建	0	0	0	0	0	0
江　西	0	0	0	0	0	0
山　东	0	0	230	230	0	0
河　南	0	0	0	0	0	0
湖　北	0	0	0	0	0	0
湖　南	0	0	0	0	0	0
广　东	0	0	0	0	0	0
广　西	47	230	23	0	3	20
海　南	0	0	0	0	0	0
重　庆	0	0	0	0	0	0
四　川	0	0	23	23	0	0
贵　州	0	0	0	0	0	0
云　南	0	0	0	0	0	0
西　藏	0	0	0	0	0	0
陕　西	0	0	0	0	0	0
甘　肃	0	0	0	0	0	0
青　海	0	0	0	0	0	0
宁　夏	0	0	0	0	0	0
新　疆	0	0	55	55	0	0
新疆生产建设兵团	0	0	0	0	0	0

5—6 各地区县级科协学术交流活动

地区	国内学术会议				国内学术会议交流论文			
	合计（次）	高端前沿学术会议	综合交叉学术会议	学术服务会议	合计（篇）	前端前沿学术会议	综合交叉学术会议	学术服务会议
合计	**1486**	**174**	**434**	**878**	**18489**	**574**	**6185**	**11730**
北京	0	0	0	0	0	0	0	0
天津	0	0	0	0	0	0	0	0
河北	9	6	2	1	154	150	3	1
山西	4	0	2	2	45	0	8	37
内蒙古	6	2	1	3	12	4	2	6
辽宁	4	0	1	3	44	0	20	24
吉林	4	0	0	4	35	0	0	35
黑龙江	83	0	75	8	530	0	424	106
上海	70	0	0	70	242	0	0	242
江苏	511	35	134	342	8213	223	3074	4916
浙江	276	29	74	173	2167	148	457	1562
安徽	22	0	14	8	404	0	333	71
福建	30	0	8	22	389	0	79	310
江西	13	0	0	13	63	0	0	63
山东	51	2	15	34	550	1	246	303
河南	4	0	3	1	81	0	80	1
湖北	104	3	29	72	2214	26	781	1407
湖南	82	2	17	63	2418	5	276	2137
广东	19	0	11	8	139	0	110	29
广西	15	0	3	12	96	0	18	78
海南	0	0	0	0	0	0	0	0
重庆	6	0	3	3	32	0	29	3
四川	8	0	5	3	146	0	126	20
贵州	15	0	2	13	215	0	43	172
云南	8	0	3	5	75	0	31	44
西藏	0	0	0	0	0	0	0	0
陕西	7	0	1	6	61	0	26	35
甘肃	125	93	28	4	114	15	14	85
青海	1	0	0	1	35	0	0	35
宁夏	9	2	3	4	15	2	5	8
新疆	0	0	0	0	0	0	0	0

5—6 续表 1

地　区	国内学术会议参加人数 合　计（人次）	前端前沿学术会议	综合交叉学术会议	学术服务会　议	#企业科技工作者 合　计（人次）	高端前沿学术会议	综合交叉学术会议	学术服务会　议
合　计	**138321**	**12650**	**35592**	**90079**	**43111**	**5893**	**12219**	**24999**
北　京	0	0	0	0	0	0	0	0
天　津	0	0	0	0	0	0	0	0
河　北	1070	580	430	60	126	70	26	30
山　西	90	0	25	65	2	0	2	0
内蒙古	163	57	20	86	82	29	16	37
辽　宁	680	0	100	580	480	0	80	400
吉　林	600	0	0	600	0	0	0	0
黑龙江	2419	0	1385	1034	568	0	358	210
上　海	5200	0	0	5200	2100	0	0	2100
江　苏	30999	4101	6837	20061	17048	1847	2532	12669
浙　江	54072	4194	10455	39423	9768	2841	4003	2924
安　徽	1947	0	1178	769	628	0	316	312
福　建	2739	0	719	2020	979	0	376	603
江　西	1605	0	0	1605	496	0	0	496
山　东	4639	150	1857	2632	1614	50	580	984
河　南	470	0	450	20	230	0	210	20
湖　北	15099	460	6226	8413	2317	73	1037	1207
湖　南	5611	700	2380	2531	2450	87	1188	1175
广　东	2861	0	1240	1621	2049	0	830	1219
广　西	833	0	281	552	179	0	59	120
海　南	0	0	0	0	0	0	0	0
重　庆	312	0	152	160	52	0	28	24
四　川	429	0	314	115	99	0	83	16
贵　州	1808	0	210	1598	297	0	10	287
云　南	596	0	338	258	29	0	26	3
西　藏	0	0	0	0	0	0	0	0
陕　西	332	0	40	292	68	0	0	68
甘　肃	3480	2368	903	209	1422	895	452	75
青　海	25	0	0	25	0	0	0	0
宁　夏	242	40	52	150	28	1	7	20
新　疆	0	0	0	0	0	0	0	0

5—6 续表 2

地　区	境内国际学术会议 合计（次）	境内国际学术会议 高端前沿学术会议	境内国际学术会议 综合交叉学术会议	境内国际学术会议 学术服务会议	境内国际学术会议交流论文 合计（篇）	境内国际学术会议交流论文 高端前沿学术会议	境内国际学术会议交流论文 综合交叉学术会议	境内国际学术会议交流论文 学术服务会议
合　计	**47**	**26**	**10**	**11**	**772**	**481**	**204**	**87**
北　京	0	0	0	0	0	0	0	0
天　津	0	0	0	0	0	0	0	0
河　北	0	0	0	0	0	0	0	0
山　西	0	0	0	0	0	0	0	0
内蒙古	0	0	0	0	0	0	0	0
辽　宁	1	1	0	0	10	10	0	0
吉　林	0	0	0	0	0	0	0	0
黑龙江	9	8	0	1	35	15	0	20
上　海	0	0	0	0	0	0	0	0
江　苏	16	11	3	2	418	302	90	26
浙　江	7	2	1	4	15	1	1	13
安　徽	0	0	0	0	0	0	0	0
福　建	0	0	0	0	0	0	0	0
江　西	1	1	0	0	10	10	0	0
山　东	1	0	1	0	90	0	90	0
河　南	0	0	0	0	0	0	0	0
湖　北	4	2	2	0	132	120	12	0
湖　南	3	0	1	2	28	0	2	26
广　东	0	0	0	0	0	0	0	0
广　西	2	0	1	1	8	0	7	1
海　南	0	0	0	0	0	0	0	0
重　庆	0	0	0	0	0	0	0	0
四　川	0	0	0	0	0	0	0	0
贵　州	0	0	0	0	0	0	0	0
云　南	0	0	0	0	0	0	0	0
西　藏	0	0	0	0	0	0	0	0
陕　西	0	0	0	0	0	0	0	0
甘　肃	1	1	0	0	23	23	0	0
青　海	0	0	0	0	0	0	0	0
宁　夏	2	0	1	1	3	0	2	1
新　疆	0	0	0	0	0	0	0	0

5—6 续表 3

地　区	境内国际学术会议参加人数 合　计（人次）	高端前沿学术会议	综合交叉学术会议	学术服务会　议	合　计（人次）	#企业科技工作者 高端前沿学术会议
合　计	**8366**	**3056**	**3038**	**2272**	**4378**	**1377**
北　京	0	0	0	0	0	0
天　津	0	0	0	0	0	0
河　北	0	0	0	0	0	0
山　西	0	0	0	0	0	0
内蒙古	0	0	0	0	0	0
辽　宁	300	300	0	0	150	150
吉　林	0	0	0	0	0	0
黑龙江	156	56	0	100	50	0
上　海	0	0	0	0	0	0
江　苏	3848	1686	2000	162	1752	1010
浙　江	952	380	70	502	256	120
安　徽	0	0	0	0	0	0
福　建	0	0	0	0	0	0
江　西	130	130	0	0	10	10
山　东	600	0	600	0	580	0
河　南	0	0	0	0	0	0
湖　北	564	444	120	0	72	42
湖　南	380	0	80	300	247	0
广　东	0	0	0	0	0	0
广　西	1318	0	118	1200	1200	0
海　南	0	0	0	0	0	0
重　庆	0	0	0	0	0	0
四　川	0	0	0	0	0	0
贵　州	0	0	0	0	0	0
云　南	0	0	0	0	0	0
西　藏	0	0	0	0	0	0
陕　西	0	0	0	0	0	0
甘　肃	60	60	0	0	45	45
青　海	0	0	0	0	0	0
宁　夏	58	0	50	8	16	0
新　疆	0	0	0	0	0	0

5—6 续表 4

地　　区	境内国际学术会议参加人数					
	#企业科技工作者		合　计（人次）	#境外专家学者		
	综合交叉学术会议	学术服务会　议		高端前沿学术会议	综合交叉学术会议	学术服务会　议
合　计	**1420**	**1581**	**679**	**283**	**302**	**94**
北　京	0	0	0	0	0	0
天　津	0	0	0	0	0	0
河　北	0	0	0	0	0	0
山　西	0	0	0	0	0	0
内 蒙 古	0	0	0	0	0	0
辽　宁	0	0	50	50	0	0
吉　林	0	0	0	0	0	0
黑 龙 江	0	50	12	8	0	4
上　海	0	0	0	0	0	0
江　苏	700	42	368	113	250	5
浙　江	20	116	164	90	10	64
安　徽	0	0	0	0	0	0
福　建	0	0	0	0	0	0
江　西	0	0	4	4	0	0
山　东	580	0	20	0	20	0
河　南	0	0	0	0	0	0
湖　北	30	0	25	15	10	0
湖　南	80	167	24	0	6	18
广　东	0	0	0	0	0	0
广　西	0	1200	2	0	1	1
海　南	0	0	0	0	0	0
重　庆	0	0	0	0	0	0
四　川	0	0	0	0	0	0
贵　州	0	0	0	0	0	0
云　南	0	0	0	0	0	0
西　藏	0	0	0	0	0	0
陕　西	0	0	0	0	0	0
甘　肃	0	0	3	3	0	0
青　海	0	0	0	0	0	0
宁　夏	10	6	7	0	5	2
新　疆	0	0	0	0	0	0

5－7 各地区省级学会学术交流活动

地　　区	国内学术会议				国内学术会议交流论文			
	合　计（次）	高端前沿学术会议	综合交叉学术会议	学术服务会　　议	合　计（篇）	前端前沿学术会议	综合交叉学术会议	学术服务会　　议
合　　计	**16279**	**4070**	**5808**	**6401**	**426647**	**138407**	**150567**	**137673**
北　　京	1101	476	399	226	19663	13201	4138	2324
天　　津	862	215	252	395	16222	4433	4771	7018
河　　北	505	74	170	261	13982	1756	4017	8209
山　　西	296	35	203	58	7924	777	4328	2819
内 蒙 古	239	49	90	100	3753	773	1652	1328
辽　　宁	438	82	176	180	11199	1624	5747	3828
吉　　林	419	144	112	163	14499	5595	4636	4268
黑 龙 江	269	80	97	92	4956	853	2947	1156
上　　海	2171	546	761	864	34930	9577	17723	7630
江　　苏	796	308	249	239	45657	22158	15261	8238
浙　　江	715	194	196	325	25558	14637	4950	5971
安　　徽	471	113	132	226	9871	3596	3170	3105
福　　建	742	122	210	410	18046	2364	5247	10435
江　　西	375	137	175	63	12784	4191	4863	3730
山　　东	874	294	335	245	44876	16880	13813	14183
河　　南	327	48	144	135	12408	2093	7640	2675
湖　　北	530	72	175	283	7944	1581	4681	1682
湖　　南	828	79	296	453	17903	3627	5612	8664
广　　东	897	229	326	342	17209	7349	6641	3219
广　　西	384	98	115	171	10470	2217	2339	5914
海　　南	25	5	7	13	681	330	82	269
重　　庆	641	90	224	327	21061	3830	6141	11090
四　　川	422	101	224	97	11954	2805	5266	3883
贵　　州	251	52	66	133	6863	797	940	5126
云　　南	285	67	133	85	10003	5400	3272	1331
西　　藏	26	7	10	9	154	56	66	32
陕　　西	553	125	208	220	14227	3477	5753	4997
甘　　肃	201	71	32	98	4459	1559	856	2044
青　　海	171	28	72	71	2643	117	1212	1314
宁　　夏	64	0	59	5	746	0	683	63
新　　疆	401	129	160	112	4002	754	2120	1128

5—7 续表 1

地区	国内学术会议参加人数							
	合计（人次）	前端前沿学术会议	综合交叉学术会议	学术服务会议	#企业科技工作者			
					合计（人次）	高端前沿学术会议	综合交叉学术会议	学术服务会议
合计	**2021859**	**560300**	**732212**	**729347**	**346527**	**101755**	**129648**	**115124**
北京	133111	62367	50017	20727	18862	7428	5817	5617
天津	121134	28801	39218	53115	35362	13564	17240	4558
河北	58058	6313	14754	36991	7833	750	3618	3465
山西	48775	5342	26078	17355	6619	411	2183	4025
内蒙古	22274	4382	8260	9632	3499	790	914	1795
辽宁	65664	12390	31283	21991	17991	3704	8986	5301
吉林	65105	23797	16016	25292	5643	2203	1509	1931
黑龙江	13135	2603	7384	3148	1096	422	325	349
上海	219117	67153	92540	59424	33736	14705	9703	9328
江苏	128359	54988	43585	29786	21758	7614	8863	5281
浙江	87361	34731	20719	31911	13339	2004	1897	9438
安徽	48507	9636	13813	25058	7386	862	3110	3414
福建	86805	16957	22717	47131	21867	4369	7346	10152
江西	41570	13871	19790	7909	8997	1847	6802	348
山东	114154	45032	37870	31252	15101	4108	8693	2300
河南	46031	5527	24385	16119	8586	1831	1519	5236
湖北	35928	7374	15582	12999	9581	1335	3147	5099
湖南	123523	15133	38127	70263	11843	2649	4495	4699
广东	154637	41644	70152	42841	35844	18432	11834	5578
广西	44705	10027	12282	22396	7116	1512	2379	3225
海南	2404	387	375	1642	544	4	30	510
重庆	74054	13808	30109	30137	15061	2255	3502	9304
四川	78016	32422	26655	18939	4093	1294	2344	455
贵州	34874	4178	7606	23090	3906	1736	1038	1132
云南	39608	14980	13871	10757	7965	1501	2363	4101
西藏	826	214	305	307	30	4	3	23
陕西	66893	15773	23697	27423	13550	3073	3885	6592
甘肃	21835	4527	3018	14290	1168	712	213	243
青海	11186	949	3654	6583	4113	290	3130	693
宁夏	7714	0	7413	301	1417	0	1381	36
新疆	26496	5021	10937	10538	2621	346	1379	896

5—7 续表 2

地　　区	合　计（次）	境内国际学术会议			合　计（篇）	境内国际学术会议交流论文		
		高端前沿学术会议	综合交叉学术会议	学术服务会　议		高端前沿学术会议	综合交叉学术会议	学术服务会　议
合　　计	**1174**	**601**	**387**	**186**	**43839**	**25537**	**13395**	**4907**
北　　京	103	49	40	14	2951	1398	1358	195
天　　津	34	27	6	1	2643	2386	242	15
河　　北	11	7	4	0	399	219	180	0
山　　西	17	7	10	0	213	171	42	0
内 蒙 古	10	4	5	1	106	57	48	1
辽　　宁	44	18	23	3	1076	511	509	56
吉　　林	16	11	3	2	731	324	15	392
黑 龙 江	15	7	7	1	1188	820	348	20
上　　海	175	103	53	19	6350	3885	2188	277
江　　苏	242	90	76	76	8299	5086	2018	1195
浙　　江	48	22	25	1	1594	1176	415	3
安　　徽	10	3	4	3	52	42	5	5
福　　建	20	14	3	3	3379	2015	70	1294
江　　西	23	13	8	2	432	236	174	22
山　　东	26	19	7	0	1284	950	334	0
河　　南	13	8	0	5	483	48	0	435
湖　　北	42	28	11	3	3234	1395	1822	17
湖　　南	27	18	8	1	1017	584	429	4
广　　东	37	19	10	8	1441	888	250	303
广　　西	38	19	12	7	385	155	97	133
海　　南	0	0	0	0	0	0	0	0
重　　庆	46	14	20	12	3333	995	2184	154
四　　川	36	18	12	6	765	504	215	46
贵　　州	2	1	0	1	121	35	0	86
云　　南	13	6	1	6	288	198	2	88
西　　藏	3	3	0	0	10	10	0	0
陕　　西	78	41	30	7	1254	654	440	160
甘　　肃	8	3	3	2	148	142	4	2
青　　海	2	1	0	1	33	30	0	3
宁　　夏	0	0	0	0	0	0	0	0
新　　疆	35	28	6	1	630	623	6	1

5—7 续表 3

地区	境内国际学术会议参加人数					
	合计（人次）	高端前沿学术会议	综合交叉学术会议	学术服务会议	合计（人次）	#企业科技工作者 高端前沿学术会议
合计	**169088**	**102659**	**46742**	**19687**	**45737**	**28516**
北京	15101	8897	4303	1901	3134	1164
天津	6628	5248	1180	200	2840	2649
河北	1090	540	550	0	232	11
山西	1980	1280	700	0	416	86
内蒙古	729	284	395	50	166	140
辽宁	13267	12840	185	242	7716	7592
吉林	2666	1206	600	860	215	89
黑龙江	2771	811	1860	100	130	130
上海	40274	20899	15112	4263	7347	5421
江苏	23405	15672	3949	3784	6819	2580
浙江	7603	4532	2861	210	1049	772
安徽	925	350	365	210	150	40
福建	5356	2966	440	1950	1084	1034
江西	2640	765	1535	340	1422	170
山东	3555	2928	627	0	478	180
河南	1350	670	0	680	400	337
湖北	5907	3725	1942	240	971	421
湖南	3141	1431	1688	22	1638	345
广东	7885	3905	2811	1169	2867	1118
广西	2300	1148	524	628	926	489
海南	0	0	0	0	0	0
重庆	7848	4256	2729	863	2062	1262
四川	2159	1633	388	138	281	235
贵州	308	108	0	200	189	35
云南	1695	791	56	848	1060	510
西藏	80	80	0	0	0	0
陕西	5372	2997	1696	679	1152	733
甘肃	611	525	46	40	20	20
青海	70	40	0	30	10	0
宁夏	0	0	0	0	0	0
新疆	2372	2132	200	40	963	953

5—7 续表 4

地区	境内国际学术会议参加人数					
	#企业科技工作者		合计（人次）	#境外专家学者		
	综合交叉学术会议	学术服务会议		高端前沿学术会议	综合交叉学术会议	学术服务会议
合　计	**10627**	**6594**	**10202**	**7160**	**2113**	**929**
北　京	1096	874	769	539	149	81
天　津	171	20	277	245	31	1
河　北	221	0	71	62	9	0
山　西	330	0	236	147	89	0
内蒙古	16	10	18	4	13	1
辽　宁	112	12	149	118	24	7
吉　林	0	126	268	151	3	114
黑龙江	0	0	298	190	98	10
上　海	1210	716	2638	2015	478	145
江　苏	2039	2200	1056	789	173	94
浙　江	120	157	631	470	158	3
安　徽	50	60	54	12	23	19
福　建	0	50	236	180	23	33
江　西	1122	130	115	52	55	8
山　东	298	0	78	58	20	0
河　南	0	63	71	30	0	41
湖　北	531	19	645	442	200	3
湖　南	1285	8	179	113	64	2
广　东	821	928	434	235	131	68
广　西	172	265	258	186	29	43
海　南	0	0	0	0	0	0
重　庆	588	212	422	197	102	123
四　川	25	21	293	240	47	6
贵　州	0	154	52	6	0	46
云　南	35	515	112	51	2	59
西　藏	0	0	3	3	0	0
陕　西	385	34	655	460	179	16
甘　肃	0	0	45	40	3	2
青　海	0	10	7	4	0	3
宁　夏	0	0	0	0	0	0
新　疆	0	10	132	121	10	1

5—7 续表 5

地区	港澳台地区学术会议 合计（次）	高端前沿学术会议	综合交叉学术会议	学术服务会议	港澳台地区学术会议交流论文 合计（篇）	高端前沿学术会议	综合交叉学术会议	学术服务会议
合计	**278**	**108**	**96**	**74**	**7064**	**2949**	**1436**	**2679**
北京	19	6	11	2	271	131	118	22
天津	8	3	5	0	11	5	6	0
河北	1	1	0	0	80	80	0	0
山西	7	1	5	1	35	6	9	20
内蒙古	4	2	0	2	23	3	0	20
辽宁	1	1	0	0	3	3	0	0
吉林	4	3	0	1	77	62	0	15
黑龙江	3	1	2	0	52	20	32	0
上海	24	12	6	6	502	389	35	78
江苏	23	11	6	6	466	203	228	35
浙江	7	5	2	0	157	140	17	0
安徽	9	3	3	3	76	46	27	3
福建	65	12	17	36	2845	308	262	2275
江西	4	2	2	0	232	31	201	0
山东	5	5	0	0	816	816	0	0
河南	0	0	0	0	0	0	0	0
湖北	1	0	0	1	3	0	0	3
湖南	5	3	0	2	28	12	0	16
广东	37	15	19	3	744	359	350	35
广西	16	12	3	1	319	219	76	24
海南	0	0	0	0	0	0	0	0
重庆	8	0	8	0	40	0	40	0
四川	0	0	0	0	0	0	0	0
贵州	4	0	0	4	7	0	0	7
云南	4	3	0	1	56	51	0	5
西藏	0	0	0	0	0	0	0	0
陕西	12	5	4	3	172	61	30	81
甘肃	2	2	0	0	4	4	0	0
青海	4	0	3	1	35	0	5	30
宁夏	0	0	0	0	0	0	0	0
新疆	1	0	0	1	10	0	0	10

5—7 续表 6

地　　区	港澳台地区学术会议参加人数							
	合　计（人次）	高端前沿学术会议	综合交叉学术会议	学术服务会　　议	#企业科技工作者			
					合　计（人次）	高端前沿学术会议	综合交叉学术会议	学术服务会　　议
合　　计	**28231**	**11112**	**7610**	**9509**	**4721**	**2559**	**1457**	**705**
北　　京	2766	1819	819	128	193	8	77	108
天　　津	165	91	74	0	63	47	16	0
河　　北	243	243	0	0	2	2	0	0
山　　西	1070	25	1011	34	43	8	1	34
内 蒙 古	272	250	0	22	29	20	0	9
辽　　宁	13	13	0	0	0	0	0	0
吉　　林	140	125	0	15	33	30	0	3
黑 龙 江	104	20	84	0	5	0	5	0
上　　海	2274	1673	91	510	541	483	30	28
江　　苏	1588	605	736	247	275	95	129	51
浙　　江	442	242	200	0	144	74	70	0
安　　徽	341	128	170	43	89	15	51	23
福　　建	10325	1265	1675	7385	1489	388	787	314
江　　西	307	95	212	0	10	0	10	0
山　　东	1029	1029	0	0	106	106	0	0
河　　南	0	0	0	0	0	0	0	0
湖　　北	35	0	0	35	0	0	0	0
湖　　南	166	46	0	120	21	21	0	0
广　　东	3606	2072	1432	102	1412	1134	234	44
广　　西	1627	1037	360	230	95	40	30	25
海　　南	0	0	0	0	0	0	0	0
重　　庆	600	0	600	0	0	0	0	0
四　　川	0	0	0	0	0	0	0	0
贵　　州	65	0	0	65	1	0	0	1
云　　南	220	170	0	50	75	45	0	30
西　　藏	0	0	0	0	0	0	0	0
陕　　西	480	111	81	288	34	15	9	10
甘　　肃	53	53	0	0	28	28	0	0
青　　海	275	0	65	210	8	0	8	0
宁　　夏	0	0	0	0	0	0	0	0
新　　疆	25	0	0	25	25	0	0	25

六、科技期刊

简要说明

本篇统计资料为

一、汇总数据，反映中国科协、地方科协和全国学会、省级学会主办科技期刊的总体情况。

二、地方科协和省级学会统计数据，分别反映各省级科协及其所属学会、副省级城市、省会城市科协、地级科协、县级科协开展的主办科技期刊的种数、总印数和发表论文数。

6－1 各级科协科技期刊汇总表

指　　标	合　计	中国科协机关及直属单位	省级科协	副省级、省会城市科协	地级科协	县级科协
主办科技期刊种数（种）	587	7	71	21	122	366
# 中文学术期刊	68	3	11	3	26	25
# 科普期刊	480	3	60	18	90	309
# 技术期刊	38	0	0	0	6	32
# 英文学术期刊	1	1	0	0	0	0
科技期刊总印数（万册）	4629	92	4183	50	121	183
# 中文学术期刊	114	32	30	39	8	5
# 科普期刊	4495	59	4154	11	109	163
# 技术期刊	18	0	0	0	4	15
# 英文学术期刊	0.6	0.6	0	0	0	0
科技期刊发表论文数（篇）	26826	552	15118	773	4436	5947
# 英文期刊发表论文数	0	0	0	0	0	0

6－2 全国学会、省级学会科技期刊汇总表

指　　标	合　计	全国学会		省级学会
		所属学会	委托管理学会	
主办科技期刊种数（种）	2168	1028	6	1134
# 中文学术期刊	1456	721	4	731
# 科普期刊	246	88	0	158
# 技术期刊	373	137	0	236
# 英文学术期刊	93	82	2	9
科技期刊总印数（万册）	9224	5809	24	3391
# 中文学术期刊	4135	2294	23	1818
# 科普期刊	4020	2895	0	1125
# 技术期刊	1016	576	0	440
# 英文学术期刊	53	43	0.26	9
科技期刊发表论文数（篇）	574023	367088	1323	205612
# 英文期刊发表论文数	13376	12445	71	860

6—3　各省级科协科技期刊

地　区	主办科技期刊种数（种）	# 中文学术期刊	# 科普期刊	# 技术期刊	# 英文学术期刊
合　计	**71**	**11**	**60**	**0**	**0**
北　京	3	0	3	0	0
天　津	1	1	0	0	0
河　北	2	1	1	0	0
山　西	8	4	4	0	0
内蒙古	1	0	1	0	0
辽　宁	0	0	0	0	0
吉　林	1	0	1	0	0
黑龙江	1	0	1	0	0
上　海	1	0	1	0	0
江　苏	3	0	3	0	0
浙　江	2	1	1	0	0
安　徽	0	0	0	0	0
福　建	4	2	2	0	0
江　西	2	0	2	0	0
山　东	1	0	1	0	0
河　南	1	0	1	0	0
湖　北	2	1	1	0	0
湖　南	0	0	0	0	0
广　东	0	0	0	0	0
广　西	2	0	2	0	0
海　南	0	0	0	0	0
重　庆	11	0	11	0	0
四　川	5	0	5	0	0
贵　州	1	0	1	0	0
云　南	2	0	2	0	0
西　藏	0	0	0	0	0
陕　西	0	0	0	0	0
甘　肃	2	0	2	0	0
青　海	2	0	2	0	0
宁　夏	8	1	7	0	0
新　疆	5	0	5	0	0
新疆生产建设兵团	0	0	0	0	0

6—3 续表

地区	科技期刊总印数（册）	#中文学术期刊	#科普期刊	#技术期刊	#英文学术期刊	科技期刊发表论文数（篇）	#英文期刊发表论文数
合计	**41832010**	**296600**	**41535410**	**0**	**0**	**15118**	**0**
北京	2760000	0	2760000	0	0	32	0
天津	200	200	0	0	0	70	0
河北	17000	12000	5000	0	0	870	0
山西	330000	180000	150000	0	0	5002	0
内蒙古	50000	0	50000	0	0	720	0
辽宁	0	0	0	0	0	0	0
吉林	120000	0	120000	0	0	100	0
黑龙江	576000	0	576000	0	0	12	0
上海	488000	0	488000	0	0	63	0
江苏	3516900	0	3516900	0	0	1800	0
浙江	950400	14400	936000	0	0	720	0
安徽	0	0	0	0	0	0	0
福建	276600	40000	236600	0	0	750	0
江西	30000	0	30000	0	0	24	0
山东	500000	0	500000	0	0	60	0
河南	1150000	0	1150000	0	0	189	0
湖北	85000	45000	40000	0	0	1080	0
湖南	0	0	0	0	0	0	0
广东	0	0	0	0	0	0	0
广西	881600	0	881600	0	0	243	0
海南	0	0	0	0	0	0	0
重庆	26526000	0	26526000	0	0	249	0
四川	2222459	0	2222459	0	0	50	0
贵州	3200	0	3200	0	0	30	0
云南	989651	0	989651	0	0	1	0
西藏	0	0	0	0	0	0	0
陕西	0	0	0	0	0	0	0
甘肃	8000	0	8000	0	0	30	0
青海	40000	0	40000	0	0	1	0
宁夏	16000	5000	11000	0	0	3000	0
新疆	295000	0	295000	0	0	22	0
新疆生产建设兵团	0	0	0	0	0	0	0

6—4 各副省级城市科协、省会城市科协科技期刊

城市	主办科技期刊种数（种）	#中文学术期刊	#科普期刊	#技术期刊	#英文学术期刊
合 计	**21**	**3**	**18**	**0**	**0**
副省级城市小计	**16**	**2**	**14**	**0**	**0**
宁 波*	0	0	0	0	0
厦 门*	0	0	0	0	0
深 圳*	1	1	0	0	0
青 岛*	1	0	1	0	0
大 连*	12	0	12	0	0
省会城市小计	**7**	**2**	**5**	**0**	**0**
石 家 庄	0	0	0	0	0
太 原	1	0	1	0	0
呼和浩特	0	0	0	0	0
沈 阳*	0	0	0	0	0
长 春*	0	0	0	0	0
哈 尔 滨*	1	0	1	0	0
南 京*	0	0	0	0	0
杭 州*	0	0	0	0	0
合 肥	1	1	0	0	0
福 州	0	0	0	0	0
南 昌	0	0	0	0	0
济 南*	0	0	0	0	0
郑 州	0	0	0	0	0
武 汉*	1	1	0	0	0
长 沙	0	0	0	0	0
广 州*	0	0	0	0	0
南 宁	0	0	0	0	0
海 口	0	0	0	0	0
成 都*	0	0	0	0	0
贵 阳	1	0	1	0	0
昆 明	1	0	1	0	0
拉 萨	0	0	0	0	0
西 安*	0	0	0	0	0
兰 州	0	0	0	0	0
西 宁	0	0	0	0	0
银 川	0	0	0	0	0
乌鲁木齐	1	0	1	0	0

注：城市名称后带“*”的为副省级城市，包括省会城市中带“*”的

6—4 续表

城　　市	科技期刊总印数（册）	#中文学术期　刊	#科普期刊	#技术期刊	#英文学术期　刊	科技期刊发表论文数（篇）	#英 文 期 刊发表论文数
合　　计	**500960**	**393800**	**107160**	**0**	**0**	**773**	**0**
副省级城市小计	**402360**	**380000**	**22360**	**0**	**0**	**522**	**0**
宁　　波 *	0	0	0	0	0	0	0
厦　　门 *	0	0	0	0	0	0	0
深　　圳 *	350000	350000	0	0	0	60	0
青　　岛 *	11000	0	11000	0	0	6	0
大　　连 *	6000	0	6000	0	0	76	0
省会城市小计	**133960**	**43800**	**90160**	**0**	**0**	**631**	**0**
石 家 庄	0	0	0	0	0	0	0
太　　原	36000	0	36000	0	0	60	0
呼和浩特	0	0	0	0	0	0	0
沈　　阳 *	0	0	0	0	0	0	0
长　　春 *	0	0	0	0	0	0	0
哈 尔 滨 *	5360	0	5360	0	0	30	0
南　　京 *	0	0	0	0	0	0	0
杭　　州 *	0	0	0	0	0	0	0
合　　肥	13800	13800	0	0	0	180	0
福　　州	0	0	0	0	0	0	0
南　　昌	0	0	0	0	0	0	0
济　　南 *	0	0	0	0	0	0	0
郑　　州	0	0	0	0	0	0	0
武　　汉 *	30000	30000	0	0	0	350	0
长　　沙	0	0	0	0	0	0	0
广　　州 *	0	0	0	0	0	0	0
南　　宁	0	0	0	0	0	0	0
海　　口	0	0	0	0	0	0	0
成　　都 *	0	0	0	0	0	0	0
贵　　阳	2800	0	2800	0	0	5	0
昆　　明	40000	0	40000	0	0	2	0
拉　　萨	0	0	0	0	0	0	0
西　　安 *	0	0	0	0	0	0	0
兰　　州	0	0	0	0	0	0	0
西　　宁	0	0	0	0	0	0	0
银　　川	0	0	0	0	0	0	0
乌鲁木齐	6000	0	6000	0	0	4	0

6—5 各地区地级科协科技期刊

地　　区	主办科技期刊种数（种）	#中文学术期刊	#科普期刊	#技术期刊	#英文学术期刊
合　　计	**122**	**26**	**90**	**6**	**0**
北　　京	1	0	1	0	0
天　　津	0	0	0	0	0
河　　北	5	0	4	1	0
山　　西	3	0	3	0	0
内 蒙 古	1	0	1	0	0
辽　　宁	11	2	8	1	0
吉　　林	0	0	0	0	0
黑 龙 江	0	0	0	0	0
上　　海	6	0	6	0	0
江　　苏	5	0	5	0	0
浙　　江	7	0	7	0	0
安　　徽	1	0	1	0	0
福　　建	2	0	2	0	0
江　　西	2	0	2	0	0
山　　东	6	0	5	1	0
河　　南	1	0	1	0	0
湖　　北	2	1	1	0	0
湖　　南	15	7	7	1	0
广　　东	5	1	4	0	0
广　　西	2	0	2	0	0
海　　南	0	0	0	0	0
重　　庆	5	4	1	0	0
四　　川	7	6	1	0	0
贵　　州	1	0	1	0	0
云　　南	8	1	7	0	0
西　　藏	1	0	1	0	0
陕　　西	1	0	1	0	0
甘　　肃	3	0	3	0	0
青　　海	4	0	4	0	0
宁　　夏	3	1	2	0	0
新　　疆	6	0	4	2	0
新疆生产建设兵团	8	3	5	0	0

6—5 续表

地区	科技期刊总印数（册）	#中文学术期刊	#科普期刊	#技术期刊	#英文学术期刊	科技期刊发表论文数（篇）	#英文期刊发表论文数
合计	**1210678**	**82100**	**1091928**	**36650**	**0**	**4436**	**0**
北京	12000	0	12000	0	0	115	0
天津	0	0	0	0	0	0	0
河北	50400	0	20400	30000	0	76	0
山西	20000	0	20000	0	0	17	0
内蒙古	7800	0	7800	0	0	30	0
辽宁	42750	20000	22600	150	0	406	0
吉林	0	0	0	0	0	0	0
黑龙江	0	0	0	0	0	0	0
上海	9200	0	9200	0	0	11	0
江苏	77528	0	77528	0	0	146	0
浙江	179800	0	179800	0	0	46	0
安徽	5000	0	5000	0	0	24	0
福建	51000	0	51000	0	0	13	0
江西	20400	0	20400	0	0	35	0
山东	31800	0	30800	1000	0	121	0
河南	2000	0	2000	0	0	60	0
湖北	61500	1500	60000	0	0	32	0
湖南	26800	12000	14300	500	0	396	0
广东	12600	4000	8600	0	0	605	0
广西	22600	0	22600	0	0	9	0
海南	0	0	0	0	0	0	0
重庆	12000	6000	6000	0	0	243	0
四川	4100	3600	500	0	0	430	0
贵州	4000	0	4000	0	0	8	0
云南	28800	4000	24800	0	0	306	0
西藏	300	0	300	0	0	1	0
陕西	1000	0	1000	0	0	5	0
甘肃	175600	0	175600	0	0	20	0
青海	10500	0	10500	0	0	63	0
宁夏	20000	10000	10000	0	0	3	0
新疆	72000	0	67000	5000	0	29	0
新疆生产建设兵团	249200	21000	228200	0	0	1186	0

6—6 各地区县级科协科技期刊

地区	主办科技期刊种数（种）	#中文学术期刊	#科普期刊	#技术期刊	#英文学术期刊
合计	**366**	**25**	**309**	**32**	**0**
北京	0	0	0	0	0
天津	0	0	0	0	0
河北	8	0	6	2	0
山西	30	0	30	0	0
内蒙古	15	0	13	2	0
辽宁	18	1	16	1	0
吉林	0	0	0	0	0
黑龙江	3	0	3	0	0
上海	0	0	0	0	0
江苏	53	7	35	11	0
浙江	16	3	13	0	0
安徽	12	1	11	0	0
福建	7	0	7	0	0
江西	6	0	6	0	0
山东	33	0	33	0	0
河南	12	0	12	0	0
湖北	22	1	21	0	0
湖南	75	9	55	11	0
广东	10	0	10	0	0
广西	6	0	6	0	0
海南	0	0	0	0	0
重庆	0	0	0	0	0
四川	5	0	5	0	0
贵州	0	0	0	0	0
云南	3	0	3	0	0
西藏	0	0	0	0	0
陕西	21	1	16	4	0
甘肃	3	0	3	0	0
青海	1	0	1	0	0
宁夏	6	2	3	1	0
新疆	1	0	1	0	0

6—6 续表

地　区	科技期刊总印数（册）	#中文学术期刊	#科普期刊	#技术期刊	#英文学术期刊	科技期刊发表论文数（篇）	#英文期刊发表论文数
合　计	**1829988**	**50200**	**1633988**	**145800**	**0**	**5947**	**0**
北　京	0	0	0	0	0	0	0
天　津	0	0	0	0	0	0	0
河　北	61924	0	30924	31000	0	549	0
山　西	302680	0	302680	0	0	375	0
内蒙古	45100	0	38800	6300	0	32	0
辽　宁	125780	500	124780	500	0	560	0
吉　林	0	0	0	0	0	0	0
黑龙江	12000	0	12000	0	0	12	0
上　海	0	0	0	0	0	0	0
江　苏	286780	12600	229180	45000	0	1706	0
浙　江	110600	8800	101800	0	0	322	0
安　徽	30344	5000	25344	0	0	274	0
福　建	94000	0	94000	0	0	291	0
江　西	25500	0	25500	0	0	33	0
山　东	80640	0	80640	0	0	126	0
河　南	23000	0	23000	0	0	388	0
湖　北	190980	500	190480	0	0	507	0
湖　南	192500	18000	148000	26500	0	407	0
广　东	56600	0	56600	0	0	27	0
广　西	43000	0	43000	0	0	44	0
海　南	0	0	0	0	0	0	0
重　庆	0	0	0	0	0	0	0
四　川	9100	0	9100	0	0	42	0
贵　州	0	0	0	0	0	0	0
云　南	6200	0	6200	0	0	162	0
西　藏	0	0	0	0	0	0	0
陕　西	84840	300	53040	31500	0	19	0
甘　肃	20420	0	20420	0	0	28	0
青　海	2000	0	2000	0	0	5	0
宁　夏	25000	4500	15500	5000	0	26	0
新　疆	1000	0	1000	0	0	12	0

6－7　各地区省级学会科技期刊

地　区	主办科技期刊种数（种）	# 中文学术期刊	# 科普期刊	# 技术期刊	# 英文学术期刊
合　计	**1134**	**731**	**158**	**236**	**9**
北　京	30	20	4	6	0
天　津	39	25	5	9	0
河　北	31	24	4	3	0
山　西	57	30	11	14	2
内蒙古	22	16	2	4	0
辽　宁	34	21	5	7	1
吉　林	30	18	6	6	0
黑龙江	21	11	3	7	0
上　海	76	49	10	16	1
江　苏	54	28	7	19	0
浙　江	50	36	4	10	0
安　徽	41	29	4	7	1
福　建	66	50	10	6	0
江　西	38	28	6	4	0
山　东	43	26	6	10	1
河　南	22	12	1	9	0
湖　北	39	27	5	6	1
湖　南	44	28	8	7	1
广　东	72	51	5	16	0
广　西	40	27	3	10	0
海　南	5	3	2	0	0
重　庆	27	19	5	3	0
四　川	35	23	4	8	0
贵　州	32	16	9	7	0
云　南	29	17	4	8	0
西　藏	10	6	2	2	0
陕　西	54	37	6	11	0
甘　肃	13	10	2	1	0
青　海	25	15	5	5	0
宁　夏	8	7	0	0	1
新　疆	47	22	10	15	0

6－7 续表

地　　区	科技期刊总印数（册）	# 中文学术期刊	# 科普期刊	# 技术期刊	# 英文学术期刊	科技期刊发表论文数（篇）	# 英文期刊发表论文数
合　　计	**33914899**	**18176206**	**11252443**	**4398270**	**87980**	**205612**	**860**
北　　京	993213	480913	304300	208000	0	5619	0
天　　津	1011600	421100	343000	247500	0	4673	0
河　　北	533800	431800	96400	5600	0	10732	0
山　　西	609510	217810	218600	171100	2000	5216	2
内 蒙 古	188850	135500	18050	35300	0	7670	0
辽　　宁	700120	563200	27320	93600	16000	12389	380
吉　　林	444100	114300	275800	54000	0	3691	0
黑 龙 江	618862	141562	76800	400500	0	6218	0
上　　海	4108626	916066	2722800	450980	18780	13142	100
江　　苏	1015860	419860	139800	456200	0	9920	0
浙　　江	2212513	2027613	72000	112900	0	6960	0
安　　徽	1585800	437300	1072800	69700	6000	10593	80
福　　建	5872983	5668483	154400	50100	0	10640	0
江　　西	735550	610820	103680	21050	0	5944	0
山　　东	1081520	430020	332000	315500	4000	13528	55
河　　南	637800	503300	51600	82900	0	3614	0
湖　　北	575587	209184	309893	20510	36000	8398	240
湖　　南	1973960	1118000	483360	372400	200	10428	2
广　　东	4069100	426500	3331200	311400	0	6178	0
广　　西	474200	199500	32800	241900	0	4889	0
海　　南	53000	7700	45300	0	0	256	0
重　　庆	1036700	938300	91000	7400	0	4966	0
四　　川	1128167	645367	308800	174000	0	6293	0
贵　　州	259800	215200	20400	24200	0	4674	0
云　　南	332918	149418	58000	125500	0	8855	0
西　　藏	52220	10620	36000	5600	0	351	0
陕　　西	1033210	425510	420200	187500	0	9560	0
甘　　肃	85700	63500	4200	18000	0	1306	0
青　　海	153900	89900	46400	17600	0	3395	0
宁　　夏	41400	36400	0	0	5000	984	1
新　　疆	294330	121460	55540	117330	0	4530	0

七、科普活动

简要说明

本篇统计资料为

一、汇总数据，反映中国科协、地方科协和全国学会、省级学会开展科普活动总体情况。

二、地方科协和省级学会统计数据，分别反映各省级科协及其所属学会、副省级城市、省会城市科协、地级科协、县级科协在科普日、科技周期间以及日常开展科普活动的情况。

三、统计指标，反映科普活动数量、参加科普活动的科技人员数量、学会参加科普活动的数量、科普活动覆盖面等。

7—1 各级科协科普活动汇总表

指标	科协合计	中国科协机关及直属单位								
		小计	科普日		科技周		日常		其他
			科技进村	科教进社区	科技进村	科教进社区	科技进村	科教进社区	
举办科普宣讲活动（次）	171354	396	0	0	0	0	25	1	370
#院士科普报告会	2002	23	0	0	0	0	0	1	22
#举办专题展览	25618	109	0	0	0	0	0	0	109
#流动科技馆巡展	6537	46	0	0	0	0	0	0	46
#开展科技咨询	95030	25	0	0	0	0	25	0	0
宣讲活动受众人数（万人次）	12784	757	0	0	0	0	10	0.05	747
#流动科技馆巡展受众人数	1587	164	0	0	0	0	0	0	164
播放科技广播、影视节目（小时）	120834	115	0	0	0	0	0	0	115
#电台电视台播放科技节目	56703	113	0	0	0	0	0	0	113
举办实用技术培训（次）	213509	159	0	0	0	0	5	0	154
实用技术培训人数（万人次）	3212	2	0	0	0	0	0.32	0	2
推广新技术、新品种（项）	41052	24	0	0	0	0	20	0	4
参加活动科技人员总数（人次）	2824418	7768	0	0	0	0	33	20	7715
#专家人数	320213	872	0	0	0	0	26	0	846
参加活动的学会、协会、研究会（个次）	97609	53	0	0	0	0	0	0	53
覆盖村（个）	333321	41	0	—	0	—	41	—	—
覆盖社区（个）	81156	1	—	0	—	0	—	1	—

7—1 续表 1

指　标	小计	省级科协						
		科普日		科技周		日常		其他
		科技进村	科教进社区	科技进村	科教进社区	科技进村	科教进社区	
举办科普宣讲活动（次）	5096	396	420	429	450	857	892	1652
#院士科普报告会	272	26	23	13	28	5	20	157
#举办专题展览	892	52	88	23	80	84	288	277
#流动科技馆巡展	379	42	73	34	42	53	82	53
#开展科技咨询	1124	107	86	98	91	433	117	192
宣讲活动受众人数（万人次）	2437	133	221	117	184	122	849	811
#流动科技馆巡展受众人数	499	10	22	11	22	46	95	293
播放科技广播、影视节目（小时）	12330	31	47	90	150	4002	920	7091
#电台电视台播放科技节目	578	9	11	40	10	112	64	333
举办实用技术培训（次）	7745	181	84	161	47	4172	118	2982
实用技术培训人数（万人次）	100	2	1	2	0.61	49	2	42
推广新技术、新品种（项）	2597	751	161	133	27	1124	72	329
参加活动科技人员总数（人次）	234168	16384	22933	6038	10839	27079	23000	127895
#专家人数	14698	940	1933	684	931	4844	2605	2761
参加活动的学会、协会、研究会（个次）	4683	306	392	219	285	1074	1768	639
覆盖村（个）	9089	2476	—	2221	—	4392	—	—
覆盖社区（个）	6351	—	1020	—	1904	—	3427	—

7—1 续表 2

指标	小计	副省级城市科协、省会城市科协						
		科普日		科技周		日常		其他
		科技进村	科教进社区	科技进村	科教进社区	科技进村	科教进社区	
举办科普宣讲活动（次）	6398	162	403	94	312	329	4146	952
#院士科普报告会	83	6	8	6	10	13	13	27
#举办专题展览	330	55	83	27	43	29	57	36
#流动科技馆巡展	430	14	26	20	20	57	113	180
#开展科技咨询	643	77	86	36	44	117	147	136
宣讲活动受众人数（万人次）	312	12	33	14	24	37	78	115
#流动科技馆巡展受众人数	114	4	11	6	8	21	33	31
播放科技广播、影视节目（小时）	3064	30	65	61	125	193	475	2113
#电台电视台播放科技节目	2099	13	24	8	26	162	283	1583
举办实用技术培训（次）	4317	468	112	331	105	1891	1327	83
实用技术培训人数（万人次）	40	4	4	5	3	15	7	3
推广新技术、新品种（项）	626	108	10	105	4	256	83	60
参加活动科技人员总数（人次）	341288	5986	21890	14909	17860	39095	37529	204019
#专家人数	16779	1736	2191	2111	1654	2860	3506	2721
参加活动的学会、协会、研究会（个次）	2367	228	399	173	297	246	231	793
覆盖村（个）	2258	431	—	272	—	1555	—	—
覆盖社区（个）	3565	—	870	—	770	—	1925	—

7—1 续表 3

指　　标	小计	地级科协						
		科普日		科技周		日常		其他
		科技进村	科教进社　区	科技进村	科教进社　区	科技进村	科教进社　区	
举办科普宣讲活动（次）	33821	2774	4994	3195	6993	4019	9676	2170
#院士科普报告会	712	35	108	31	54	44	237	203
#举办专题展览	6496	467	1202	704	1670	756	1471	226
#流动科技馆巡展	2434	132	349	149	381	377	905	141
#开展科技咨询	12845	1524	2019	1535	2289	2122	2804	552
宣讲活动受众人数（万人次）	2497	284	329	183	455	400	524	324
#流动科技馆巡展受众人数	343	18	39	22	60	55	109	40
播放科技广播、影视节目（小时）	25261	1950	2325	1948	2615	5325	7351	3745
#电台电视台播放科技节目	13573	1627	1887	1612	1995	1292	3641	1520
举办实用技术培训（次）	23264	2781	1311	2386	1443	10605	3574	1164
实用技术培训人数（万人次）	387	57	24	48	28	154	50	25
推广新技术、新品种（项）	7448	1155	534	1229	638	2656	768	468
参加活动科技人员总数（人次）	822120	457282	47121	52479	47917	116468	73370	27483
#专家人数	53247	7500	6774	7433	5943	13070	9493	3034
参加活动的学会、协会、研究会（个次）	17771	2493	2623	2684	2281	3492	2725	1473
覆盖村（个）	39154	9679	—	8430	—	21045	—	—
覆盖社区（个）	16746	—	4450	—	4776	—	7520	—

7—1 续表 4

指　标	县级科协							
	小计	科普日		科技周		日常		其他
		科技进村	科教进社区	科技进村	科教进社区	科技进村	科教进社区	
举办科普宣讲活动（次）	125643	14760	13328	17340	13308	36636	24612	5659
#院士科普报告会	912	96	159	93	148	88	180	148
#举办专题展览	17791	1901	2513	2706	2325	4466	3323	557
#流动科技馆巡展	3248	438	440	447	427	662	572	262
#开展科技咨询	80393	10708	7745	12007	8061	25205	14372	2295
宣讲活动受众人数（万人次）	6780	930	910	1052	860	1585	1097	345
#流动科技馆巡展受众人数	467	57	78	53	69	68	104	39
播放科技广播、影视节目（小时）	80064	5607	5419	5509	5364	18672	15177	24315
#电台电视台播放科技节目	40340	3348	2281	3301	2760	11669	9468	7512
举办实用技术培训（次）	178024	17598	12029	22452	12811	79118	16802	17214
实用技术培训人数（万人次）	2683	319	160	432	174	1175	242	182
推广新技术、新品种（项）	30357	4538	1803	6118	2033	11781	2606	1478
参加活动科技人员总数（人次）	1419074	189674	169324	232454	152470	412187	200047	62918
#专家人数	234617	33489	22472	34964	24643	75324	32247	11478
参加活动的学会、协会、研究会（个次）	72735	11946	7622	11612	7715	21071	8661	4108
覆盖村（个）	282779	67018	—	70716	—	145045	—	—
覆盖社区（个）	54493	—	16573	—	15633	—	22287	—

7—2 全国学会、省级学会科普活动汇总表

指标	学会合计	中国科协所属全国学会							
		小计	科普日		科技周		日常		其他
			科技进村	科教进社区	科技进村	科教进社区	科技进村	科教进社区	
举办科普宣讲活动（次）	81532	6243	228	739	367	399	490	1050	2970
#院士科普报告会	966	195	0	8	8	2	3	1	173
#举办专题展览	22189	851	59	119	112	136	33	138	254
#流动科技馆巡展	805	44	1	3	0	2	16	12	10
#开展科技咨询	35526	1369	84	185	118	149	163	227	443
宣讲活动受众人数（万人次）	4426	1220	38	149	147	46	203	172	465
#流动科技馆巡展受众人数	372	26	0.10	2	0	0.55	7	6	11
播放科技广播、影视节目（小时）	16442	959	15	10	7	28	86	439	374
#电台电视台播放科技节目	7137	165	5	1	1	9	7	122	20
举办实用技术培训（次）	29371	4159	30	46	266	65	2891	171	690
实用技术培训人数（万人次）	428	174	0.13	0.24	26	0.42	139	0.91	8
推广新技术、新品种（项）	11626	608	6	1	7	6	50	180	358
参加活动科技人员总数（人次）	911660	125092	1965	3747	823	3830	19773	6680	88274
#专家人数	150651	19124	505	733	317	655	5353	1616	9945
参加活动的学会、协会、研究会（个次）	14431	1211	37	82	51	340	259	147	295
覆盖村（个）	113032	6790	953	—	1008	—	4829	—	—
覆盖社区（个）	150625	99901	—	1539	—	17813	—	80549	—

7—2 续表 1

指　　标	小计	中国科协委托管理全国学会						
		科普日		科技周		日常		其他
		科技进村	科教进社　区	科技进村	科教进社　区	科技进村	科教进社　区	
举办科普宣讲活动（次）	222	0	79	1	30	0	97	15
#院士科普报告会	2	0	0	0	0	0	0	2
#举办专题展览	50	0	12	0	26	0	8	4
#流动科技馆巡展	0	0	0	0	0	0	0	0
#开展科技咨询	126	0	34	1	4	0	86	1
宣讲活动受众人数（万人次）	22	0	3	0.02	0.76	0	14	3
#流动科技馆巡展受众人数	0	0	0	0	0	0	0	0
播放科技广播、影视节目（小时）	12	0	5	0	1	0	6	0.33
#电台电视台播放科技节目	6	0	5	0	1	0	0	0
举办实用技术培训（次）	27	0	0	0	0	0	0	27
实用技术培训人数（万人次）	0.07	0	0	0	0	0	0	0.07
推广新技术、新品种（项）	10	0	0	0	0	10	0	0
参加活动科技人员总数（人次）	6875	0	458	2	310	3	91	6011
#专家人数	2159	0	143	0	53	0	62	1901
参加活动的学会、协会、研究会（个次）	20	0	1	3	7	0	1	8
覆盖村（个）	11	0	—	1	—	10	—	—
覆盖社区（个）	139	—	14	—	28	—	97	—

7—2 续表 2

指　　标	小计	省级学会						
		科普日		科技周		日常		其他
		科技进村	科教进社　区	科技进村	科教进社　区	科技进村	科教进社　区	
举办科普宣讲活动（次）	75067	8325	4859	9920	5741	17079	14767	14376
#院士科普报告会	769	28	135	39	70	56	117	324
#举办专题展览	21288	1618	1576	2346	3499	4493	6906	850
#流动科技馆巡展	761	66	142	82	124	131	145	71
#开展科技咨询	34031	6104	1907	7100	1043	11001	3961	2915
宣讲活动受众人数（万人次）	3184	93	393	185	229	421	1282	581
#流动科技馆巡展受众人数	346	5	10	8	10	8	269	37
播放科技广播、影视节目（小时）	15471	2603	4002	498	887	1560	3089	2834
#电台电视台播放科技节目	6966	844	1515	362	193	765	992	2295
举办实用技术培训（次）	25185	2156	717	1410	624	12008	2601	5669
实用技术培训人数（万人次）	253	20	5	10	5	137	27	48
推广新技术、新品种（项）	11008	446	77	371	118	2397	429	7170
参加活动科技人员总数（人次）	779693	77984	147457	60942	88623	131928	120546	152213
#专家人数	129368	20092	13256	15073	10017	31168	17371	22391
参加活动的学会、协会、研究会（个次）	13200	1723	910	887	1010	2034	1631	5005
覆盖村（个）	106231	10523	—	19759	—	75949	—	—
覆盖社区（个）	50585	—	6862	—	13037	—	30686	—

7－3 各省级科协科普活动

地区	合计（次）	举办科普宣讲活动						
		科普日		科技周		日常		其他
		科技进村	科教进社区	科技进村	科教进社区	科技进村	科教进社区	
合计	**5096**	**396**	**420**	**429**	**450**	**857**	**892**	**1652**
北京	1047	85	52	100	83	161	95	471
天津	50	0	7	0	6	1	33	3
河北	130	0	15	0	15	0	65	35
山西	344	6	12	10	18	124	159	15
内蒙古	40	3	2	4	5	9	11	6
辽宁	54	1	3	2	1	1	1	45
吉林	112	10	7	23	7	29	36	0
黑龙江	85	8	8	7	10	26	26	0
上海	307	10	70	5	28	25	56	113
江苏	258	68	46	30	29	29	28	28
浙江	93	8	16	4	14	5	10	36
安徽	58	2	6	3	4	5	4	34
福建	74	2	3	1	1	13	0	54
江西	61	1	1	0	3	1	30	25
山东	221	9	15	1	7	23	47	119
河南	127	1	5	2	2	113	4	0
湖北	27	0	1	0	1	0	0	25
湖南	75	1	4	2	2	0	3	63
广东	270	8	15	14	29	20	87	97
广西	72	0	5	0	16	2	2	47
海南	66	20	8	10	3	7	3	15
重庆	212	2	5	1	10	1	13	180
四川	4	0	0	0	0	1	3	0
贵州	28	3	3	6	4	7	5	0
云南	220	1	4	0	2	71	49	93
西藏	126	48	30	0	0	28	20	0
陕西	54	9	8	2	3	4	16	12
甘肃	147	0	3	0	3	46	40	55
青海	85	13	10	7	12	10	13	20
宁夏	478	77	45	195	122	22	8	9
新疆	166	0	8	0	8	73	25	52
新疆生产建设兵团	5	0	3	0	2	0	0	0

7—3 续表 1

地　区	合 计（人次）	宣讲活动受众人数						
		科普日		科技周		日常		其他
		科技进村	科教进社区	科技进村	科教进社区	科技进村	科教进社区	
合　计	**24372406**	**1332052**	**2207388**	**1168236**	**1844701**	**1218434**	**8492114**	**8109481**
北　京	4449000	136000	116500	106520	141800	101400	2135100	1711680
天　津	1263940	0	463500	0	266400	12000	193840	328200
河　北	203100	0	29000	0	12100	0	49000	113000
山　西	460600	43300	44900	51000	26400	135000	134000	26000
内蒙古	98682	3800	3900	3600	3700	8100	70582	5000
辽　宁	426119	10000	50000	20000	10000	10000	10000	316119
吉　林	149120	15500	5000	17800	5000	30000	75820	0
黑龙江	501300	8000	22200	20000	50200	140400	260500	0
上　海	359277	10000	106000	5000	81000	20000	40330	96947
江　苏	208840	42040	31200	31200	23200	23200	29000	29000
浙　江	3100000	700000	800000	500000	700000	100000	100000	200000
安　徽	96000	4000	27000	20000	10000	9000	10000	16000
福　建	569640	3000	4000	200	1100	6675	0	554665
江　西	117000	1000	1000	0	3000	2000	15000	95000
山　东	5774405	193762	237380	116	166298	208064	4582675	386110
河　南	130700	5000	36500	3000	33000	6200	47000	0
湖　北	53500	0	10000	0	10000	0	0	33500
湖　南	305000	1000	34000	250000	4000	0	8000	8000
广　东	549370	3300	7000	3200	28000	4750	343120	160000
广　西	959982	0	3820	0	152100	800	1010	802252
海　南	107000	40000	16000	20000	6000	14000	6000	5000
重　庆	599500	550	1300	100	3200	100	6300	587950
四　川	6600	0	0	0	0	3000	3600	0
贵　州	215500	20500	1000	51000	1500	90700	50800	0
云　南	399646	700	31400	0	2203	2015	42995	320333
西　藏	66000	20000	6000	0	0	30000	10000	0
陕　西	296192	7000	9300	1000	700	31150	100942	146100
甘　肃	357588	0	57588	0	10000	100000	110000	80000
青　海	383225	50500	36700	8000	32300	20900	24300	210525
宁　夏	1742500	13100	4500	56500	37300	18900	12200	1600000
新　疆	415080	0	4700	0	22200	90080	20000	278100
新疆生产建设兵团	8000	0	6000	0	2000	0	0	0

7—3 续表 2

地区	举办科普宣讲活动							
	合计（次）	#院士科普报告会						
		科普日		科技周		日常		其他
		科技进村	科教进社区	科技进村	科教进社区	科技进村	科教进社区	
合计	**272**	**26**	**23**	**13**	**28**	**5**	**20**	**157**
北京	3	0	0	0	0	0	0	3
天津	6	0	0	0	1	0	4	1
河北	5	0	2	0	2	0	1	0
山西	2	1	1	0	0	0	0	0
内蒙古	5	0	0	0	0	0	3	2
辽宁	6	1	1	1	0	0	1	2
吉林	0	0	0	0	0	0	0	0
黑龙江	3	0	0	0	0	3	0	0
上海	22	0	5	0	5	0	4	8
江苏	2	1	1	0	0	0	0	0
浙江	14	0	1	0	2	0	0	11
安徽	3	0	0	0	0	0	0	3
福建	0	0	0	0	0	0	0	0
江西	0	0	0	0	0	0	0	0
山东	3	0	0	0	0	0	2	1
河南	0	0	0	0	0	0	0	0
湖北	0	0	0	0	0	0	0	0
湖南	1	0	1	0	0	0	0	0
广东	15	0	3	0	2	0	0	10
广西	7	0	0	0	0	0	0	7
海南	0	0	0	0	0	0	0	0
重庆	104	0	0	0	2	0	0	102
四川	0	0	0	0	0	0	0	0
贵州	1	0	0	0	0	0	1	0
云南	0	0	0	0	0	0	0	0
西藏	8	6	2	0	0	0	0	0
陕西	2	0	0	0	0	0	2	0
甘肃	2	0	0	0	0	0	0	2
青海	0	0	0	0	0	0	0	0
宁夏	49	17	4	12	12	2	2	0
新疆	9	0	2	0	2	0	0	5
新疆生产建设兵团	0	0	0	0	0	0	0	0

7—3 续表 3

地区	举办科普宣讲活动							
	合计（次）	#举办专题展览						
		科普日		科技周		日常		其他
		科技进村	科教进社区	科技进村	科教进社区	科技进村	科教进社区	
合计	**892**	**52**	**88**	**23**	**80**	**84**	**288**	**277**
北京	175	12	15	7	26	7	69	39
天津	22	0	4	0	3	0	13	2
河北	15	0	3	0	2	0	8	2
山西	8	1	2	1	2	1	1	0
内蒙古	11	2	0	1	1	3	4	0
辽宁	3	0	1	0	1	1	0	0
吉林	13	2	2	1	1	3	4	0
黑龙江	14	0	3	0	3	1	7	0
上海	29	2	10	1	4	2	7	3
江苏	0	0	0	0	0	0	0	0
浙江	12	1	1	1	2	2	2	3
安徽	1	0	0	0	0	0	0	1
福建	24	0	2	0	1	0	0	21
江西	15	1	1	0	3	0	0	10
山东	36	5	4	0	1	7	10	9
河南	12	1	4	1	2	1	3	0
湖北	2	0	1	0	1	0	0	0
湖南	63	0	2	2	1	0	1	57
广东	121	3	7	6	9	0	71	25
广西	11	0	0	0	3	0	0	8
海南	0	0	0	0	0	0	0	0
重庆	31	0	0	0	0	0	0	31
四川	4	0	0	0	0	1	3	0
贵州	2	0	0	0	0	0	2	0
云南	40	0	2	0	2	0	36	0
西藏	59	21	14	0	0	14	10	0
陕西	13	1	3	1	1	1	2	4
甘肃	110	0	1	0	1	36	30	42
青海	22	0	1	0	1	2	2	16
宁夏	16	0	1	1	5	2	3	4
新疆	6	0	3	0	3	0	0	0
新疆生产建设兵团	2	0	1	0	1	0	0	0

7—3 续表 4

地　　区	举办科普宣讲活动							
	合　计（次）	#流动科技馆巡展						
		科普日		科技周		日常		其他
		科技进村	科教进社区	科技进村	科教进社区	科技进村	科教进社区	
合　　计	**379**	**42**	**73**	**34**	**42**	**53**	**82**	**53**
北　　京	5	0	0	0	0	0	0	5
天　　津	0	0	0	0	0	0	0	0
河　　北	6	0	2	0	2	0	0	2
山　　西	35	0	1	0	1	10	23	0
内 蒙 古	6	1	1	1	1	1	1	0
辽　　宁	0	0	0	0	0	0	0	0
吉　　林	15	2	3	1	1	3	5	0
黑 龙 江	0	0	0	0	0	0	0	0
上　　海	10	0	9	0	1	0	0	0
江　　苏	52	19	9	6	5	5	4	4
浙　　江	11	1	2	1	2	1	2	2
安　　徽	28	2	6	3	4	5	4	4
福　　建	8	0	0	0	0	0	0	8
江　　西	0	0	0	0	0	0	0	0
山　　东	36	2	5	0	2	10	15	2
河　　南	0	0	0	0	0	0	0	0
湖　　北	0	0	0	0	0	0	0	0
湖　　南	4	0	1	0	1	0	2	0
广　　东	26	0	0	0	13	0	13	0
广　　西	0	0	0	0	0	0	0	0
海　　南	0	0	0	0	0	0	0	0
重　　庆	0	0	0	0	0	0	0	0
四　　川	0	0	0	0	0	0	0	0
贵　　州	7	1	0	2	0	4	0	0
云　　南	5	0	0	0	0	0	0	5
西　　藏	0	0	0	0	0	0	0	0
陕　　西	8	0	0	0	0	1	3	4
甘　　肃	15	0	1	0	1	4	4	5
青　　海	16	2	2	1	3	2	4	2
宁　　夏	81	12	31	19	5	7	2	5
新　　疆	5	0	0	0	0	0	0	5
新疆生产建设兵团	0	0	0	0	0	0	0	0

7—3 续表 5

地区	宣讲活动受众人数							
	合计（人次）	# 流动科技馆巡展受众人数						
		科普日		科技周		日常		其他
		科技进村	科教进社区	科技进村	科教进社区	科技进村	科教进社区	
合计	**4991515**	**100200**	**220870**	**109960**	**216867**	**460480**	**952003**	**2931135**
北京	180000	0	0	0	0	0	0	180000
天津	0	0	0	0	0	0	0	0
河北	120000	0	14000	0	6000	0	0	100000
山西	171400	0	100	0	100	83600	87600	0
内蒙古	12080	780	882	660	782	4680	4296	0
辽宁	0	0	0	0	0	0	0	0
吉林	3300	800	400	100	100	900	1000	0
黑龙江	0	0	0	0	0	0	0	0
上海	2500	0	2300	0	200	0	0	0
江苏	83840	22040	11200	11200	6400	11000	11000	11000
浙江	6800	600	1400	700	1300	500	1800	500
安徽	84000	4000	27000	20000	10000	9000	10000	4000
福建	146000	0	0	0	0	0	0	146000
江西	0	0	0	0	0	0	0	0
山东	1404000	8880	124000	0	111155	200800	702575	256590
河南	0	0	0	0	0	0	0	0
湖北	0	0	0	0	0	0	0	0
湖南	10000	0	3000	0	3000	0	4000	0
广东	45060	0	0	0	22530	0	22530	0
广西	0	0	0	0	0	0	0	0
海南	0	0	0	0	0	0	0	0
重庆	0	0	0	0	0	0	0	0
四川	0	0	0	0	0	0	0	0
贵州	160000	20000	0	50000	0	90000	0	0
云南	291433	0	0	0	0	0	0	291433
西藏	0	0	0	0	0	0	0	0
陕西	199102	0	0	0	0	28000	71102	100000
甘肃	94500	0	7588	0	4000	6000	5800	71112
青海	190000	35000	26000	6000	24000	8500	20000	70500
宁夏	1687500	8100	3000	21300	27300	17500	10300	1600000
新疆	100000	0	0	0	0	0	0	100000
新疆生产建设兵团	0	0	0	0	0	0	0	0

7—3 续表 6

地　区	举办科普宣讲活动							
	合　计（次）	#开展科技咨询						
		科普日		科技周		日常		其他
		科技进村	科教进社区	科技进村	科教进社区	科技进村	科教进社区	
合　计	**1124**	**107**	**86**	**98**	**91**	**433**	**117**	**192**
北　京	171	0	0	18	22	100	0	31
天　津	11	0	1	0	1	0	9	0
河　北	5	0	0	0	5	0	0	0
山　西	16	0	2	1	1	10	2	0
内蒙古	18	0	1	2	3	5	3	4
辽　宁	2	0	1	1	0	0	0	0
吉　林	68	6	2	16	5	23	16	0
黑龙江	62	8	4	7	6	22	15	0
上　海	2	0	0	0	2	0	0	0
江　苏	40	10	5	6	5	5	6	3
浙　江	40	4	6	1	8	1	5	15
安　徽	0	0	0	0	0	0	0	0
福　建	13	0	1	0	0	12	0	0
江　西	0	0	0	0	0	0	0	0
山　东	35	2	6	1	4	6	16	0
河　南	115	0	1	1	0	112	1	0
湖　北	0	0	0	0	0	0	0	0
湖　南	1	1	0	0	0	0	0	0
广　东	105	5	5	8	5	20	0	62
广　西	4	0	0	0	0	0	0	4
海　南	66	20	8	10	3	7	3	15
重　庆	73	2	5	1	4	1	13	47
四　川	0	0	0	0	0	0	0	0
贵　州	6	1	1	1	1	1	1	0
云　南	73	0	1	0	0	70	0	2
西　藏	59	21	14	0	0	14	10	0
陕　西	20	8	4	1	2	1	3	1
甘　肃	20	0	1	0	1	6	6	6
青　海	47	11	7	6	8	6	7	2
宁　夏	51	8	9	17	5	11	1	0
新　疆	0	0	0	0	0	0	0	0
新疆生产建设兵团	1	0	1	0	0	0	0	0

7—3 续表 7

地　区	合　计（项）	推广新技术、新品种						
		科普日		科技周		日常		其他
		科技进村	科教进社区	科技进村	科教进社区	科技进村	科教进社区	
合　计	**2597**	**751**	**161**	**133**	**27**	**1124**	**72**	**329**
北　京	47	0	0	0	0	47	0	0
天　津	0	0	0	0	0	0	0	0
河　北	25	0	2	0	0	20	3	0
山　西	80	1	0	2	0	77	0	0
内蒙古	608	112	0	98	0	158	0	240
辽　宁	12	0	0	0	0	0	0	12
吉　林	77	20	0	19	0	18	20	0
黑龙江	0	0	0	0	0	0	0	0
上　海	0	0	0	0	0	0	0	0
江　苏	0	0	0	0	0	0	0	0
浙　江	0	0	0	0	0	0	0	0
安　徽	17	0	0	0	0	0	0	17
福　建	30	0	0	0	0	0	0	30
江　西	120	0	0	0	0	120	0	0
山　东	30	0	0	0	0	0	30	0
河　南	0	0	0	0	0	0	0	0
湖　北	0	0	0	0	0	0	0	0
湖　南	0	0	0	0	0	0	0	0
广　东	44	4	0	8	0	6	0	26
广　西	95	0	35	0	25	20	15	0
海　南	13	5	0	5	0	3	0	0
重　庆	2	0	0	0	0	0	0	2
四　川	2	0	0	0	0	1	1	0
贵　州	0	0	0	0	0	0	0	0
云　南	0	0	0	0	0	0	0	0
西　藏	1370	600	120	0	0	650	0	0
陕　西	8	8	0	0	0	0	0	0
甘　肃	7	0	3	0	1	1	1	1
青　海	10	1	1	1	1	3	2	1
宁　夏	0	0	0	0	0	0	0	0
新　疆	0	0	0	0	0	0	0	0
新疆生产建设兵团	0	0	0	0	0	0	0	0

7—3 续表 8

地区	合计（分钟）	播放科技广播、影视节目						
		科普日		科技周		日常		其他
		科技进村	科教进社区	科技进村	科教进社区	科技进村	科教进社区	
合计	**739825**	**1835**	**2815**	**5379**	**8979**	**240140**	**55227**	**425450**
北京	9	2	1	2	1	1	1	1
天津	2572	0	240	0	633	1070	629	0
河北	392	0	90	0	60	0	242	0
山西	60090	60	140	100	140	1690	110	57850
内蒙古	4960	160	180	100	120	1300	1100	2000
辽宁	94370	0	0	0	0	0	0	94370
吉林	3080	20	30	10	10	2970	40	0
黑龙江	210	0	20	0	20	0	170	0
上海	450	25	150	20	120	15	30	90
江苏	0	0	0	0	0	0	0	0
浙江	5460	0	0	0	0	0	0	5460
安徽	40	10	0	0	10	0	0	20
福建	156000	0	0	0	0	0	0	156000
江西	1000	0	0	0	0	0	0	1000
山东	216280	949	880	1850	6650	177430	3430	25091
河南	1400	0	0	0	0	0	0	1400
湖北	0	0	0	0	0	0	0	0
湖南	26858	0	0	0	0	0	0	26858
广东	630	0	30	0	0	0	600	0
广西	34020	0	0	0	0	0	0	34020
海南	0	0	0	0	0	0	0	0
重庆	104232	289	252	1132	1020	49404	47105	5030
四川	10	0	0	0	0	0	10	0
贵州	2	0	2	0	0	0	0	0
云南	15060	0	0	0	0	0	150	14910
西藏	0	0	0	0	0	0	0	0
陕西	600	40	20	15	15	60	30	420
甘肃	0	0	0	0	0	0	0	0
青海	1460	280	660	70	60	200	120	70
宁夏	2280	0	0	2080	0	0	0	200
新疆	8360	0	120	0	120	6000	1460	660
新疆生产建设兵团	0	0	0	0	0	0	0	0

7—3 续表 9

地区	播放科技广播、影视节目							
	合计（分钟）	#电台电视台播放科技节目						
		科普日		科技周		日常		其他
		科技进村	科教进社区	科技进村	科教进社区	科技进村	科教进社区	
合计	**34705**	**558**	**649**	**2375**	**600**	**6744**	**3829**	**19950**
北京	0	0	0	0	0	0	0	0
天津	1772	0	60	0	213	950	549	0
河北	289	0	60	0	60	0	169	0
山西	730	60	80	100	80	130	110	170
内蒙古	4960	160	180	100	120	1300	1100	2000
辽宁	3120	0	0	0	0	0	0	3120
吉林	0	0	0	0	0	0	0	0
黑龙江	90	0	0	0	0	0	90	0
上海	270	25	50	20	40	15	30	90
江苏	0	0	0	0	0	0	0	0
浙江	5460	0	0	0	0	0	0	5460
安徽	30	10	0	0	10	0	0	10
福建	0	0	0	0	0	0	0	0
江西	0	0	0	0	0	0	0	0
山东	0	0	0	0	0	0	0	0
河南	1400	0	0	0	0	0	0	1400
湖北	0	0	0	0	0	0	0	0
湖南	0	0	0	0	0	0	0	0
广东	30	0	30	0	0	0	0	0
广西	0	0	0	0	0	0	0	0
海南	0	0	0	0	0	0	0	0
重庆	4994	13	19	10	12	109	101	4730
四川	0	0	0	0	0	0	0	0
贵州	0	0	0	0	0	0	0	0
云南	3060	0	0	0	0	0	150	2910
西藏	0	0	0	0	0	0	0	0
陕西	210	40	20	15	15	60	30	30
甘肃	0	0	0	0	0	0	0	0
青海	750	250	150	50	50	180	40	30
宁夏	2080	0	0	2080	0	0	0	0
新疆	5460	0	0	0	0	4000	1460	0
新疆生产建设兵团	0	0	0	0	0	0	0	0

7—3 续表 10

地区	合计（次）	举办实用技术培训						
		科普日		科技周		日常		其他
		科技进村	科教进社区	科技进村	科教进社区	科技进村	科教进社区	
合计	**7745**	**181**	**84**	**161**	**47**	**4172**	**118**	**2982**
北京	232	4	2	7	2	205	4	8
天津	2	0	0	0	0	2	0	0
河北	103	0	1	0	0	100	2	0
山西	238	20	10	30	10	131	12	25
内蒙古	31	6	0	4	0	10	6	5
辽宁	7	0	0	0	0	0	0	7
吉林	60	5	2	2	1	40	10	0
黑龙江	107	5	3	17	12	40	30	0
上海	48	10	2	8	1	15	2	10
江苏	0	0	0	0	0	0	0	0
浙江	0	0	0	0	0	0	0	0
安徽	2	0	0	0	0	0	0	2
福建	1	0	0	0	0	0	0	1
江西	3420	0	0	0	0	3420	0	0
山东	12	1	0	2	0	9	0	0
河南	2	0	0	0	0	2	0	0
湖北	2788	0	0	0	0	0	0	2788
湖南	8	0	0	8	0	0	0	0
广东	36	3	0	7	0	0	0	26
广西	20	0	8	0	2	5	4	1
海南	268	62	24	48	10	71	16	37
重庆	6	0	0	0	0	0	0	6
四川	1	0	0	0	0	1	0	0
贵州	36	0	0	0	0	36	0	0
云南	0	0	0	0	0	0	0	0
西藏	100	30	20	0	0	35	15	0
陕西	21	8	1	1	1	6	1	3
甘肃	24	0	1	0	1	2	10	10
青海	105	9	7	14	4	18	4	49
宁夏	52	18	3	13	3	11	2	2
新疆	15	0	0	0	0	13	0	2
新疆生产建设兵团	0	0	0	0	0	0	0	0

7—3 续表 11

地区	合计（人次）	实用技术培训人数						
		科普日		科技周		日常		其他
		科技进村	科教进社区	科技进村	科教进社区	科技进村	科教进社区	
合　计	**995626**	**23950**	**12765**	**20860**	**6100**	**494603**	**20640**	**416708**
北　京	37280	540	35	1040	30	33540	85	2010
天　津	160	0	0	0	0	160	0	0
河　北	20000	0	3000	0	0	10000	7000	0
山　西	45436	1200	800	2600	1800	25236	1700	12100
内蒙古	11606	3200	0	2800	0	2826	780	2000
辽　宁	839	0	0	0	0	0	0	839
吉　林	4000	350	140	140	100	2800	470	0
黑龙江	10700	620	430	1500	1400	4000	2750	0
上　海	1700	400	70	320	50	450	60	350
江　苏	0	0	0	0	0	0	0	0
浙　江	0	0	0	0	0	0	0	0
安　徽	2500	0	0	0	0	0	0	2500
福　建	57	0	0	0	0	0	0	57
江　西	288000	0	0	0	0	288000	0	0
山　东	2000	200	0	400	0	1400	0	0
河　南	100	0	0	0	0	100	0	0
湖　北	223801	0	0	0	0	0	0	223801
湖　南	460	0	0	460	0	0	0	0
广　东	6300	300	0	1000	0	0	0	5000
广　西	164135	0	2210	0	790	420	715	160000
海　南	30460	5400	1920	7800	800	10080	1040	3420
重　庆	2140	0	0	0	0	0	0	2140
四　川	30	0	0	0	0	30	0	0
贵　州	78000	0	0	0	0	78000	0	0
云　南	0	0	0	0	0	0	0	0
西　藏	26000	8000	3000	0	0	10000	5000	0
陕　西	3962	1370	200	400	150	991	400	451
甘　肃	580	0	60	0	100	120	100	200
青　海	4550	940	660	560	220	820	360	990
宁　夏	6450	1430	240	1840	660	1600	180	500
新　疆	24380	0	0	0	0	24030	0	350
新疆生产建设兵团	0	0	0	0	0	0	0	0

7—3 续表 12

地 区	参加活动科技人员总数							
	合 计（人次）	科普日		科技周		日常		其他
		科技进村	科教进社区	科技进村	科教进社区	科技进村	科教进社区	
合 计	**234168**	**16384**	**22933**	**6038**	**10839**	**27079**	**23000**	**127895**
北 京	15478	9082	1280	635	730	553	350	2848
天 津	2556	0	1097	0	470	84	680	225
河 北	1020	0	160	0	100	200	260	300
山 西	2626	100	501	151	169	710	833	162
内 蒙 古	2080	128	150	86	96	210	310	1100
辽 宁	3065	50	300	100	50	50	50	2465
吉 林	833	80	25	253	20	385	70	0
黑 龙 江	445	31	66	45	69	88	146	0
上 海	8969	150	3450	100	600	600	990	3079
江 苏	30436	2600	12050	1586	1550	7050	4050	1550
浙 江	1180	180	230	170	220	50	180	150
安 徽	112	20	26	20	16	10	10	10
福 建	3525	15	115	10	10	215	0	3160
江 西	5065	7	10	0	20	4268	670	90
山 东	22391	438	599	2072	3256	6435	8333	1258
河 南	1123	50	158	100	250	348	212	5
湖 北	968	0	140	0	40	0	0	788
湖 南	1211	100	131	50	300	0	500	130
广 东	6870	25	360	55	950	50	2010	3420
广 西	3287	0	90	0	1402	54	61	1680
海 南	900	220	80	190	30	277	37	66
重 庆	2345	85	118	80	141	567	507	847
四 川	40	0	0	0	0	20	20	0
贵 州	235	42	35	66	10	42	40	0
云 南	5836	70	163	0	34	1271	303	3995
西 藏	8600	2600	1200	0	0	3000	1800	0
陕 西	785	128	155	30	23	97	162	190
甘 肃	340	0	20	0	10	10	150	150
青 海	635	40	90	30	100	70	130	175
宁 夏	837	143	86	209	81	240	66	12
新 疆	100335	0	20	0	80	125	70	100040
新疆生产建设兵团	40	0	28	0	12	0	0	0

7—3 续表 13

地　区	参加活动科技人员总数							
	合　计（人次）	#专家人数						
		科普日		科技周		日常		其他
		科技进村	科教进社区	科技进村	科教进社区	科技进村	科教进社区	
合　计	**14698**	**940**	**1933**	**684**	**931**	**4844**	**2605**	**2761**
北　京	1091	13	40	63	45	416	136	378
天　津	578	0	188	0	51	54	278	7
河　北	200	0	30	0	20	100	50	0
山　西	292	16	75	13	20	100	25	43
内蒙古	111	21	6	8	12	16	38	10
辽　宁	36	0	0	0	0	0	0	36
吉　林	341	43	18	23	10	220	27	0
黑龙江	85	7	9	16	8	25	20	0
上　海	1370	50	470	20	130	200	450	50
江　苏	311	80	31	60	50	50	20	20
浙　江	294	40	70	30	60	30	40	24
安　徽	24	0	6	0	8	0	0	10
福　建	987	10	60	5	5	47	0	860
江　西	2453	0	0	0	0	2150	300	3
山　东	1678	40	36	159	211	526	584	122
河　南	255	20	40	20	30	101	44	0
湖　北	110	0	70	0	20	0	0	20
湖　南	29	0	10	11	0	0	0	8
广　东	619	13	122	33	120	37	4	290
广　西	310	0	22	0	9	5	4	270
海　南	330	108	40	70	15	63	17	17
重　庆	331	13	21	1	2	24	29	241
四　川	0	0	0	0	0	0	0	0
贵　州	66	10	13	10	5	10	18	0
云　南	491	12	102	0	16	114	63	184
西　藏	1200	300	300	0	0	300	300	0
陕　西	415	72	101	25	15	77	82	43
甘　肃	100	0	0	0	0	0	0	100
青　海	59	10	8	4	6	8	11	12
宁　夏	452	62	34	113	53	146	44	0
新　疆	65	0	1	0	5	25	21	13
新疆生产建设兵团	15	0	10	0	5	0	0	0

7—3 续表 14

地　　区	合　计（个次）	参加活动的学会、协会、研究会						
		科普日		科技周		日常		其他
		科技进村	科教进社区	科技进村	科教进社区	科技进村	科教进社区	
合　　计	**4683**	**306**	**392**	**219**	**285**	**1074**	**1768**	**639**
北　　京	679	3	0	37	40	462	1	136
天　　津	253	0	9	0	12	54	178	0
河　　北	21	0	10	0	5	0	6	0
山　　西	60	0	30	0	20	0	10	0
内 蒙 古	62	10	12	8	9	13	10	0
辽　　宁	0	0	0	0	0	0	0	0
吉　　林	53	2	11	11	5	8	16	0
黑 龙 江	50	15	0	15	0	20	0	0
上　　海	0	0	0	0	0	0	0	0
江　　苏	4	2	0	2	0	0	0	0
浙　　江	63	11	19	7	3	9	11	3
安　　徽	50	0	40	0	10	0	0	0
福　　建	43	8	8	4	4	1	0	18
江　　西	3	0	0	0	0	3	0	0
山　　东	362	10	9	58	72	104	109	0
河　　南	3	0	1	0	1	0	1	0
湖　　北	5	0	0	0	0	0	5	0
湖　　南	12	0	8	3	1	0	0	0
广　　东	280	10	20	20	20	0	0	210
广　　西	70	0	33	0	20	7	10	0
海　　南	24	2	2	2	2	6	5	5
重　　庆	73	3	16	1	1	1	1	50
四　　川	0	0	0	0	0	0	0	0
贵　　州	12	4	0	4	0	4	0	0
云　　南	57	0	11	0	4	2	18	22
西　　藏	1770	170	100	0	0	200	1300	0
陕　　西	67	10	17	10	10	10	10	0
甘　　肃	52	0	0	0	0	0	0	52
青　　海	75	8	6	4	4	6	4	43
宁　　夏	210	38	24	33	32	60	23	0
新　　疆	270	0	6	0	10	104	50	100
新疆生产建设兵团	0	0	0	0	0	0	0	0

7—3 续表 15

地区	覆盖村 合计（个）	覆盖村 科普日科技进村	覆盖村 科技周科技进村	覆盖村 日常科技进村	覆盖社区 合计（个）	覆盖社区 科普日科教进社区	覆盖社区 科技周科教进社区	覆盖社区 日常科教进社区
合计	**9089**	**2476**	**2221**	**4392**	**6351**	**1020**	**1904**	**3427**
北京	284	9	60	215	356	127	153	76
天津	54	0	0	54	61	8	7	46
河北	100	0	0	100	15	3	5	7
山西	652	36	27	589	229	81	90	58
内蒙古	21	6	5	10	94	8	7	79
辽宁	40	10	20	10	50	30	10	10
吉林	1210	30	155	1025	95	12	10	73
黑龙江	54	6	10	38	37	7	13	17
上海	25	10	5	10	97	41	25	31
江苏	590	310	110	170	580	250	170	160
浙江	53	18	15	20	79	26	20	33
安徽	84	1	1	82	95	6	2	87
福建	125	3	1	121	3	2	1	0
江西	864	4	0	860	80	1	30	49
山东	3070	1525	1545	0	3363	137	1198	2028
河南	41	1	2	38	19	9	2	8
湖北	0	0	0	0	22	5	5	12
湖南	11	1	10	0	9	4	2	3
广东	125	38	76	11	288	32	34	222
广西	3	3	0	0	31	11	15	5
海南	174	47	47	80	29	8	3	18
重庆	34	18	1	15	125	37	46	42
四川	1	0	0	1	3	0	0	3
贵州	233	25	55	153	14	12	0	2
云南	72	1	0	71	105	5	2	98
西藏	700	300	0	400	200	100	0	100
陕西	60	24	5	31	56	16	4	36
甘肃	46	0	0	46	46	3	3	40
青海	45	22	4	19	27	8	6	13
宁夏	185	28	67	90	71	22	28	21
新疆	133	0	0	133	66	5	11	50
新疆生产建设兵团	0	0	0	0	6	4	2	0

7—4 各副省级城市科协、省会城市科协科普活动

城市	合计（次）	举办科普宣讲活动						
		科普日		科技周		日常		其他
		科技进村	科教进社区	科技进村	科教进社区	科技进村	科教进社区	
合计	**6398**	**162**	**403**	**94**	**312**	**329**	**4146**	**952**
副省级城市小计	**2129**	**92**	**325**	**37**	**132**	**161**	**903**	**479**
宁波*	317	4	21	1	41	9	235	6
厦门*	22	0	0	0	0	0	12	10
深圳*	84	0	22	0	20	0	20	22
青岛*	73	1	1	1	1	5	17	47
大连*	77	7	8	7	9	10	6	30
省会城市小计	**5825**	**150**	**351**	**85**	**241**	**305**	**3856**	**837**
石家庄	63	0	1	1	0	1	0	60
太原	346	10	7	6	3	30	50	240
呼和浩特	25	2	1	0	2	2	18	0
沈阳*	106	9	7	7	9	26	26	22
长春*	0	0	0	0	0	0	0	0
哈尔滨*	48	0	5	0	10	13	20	0
南京*	147	4	14	3	16	7	19	84
杭州*	594	2	57	2	3	11	444	75
合肥	33	6	10	4	5	3	0	5
福州	89	9	12	8	8	22	30	0
南昌	142	5	0	4	21	21	85	6
济南*	284	59	63	9	12	26	67	48
郑州	3107	0	4	0	107	0	2996	0
武汉*	157	5	8	4	3	5	10	122
长沙	3	0	0	0	0	0	0	3
广州*	57	1	9	3	8	3	22	11
南宁	24	0	1	1	0	2	0	20
海口	115	20	20	15	15	20	15	10
成都*	150	0	105	0	0	45	0	0
贵阳	9	0	4	0	1	3	1	0
昆明	36	4	10	1	5	0	2	14
拉萨	13	0	0	0	0	0	0	13
西安*	13	0	5	0	0	1	5	2
兰州	180	1	1	2	2	41	31	102
西宁	50	5	4	5	4	20	12	0
银川	22	6	1	8	5	1	1	0
乌鲁木齐	12	2	2	2	2	2	2	0

注：城市名称后带“*”的为副省级城市，包括省会城市中带“*”的

7—4 续表 1

城　市	合　计（人次）	宣讲活动受众人数						
		科普日		科技周		日常		其他
		科技进村	科教进社区	科技进村	科教进社区	科技进村	科教进社区	
合　计	**3120896**	**115270**	**331235**	**141662**	**242930**	**367532**	**776180**	**1146087**
副省级城市小计	**1605301**	**32000**	**183020**	**46282**	**102450**	**158732**	**433880**	**648937**
宁　波＊	33400	150	80	150	80	1000	30440	1500
厦　门＊	20000	0	0	0	0	0	13500	6500
深　圳＊	50000	0	20000	0	5000	0	15000	10000
青　岛＊	144890	800	1600	700	1500	9500	37900	92890
大　连＊	103000	6000	6500	6200	8000	8700	7600	60000
省会城市小计	**2769606**	**108320**	**303055**	**134612**	**228350**	**348332**	**671740**	**975197**
石家庄	147000	0	1000	1100	0	900	0	144000
太　原	107300	2000	7500	1200	600	6000	15000	75000
呼和浩特	6000	700	200	0	200	200	4700	0
沈　阳＊	32000	2000	1000	2000	1000	4000	5000	17000
长　春＊	0	0	0	0	0	0	0	0
哈尔滨＊	9470	0	1950	0	2220	3700	1600	0
南　京＊	96000	2300	7000	2000	17000	2500	5000	60200
杭　州＊	91620	600	14850	5300	10100	14000	17000	29770
合　肥	25600	4800	8000	3500	4500	2400	0	2400
福　州	6700	700	900	200	400	1500	3000	0
南　昌	49800	8000	0	10000	10000	14800	5000	2000
济　南＊	200000	10000	20000	5000	20000	10000	130000	5000
郑　州	128100	0	15000	0	3500	0	109600	0
武　汉＊	233571	4150	9600	4932	5000	6332	8840	194717
长　沙	200000	0	0	0	0	0	0	200000
广　州＊	447450	6000	66440	20000	32550	70000	118600	133860
南　宁	11900	0	1600	2300	0	5000	0	3000
海　口	69750	18000	8000	13000	5500	15000	6500	3750
成　都＊	30000	0	13000	0	0	17000	0	0
贵　阳	39865	0	19865	0	5000	10000	5000	0
昆　明	36580	6270	11950	80	5780	0	500	12000
拉　萨	25000	0	0	0	0	0	0	25000
西　安＊	113900	0	21000	0	0	12000	43400	37500
兰　州	94000	1000	1000	1000	1000	30000	30000	30000
西　宁	98000	10000	4000	10000	4000	50000	20000	0
银　川	48000	12000	6000	12000	6000	6000	6000	0
乌鲁木齐	422000	19800	63200	41000	94000	67000	137000	0

7—4 续表 2

城市	举办科普宣讲活动							
	合计（次）	#院士科普报告会						
		科普日		科技周		日常		其他
		科技进村	科教进社区	科技进村	科教进社区	科技进村	科教进社区	
合　计	**83**	**6**	**8**	**6**	**10**	**13**	**13**	**27**
副省级城市小计	**61**	**4**	**8**	**4**	**9**	**11**	**3**	**22**
宁　波*	6	2	0	0	0	0	0	4
厦　门*	0	0	0	0	0	0	0	0
深　圳*	5	0	2	0	1	0	0	2
青　岛*	1	0	0	0	0	0	0	1
大　连*	20	2	4	4	4	4	2	0
省会城市小计	**51**	**2**	**2**	**2**	**5**	**9**	**11**	**20**
石家庄	3	0	0	0	0	0	0	3
太　原	6	0	0	0	1	0	5	0
呼和浩特	2	0	0	0	0	0	2	0
沈　阳*	5	0	0	0	0	0	0	5
长　春*	0	0	0	0	0	0	0	0
哈尔滨*	4	0	1	0	1	1	1	0
南　京*	2	0	0	0	1	0	0	1
杭　州*	6	0	0	0	0	0	0	6
合　肥	0	0	0	0	0	0	0	0
福　州	3	0	0	0	0	1	2	0
南　昌	0	0	0	0	0	0	0	0
济　南*	6	0	0	0	0	6	0	0
郑　州	0	0	0	0	0	0	0	0
武　汉*	0	0	0	0	0	0	0	0
长　沙	0	0	0	0	0	0	0	0
广　州*	6	0	1	0	2	0	0	3
南　宁	0	0	0	0	0	0	0	0
海　口	0	0	0	0	0	0	0	0
成　都*	0	0	0	0	0	0	0	0
贵　阳	2	0	0	0	0	1	1	0
昆　明	0	0	0	0	0	0	0	0
拉　萨	2	0	0	0	0	0	0	2
西　安*	0	0	0	0	0	0	0	0
兰　州	0	0	0	0	0	0	0	0
西　宁	0	0	0	0	0	0	0	0
银　川	4	2	0	2	0	0	0	0
乌鲁木齐	0	0	0	0	0	0	0	0

注：城市名称后带“*”的为副省级城市，包括省会城市中带“*”的

7—4 续表 3

城市	举办科普宣讲活动							
	合计（次）	#举办专题展览						
		科普日		科技周		日常		其他
		科技进村	科教进社区	科技进村	科教进社区	科技进村	科教进社区	
合　计	**330**	**55**	**83**	**27**	**43**	**29**	**57**	**36**
副省级城市小计	**215**	**38**	**65**	**12**	**22**	**16**	**40**	**22**
宁　波*	1	1	0	0	0	0	0	0
厦　门*	7	0	0	0	0	0	7	0
深　圳*	20	0	0	0	0	0	10	10
青　岛*	1	0	0	0	0	0	0	1
大　连*	17	2	4	3	4	2	2	0
省会城市小计	**284**	**52**	**79**	**24**	**39**	**27**	**38**	**25**
石家庄	1	0	0	0	0	0	0	1
太　原	2	0	2	0	0	0	0	0
呼和浩特	3	1	0	0	1	0	1	0
沈　阳*	11	2	0	0	2	3	3	1
长　春*	0	0	0	0	0	0	0	0
哈尔滨*	6	0	1	0	2	0	3	0
南　京*	5	1	1	1	1	0	1	0
杭　州*	16	1	0	0	0	5	0	10
合　肥	14	3	3	2	2	1	0	3
福　州	24	2	3	3	2	6	8	0
南　昌	15	3	0	0	6	0	0	6
济　南*	108	31	50	7	10	5	5	0
郑　州	6	0	1	0	1	0	4	0
武　汉*	0	0	0	0	0	0	0	0
长　沙	0	0	0	0	0	0	0	0
广　州*	20	0	6	1	3	1	9	0
南　宁	1	0	0	1	0	0	0	0
海　口	36	8	6	8	6	5	3	0
成　都*	0	0	0	0	0	0	0	0
贵　阳	2	0	1	0	1	0	0	0
昆　明	5	0	1	0	1	0	0	3
拉　萨	0	0	0	0	0	0	0	0
西　安*	3	0	3	0	0	0	0	0
兰　州	6	0	1	1	1	1	1	1
西　宁	0	0	0	0	0	0	0	0
银　川	0	0	0	0	0	0	0	0
乌鲁木齐	0	0	0	0	0	0	0	0

7—4 续表 4

城市	举办科普宣讲活动							
	合计（次）	# 流动科技馆巡展						
		科普日		科技周		日常		其他
		科技进村	科教进社区	科技进村	科教进社区	科技进村	科教进社区	
合　　计	**430**	**14**	**26**	**20**	**20**	**57**	**113**	**180**
副省级城市小计	**241**	**7**	**16**	**9**	**12**	**22**	**86**	**89**
宁　　波 *	2	0	0	0	0	0	0	2
厦　　门 *	0	0	0	0	0	0	0	0
深　　圳 *	0	0	0	0	0	0	0	0
青　　岛 *	23	1	1	1	1	4	14	1
大　　连 *	0	0	0	0	0	0	0	0
省会城市小计	**405**	**13**	**25**	**19**	**19**	**53**	**99**	**177**
石 家 庄	6	0	0	0	0	0	0	6
太　　原	3	0	3	0	0	0	0	0
呼和浩特	8	1	1	0	1	2	3	0
沈　　阳 *	20	2	2	2	2	3	3	6
长　　春 *	0	0	0	0	0	0	0	0
哈 尔 滨 *	3	0	2	0	1	0	0	0
南　　京 *	17	1	4	1	4	0	1	6
杭　　州 *	6	0	1	1	1	1	0	2
合　　肥	6	0	1	2	1	1	0	1
福　　州	0	0	0	0	0	0	0	0
南　　昌	0	0	0	0	0	0	0	0
济　　南 *	73	1	2	1	1	8	60	0
郑　　州	0	0	0	0	0	0	0	0
武　　汉 *	83	1	2	2	1	3	6	68
长　　沙	0	0	0	0	0	0	0	0
广　　州 *	11	1	1	1	1	2	2	3
南　　宁	0	0	0	0	0	0	0	0
海　　口	0	0	0	0	0	0	0	0
成　　都 *	0	0	0	0	0	0	0	0
贵　　阳	3	0	2	0	0	1	0	0
昆　　明	0	0	0	0	0	0	0	0
拉　　萨	0	0	0	0	0	0	0	0
西　　安 *	3	0	1	0	0	1	0	1
兰　　州	122	1	0	1	1	20	15	84
西　　宁	25	2	2	3	0	10	8	0
银　　川	10	2	0	4	4	0	0	0
乌鲁木齐	6	1	1	1	1	1	1	0

注：城市名称后带“ * ”的为副省级城市，包括省会城市中带“ * ”的

7—4 续表 5

城市	宣讲活动受众人数							
	合计（人次）	#流动科技馆巡展受众人数						
		科普日		科技周		日常		其他
		科技进村	科教进社区	科技进村	科教进社区	科技进村	科教进社区	
合　计	**1135350**	**38150**	**108065**	**59832**	**80900**	**207182**	**327940**	**313281**
副省级城市小计	**703885**	**12150**	**51600**	**24132**	**36800**	**91332**	**200040**	**287831**
宁　波*	800	0	0	0	0	0	0	800
厦　门*	0	0	0	0	0	0	0	0
深　圳*	0	0	0	0	0	0	0	0
青　岛*	47200	800	1600	700	1500	4500	20900	17200
大　连*	0	0	0	0	0	0	0	0
省会城市小计	**1087350**	**37350**	**106465**	**59132**	**79400**	**202682**	**307040**	**295281**
石家庄	5000	0	0	0	0	0	0	5000
太　原	6000	0	6000	0	0	0	0	0
呼和浩特	1000	200	100	0	100	200	400	0
沈　阳*	2000	200	300	200	300	300	300	400
长　春*	0	0	0	0	0	0	0	0
哈尔滨*	1800	0	600	0	1200	0	0	0
南　京*	54000	1000	3000	1000	2800	0	1000	45200
杭　州*	30350	0	1500	300	2000	2200	0	24350
合　肥	3600	0	1200	800	800	350	0	450
福　州	0	0	0	0	0	0	0	0
南　昌	0	0	0	0	0	0	0	0
济　南*	103000	5000	7000	3000	5000	10000	73000	0
郑　州	0	0	0	0	0	0	0	0
武　汉*	159735	150	1600	932	1000	2332	4840	148881
长　沙	0	0	0	0	0	0	0	0
广　州*	290000	5000	34000	18000	23000	68000	100000	42000
南　宁	0	0	0	0	0	0	0	0
海　口	0	0	0	0	0	0	0	0
成　都*	0	0	0	0	0	0	0	0
贵　阳	29865	0	19865	0	0	10000	0	0
昆　明	0	0	0	0	0	0	0	0
拉　萨	0	0	0	0	0	0	0	0
西　安*	15000	0	2000	0	0	4000	0	9000
兰　州	80000	1000	0	1000	1000	27000	30000	20000
西　宁	86000	10000	4000	10000	0	50000	12000	0
银　川	20000	5000	0	9000	6000	0	0	0
乌鲁木齐	200000	9800	25300	14900	36200	28300	85500	0

7—4 续表 6

城市	举办科普宣讲活动							
	合计（次）	#开展科技咨询						
		科普日		科技周		日常		其他
		科技进村	科教进社区	科技进村	科教进社区	科技进村	科教进社区	
合计	**643**	**77**	**86**	**36**	**44**	**117**	**147**	**136**
副省级城市小计	**302**	**35**	**44**	**9**	**21**	**48**	**54**	**91**
宁波*	22	1	1	1	1	9	9	0
厦门*	4	0	0	0	0	0	0	4
深圳*	50	0	20	0	10	0	10	10
青岛*	3	0	0	0	0	1	0	2
大连*	0	0	0	0	0	0	0	0
省会城市小计	**564**	**76**	**65**	**35**	**33**	**107**	**128**	**120**
石家庄	2	0	1	1	0	0	0	0
太原	55	10	2	6	2	10	25	0
呼和浩特	12	0	0	0	0	0	12	0
沈阳*	70	5	5	5	5	20	20	10
长春*	0	0	0	0	0	0	0	0
哈尔滨*	11	0	1	0	0	10	0	0
南京*	7	1	2	1	2	0	1	0
杭州*	18	1	3	0	2	2	4	6
合肥	12	3	5	0	2	1	0	1
福州	62	7	9	5	6	15	20	0
南昌	11	2	0	4	2	0	3	0
济南*	96	27	11	1	1	6	2	48
郑州	0	0	0	0	0	0	0	0
武汉*	10	0	0	0	0	0	0	10
长沙	0	0	0	0	0	0	0	0
广州*	4	0	0	1	0	0	3	0
南宁	1	0	1	0	0	0	0	0
海口	55	10	10	5	5	10	10	5
成都*	0	0	0	0	0	0	0	0
贵阳	2	0	1	0	0	1	0	0
昆明	31	4	9	1	4	0	2	11
拉萨	11	0	0	0	0	0	0	11
西安*	7	0	1	0	0	0	5	1
兰州	52	0	0	0	0	20	15	17
西宁	21	3	2	2	0	10	4	0
银川	8	2	1	2	1	1	1	0
乌鲁木齐	6	1	1	1	1	1	1	0

注：城市名称后带“*”的为副省级城市，包括省会城市中带“*”的

7—4 续表 7

城　　市	合　计（项）	推广新技术、新品种						
		科普日		科技周		日常		其他
		科技进村	科教进社区	科技进村	科教进社区	科技进村	科教进社区	
合　　计	**626**	**108**	**10**	**105**	**4**	**256**	**83**	**60**
副省级城市小计	**581**	**108**	**7**	**103**	**2**	**230**	**77**	**54**
宁　　波*	0	0	0	0	0	0	0	0
厦　　门*	0	0	0	0	0	0	0	0
深　　圳*	0	0	0	0	0	0	0	0
青　　岛*	0	0	0	0	0	0	0	0
大　　连*	25	3	7	8	2	3	2	0
省会城市小计	**601**	**105**	**3**	**97**	**2**	**253**	**81**	**60**
石 家 庄	0	0	0	0	0	0	0	0
太　　原	0	0	0	0	0	0	0	0
呼和浩特	2	0	0	0	0	2	0	0
沈　　阳*	120	10	0	10	0	100	0	0
长　　春*	0	0	0	0	0	0	0	0
哈 尔 滨*	82	0	0	0	0	82	0	0
南　　京*	220	45	0	55	0	45	75	0
杭　　州*	1	0	0	0	0	0	0	1
合　　肥	5	0	0	0	0	0	0	5
福　　州	0	0	0	0	0	0	0	0
南　　昌	0	0	0	0	0	0	0	0
济　　南*	128	50	0	30	0	0	0	48
郑　　州	0	0	0	0	0	0	0	0
武　　汉*	5	0	0	0	0	0	0	5
长　　沙	0	0	0	0	0	0	0	0
广　　州*	0	0	0	0	0	0	0	0
南　　宁	2	0	0	0	0	2	0	0
海　　口	2	0	0	0	2	0	0	0
成　　都*	0	0	0	0	0	0	0	0
贵　　阳	20	0	0	2	0	18	0	0
昆　　明	3	0	3	0	0	0	0	0
拉　　萨	0	0	0	0	0	0	0	0
西　　安*	0	0	0	0	0	0	0	0
兰　　州	1	0	0	0	0	0	0	1
西　　宁	0	0	0	0	0	0	0	0
银　　川	0	0	0	0	0	0	0	0
乌鲁木齐	10	0	0	0	0	4	6	0

7—4 续表 8

城市	合计（分钟）	播放科技广播、影视节目						
		科普日		科技周		日常		其他
		科技进村	科教进社区	科技进村	科教进社区	科技进村	科教进社区	
合计	**183811**	**1811**	**3925**	**3686**	**7510**	**11592**	**28502**	**126785**
副省级城市小计	**72865**	**1121**	**2215**	**96**	**300**	**182**	**6526**	**62425**
宁波*	21140	0	600	0	0	0	540	20000
厦门*	1825	0	0	0	0	0	1825	0
深圳*	200	0	100	0	100	0	0	0
青岛*	3200	0	0	0	0	0	3200	0
大连*	685	121	210	96	95	102	61	0
省会城市小计	**156761**	**1690**	**3015**	**3590**	**7315**	**11490**	**22876**	**106785**
石家庄	1260	0	0	0	0	0	0	1260
太原	1040	0	0	0	0	0	0	1040
呼和浩特	0	0	0	0	0	0	0	0
沈阳*	0	0	0	0	0	0	0	0
长春*	0	0	0	0	0	0	0	0
哈尔滨*	0	0	0	0	0	0	0	0
南京*	45	0	5	0	25	0	0	15
杭州*	40590	0	0	0	0	0	0	40590
合肥	31200	0	0	0	0	0	0	31200
福州	6360	30	30	30	30	3120	3120	0
南昌	0	0	0	0	0	0	0	0
济南*	1680	600	1000	0	80	0	0	0
郑州	780	0	0	0	0	0	780	0
武汉*	400	400	0	0	0	0	0	0
长沙	0	0	0	0	0	0	0	0
广州*	0	0	0	0	0	0	0	0
南宁	0	0	0	0	0	0	0	0
海口	2880	360	180	360	180	360	180	1260
成都*	0	0	0	0	0	0	0	0
贵阳	14826	0	0	0	0	5930	8896	0
昆明	600	0	0	0	0	0	0	600
拉萨	0	0	0	0	0	0	0	0
西安*	3100	0	300	0	0	80	900	1820
兰州	27500	0	0	0	0	0	0	27500
西宁	1500	0	0	0	0	0	0	1500
银川	3000	0	0	2000	1000	0	0	0
乌鲁木齐	20000	300	1500	1200	6000	2000	9000	0

注：城市名称后带“*”的为副省级城市，包括省会城市中带“*”的

7—4 续表 9

城市	播放科技广播、影视节目							
	合计（分钟）	#电台电视台播放科技节目						
		科普日		科技周		日常		其他
		科技进村	科教进社区	科技进村	科教进社区	科技进村	科教进社区	
合　　计	**125911**	**769**	**1452**	**465**	**1547**	**9740**	**16958**	**94980**
副省级城市小计	**47635**	**679**	**1182**	**85**	**287**	**90**	**2062**	**43250**
宁　波*	1020	0	0	0	0	0	180	840
厦　门*	1825	0	0	0	0	0	1825	0
深　圳*	200	0	100	0	100	0	0	0
青　岛*	0	0	0	0	0	0	0	0
大　连*	480	79	82	85	87	90	57	0
省会城市小计	**122386**	**690**	**1270**	**380**	**1360**	**9650**	**14896**	**94140**
石家庄	1260	0	0	0	0	0	0	1260
太　原	0	0	0	0	0	0	0	0
呼和浩特	0	0	0	0	0	0	0	0
沈　阳*	0	0	0	0	0	0	0	0
长　春*	0	0	0	0	0	0	0	0
哈尔滨*	0	0	0	0	0	0	0	0
南　京*	20	0	0	0	20	0	0	0
杭　州*	40590	0	0	0	0	0	0	40590
合　肥	31200	0	0	0	0	0	0	31200
福　州	6360	30	30	30	30	3120	3120	0
南　昌	0	0	0	0	0	0	0	0
济　南*	1680	600	1000	0	80	0	0	0
郑　州	780	0	0	0	0	0	780	0
武　汉*	0	0	0	0	0	0	0	0
长　沙	0	0	0	0	0	0	0	0
广　州*	0	0	0	0	0	0	0	0
南　宁	0	0	0	0	0	0	0	0
海　口	0	0	0	0	0	0	0	0
成　都*	0	0	0	0	0	0	0	0
贵　阳	14826	0	0	0	0	5930	8896	0
昆　明	240	0	0	0	0	0	0	240
拉　萨	0	0	0	0	0	0	0	0
西　安*	1820	0	0	0	0	0	0	1820
兰　州	19030	0	0	0	0	0	0	19030
西　宁	0	0	0	0	0	0	0	0
银　川	80	0	0	50	30	0	0	0
乌鲁木齐	4500	60	240	300	1200	600	2100	0

7—4 续表 10

城　　市	合　计（次）	举办实用技术培训						
		科普日		科技周		日常		其他
		科技进村	科教进社区	科技进村	科教进社区	科技进村	科教进社区	
合　　计	**4317**	**468**	**112**	**331**	**105**	**1891**	**1327**	**83**
副省级城市小计	**3765**	**427**	**77**	**280**	**60**	**1672**	**1215**	**34**
宁　　波*	812	0	0	0	0	812	0	0
厦　　门*	0	0	0	0	0	0	0	0
深　　圳*	0	0	0	0	0	0	0	0
青　　岛*	0	0	0	0	0	0	0	0
大　　连*	190	40	31	29	37	23	30	0
省会城市小计	**3315**	**428**	**81**	**302**	**68**	**1056**	**1297**	**83**
石 家 庄	3	0	0	0	0	3	0	0
太　　原	0	0	0	0	0	0	0	0
呼和浩特	15	0	0	0	0	10	5	0
沈　　阳*	300	20	0	20	0	260	0	0
长　　春*	60	0	0	0	0	50	10	0
哈 尔 滨*	27	10	0	0	1	11	5	0
南　　京*	752	200	0	200	2	200	150	0
杭　　州*	3	0	0	0	0	1	0	2
合　　肥	1	0	0	0	0	0	0	1
福　　州	0	0	0	0	0	0	0	0
南　　昌	20	0	0	0	0	20	0	0
济　　南*	1580	153	46	31	20	310	1020	0
郑　　州	0	0	0	0	0	0	0	0
武　　汉*	36	4	0	0	0	0	0	32
长　　沙	0	0	0	0	0	0	0	0
广　　州*	0	0	0	0	0	0	0	0
南　　宁	1	0	0	0	0	1	0	0
海　　口	30	10	0	5	0	10	0	5
成　　都*	0	0	0	0	0	0	0	0
贵　　阳	188	0	1	4	2	113	68	0
昆　　明	7	2	0	0	0	0	0	5
拉　　萨	18	0	0	0	0	0	0	18
西　　安*	5	0	0	0	0	5	0	0
兰　　州	20	0	0	0	0	0	0	20
西　　宁	12	0	0	0	0	12	0	0
银　　川	32	8	6	3	15	0	0	0
乌鲁木齐	205	21	28	39	28	50	39	0

注：城市名称后带“*”的为副省级城市，包括省会城市中带“*”的

7—4 续表 11

城市	合计（人次）	实用技术培训人数						
		科普日		科技周		日常		其他
		科技进村	科教进社区	科技进村	科教进社区	科技进村	科教进社区	
合　计	**404785**	**44124**	**37277**	**45329**	**32297**	**153367**	**66560**	**25831**
副省级城市小计	**182195**	**30000**	**8100**	**25600**	**6710**	**94295**	**14360**	**3130**
宁　波*	53055	0	0	0	0	53055	0	0
厦　门*	0	0	0	0	0	0	0	0
深　圳*	0	0	0	0	0	0	0	0
青　岛*	0	0	0	0	0	0	0	0
大　连*	22000	3600	4100	3100	3400	3500	4300	0
省会城市小计	**329730**	**40524**	**33177**	**42229**	**28897**	**96812**	**62260**	**25831**
石家庄	2000	0	0	0	0	2000	0	0
太　原	0	0	0	0	0	0	0	0
呼和浩特	600	0	0	0	0	400	200	0
沈　阳*	15000	1500	0	1500	0	12000	0	0
长　春*	700	0	0	0	0	600	100	0
哈尔滨*	6410	2200	0	0	230	2520	1460	0
南　京*	67580	20000	0	20000	80	20000	7500	0
杭　州*	550	0	0	0	0	120	0	430
合　肥	130	0	0	0	0	0	0	130
福　州	0	0	0	0	0	0	0	0
南　昌	5000	0	0	0	0	5000	0	0
济　南*	12100	2100	4000	1000	3000	1000	1000	0
郑　州	0	0	0	0	0	0	0	0
武　汉*	3300	600	0	0	0	0	0	2700
长　沙	0	0	0	0	0	0	0	0
广　州*	0	0	0	0	0	0	0	0
南　宁	130	0	0	0	0	130	0	0
海　口	3000	1000	0	500	0	1000	0	500
成　都*	0	0	0	0	0	0	0	0
贵　阳	24500	0	230	920	460	13834	9056	0
昆　明	611	140	0	0	0	0	0	471
拉　萨	1600	0	0	0	0	0	0	1600
西　安*	1500	0	0	0	0	1500	0	0
兰　州	20000	0	0	0	0	0	0	20000
西　宁	1300	0	0	0	0	1300	0	0
银　川	192	48	36	78	30	0	0	0
乌鲁木齐	163527	12936	28911	18231	25097	35408	42944	0

7—4 续表 12

城 市	合 计（人次）	参加活动科技人员总数						
		科普日		科技周		日常		其他
		科技进村	科教进社区	科技进村	科教进社区	科技进村	科教进社区	
合 计	**341288**	**5986**	**21890**	**14909**	**17860**	**39095**	**37529**	**204019**
副省级城市小计	**327088**	**4439**	**20111**	**13106**	**16092**	**37100**	**35437**	**200803**
宁 波 *	80000	2000	5000	10000	12800	20800	22500	6900
厦 门 *	5100	0	0	0	0	0	3500	1600
深 圳 *	500	0	100	0	50	0	50	300
青 岛 *	1020	10	11	12	12	85	280	610
大 连 *	777	72	80	77	81	75	92	300
省会城市小计	**253891**	**3904**	**16699**	**4820**	**4917**	**18135**	**11107**	**194309**
石家庄	488	0	150	120	0	70	0	148
太 原	2105	30	10	10	5	20	30	2000
呼和浩特	120	50	10	0	10	20	30	0
沈 阳 *	13200	60	20	60	20	1000	30	12010
长 春 *	450	0	0	0	0	300	150	0
哈尔滨 *	134	8	48	0	52	15	11	0
南 京 *	10266	1531	1185	1900	1335	1515	2195	605
杭 州 *	2741	14	2017	19	38	54	465	134
合 肥	535	120	180	80	35	35	0	85
福 州	335	70	100	25	30	90	20	0
南 昌	1860	500	0	300	400	160	200	300
济 南 *	342	30	100	50	100	40	10	12
郑 州	520	0	75	0	80	0	365	0
武 汉 *	186041	162	1608	938	1004	2336	4846	175147
长 沙	78	0	0	0	0	0	0	78
广 州 *	4657	552	1262	50	600	280	1008	905
南 宁	242	0	85	22	0	30	0	105
海 口	290	50	30	50	30	50	30	50
成 都 *	18000	0	7500	0	0	10500	0	0
贵 阳	968	0	87	108	84	401	288	0
昆 明	406	52	134	4	31	0	15	170
拉 萨	130	0	0	0	0	0	0	130
西 安 *	3860	0	1180	0	0	100	300	2280
兰 州	280	10	10	10	10	100	40	100
西 宁	550	50	40	50	60	200	100	50
银 川	1350	300	150	450	200	150	100	0
乌鲁木齐	3943	315	718	574	793	669	874	0

注：城市名称后带“*”的为副省级城市，包括省会城市中带“*”的

7—4 续表 13

城市	参加活动科技人员总数							
	合计（人次）	#专家人数						
		科普日		科技周		日常		其他
		科技进村	科教进社区	科技进村	科教进社区	科技进村	科教进社区	
合　计	**16779**	**1736**	**2191**	**2111**	**1654**	**2860**	**3506**	**2721**
副省级城市小计	**11329**	**1295**	**1465**	**1570**	**905**	**1811**	**2746**	**1537**
宁　波*	90	10	8	10	8	32	22	0
厦　门*	520	0	0	0	0	0	370	150
深　圳*	0	0	0	0	0	0	0	0
青　岛*	222	5	6	4	5	37	66	99
大　连*	170	21	24	27	20	25	23	30
省会城市小计	**15777**	**1700**	**2153**	**2070**	**1621**	**2766**	**3025**	**2442**
石家庄	89	0	10	7	0	25	0	47
太　原	1010	10	0	0	0	0	0	1000
呼和浩特	50	10	2	0	2	6	30	0
沈　阳*	300	20	0	20	0	260	0	0
长　春*	230	0	0	0	0	180	50	0
哈尔滨*	70	0	30	0	26	10	4	0
南　京*	7303	1205	755	1500	795	1120	1570	358
杭　州*	798	10	144	7	26	50	450	111
合　肥	81	14	35	16	10	6	0	0
福　州	205	30	60	15	20	60	20	0
南　昌	0	0	0	0	0	0	0	0
济　南*	121	21	80	0	20	0	0	0
郑　州	0	0	0	0	0	0	0	0
武　汉*	270	0	0	0	0	0	0	270
长　沙	0	0	0	0	0	0	0	0
广　州*	215	3	38	2	5	7	41	119
南　宁	89	0	43	15	0	11	0	20
海　口	90	30	0	15	0	30	0	15
成　都*	0	0	0	0	0	0	0	0
贵　阳	688	0	55	95	65	350	123	0
昆　明	169	35	100	0	22	0	0	12
拉　萨	0	0	0	0	0	0	0	0
西　安*	1020	0	380	0	0	90	150	400
兰　州	180	5	5	5	5	60	20	80
西　宁	180	10	10	10	20	100	20	10
银　川	26	0	0	10	16	0	0	0
乌鲁木齐	2593	297	406	353	589	401	547	0

7—4 续表 14

城市	合计（个次）	参加活动的学会、协会、研究会						
		科普日		科技周		日常		其他
		科技进村	科教进社区	科技进村	科教进社区	科技进村	科教进社区	
合计	**2367**	**228**	**399**	**173**	**297**	**246**	**231**	**793**
副省级城市小计	**1165**	**175**	**287**	**100**	**228**	**128**	**114**	**133**
宁波*	170	30	30	20	30	30	20	10
厦门*	11	0	0	0	0	0	8	3
深圳*	40	0	10	0	10	0	0	20
青岛*	28	0	0	0	0	3	1	24
大连*	112	20	17	21	17	20	17	0
省会城市小计	**2006**	**178**	**342**	**132**	**240**	**193**	**185**	**736**
石家庄	7	0	0	0	0	2	0	5
太原	500	0	0	0	0	0	0	500
呼和浩特	15	3	5	0	5	0	2	0
沈阳*	50	5	0	5	0	40	0	0
长春*	0	0	0	0	0	0	0	0
哈尔滨*	29	0	16	0	13	0	0	0
南京*	256	48	56	45	61	10	15	21
杭州*	127	12	33	9	14	20	22	17
合肥	38	5	18	5	6	2	2	0
福州	55	7	9	6	8	10	15	0
南昌	138	0	0	0	0	0	0	138
济南*	265	60	100	0	80	5	20	0
郑州	0	0	0	0	0	0	0	0
武汉*	10	0	0	0	0	0	0	10
长沙	47	6	13	5	6	5	12	0
广州*	67	0	25	0	3	0	11	28
南宁	0	0	0	0	0	0	0	0
海口	0	0	0	0	0	0	0	0
成都*	0	0	0	0	0	0	0	0
贵阳	170	0	10	20	10	80	50	0
昆明	61	9	29	0	11	0	7	5
拉萨	0	0	0	0	0	0	0	0
西安*	0	0	0	0	0	0	0	0
兰州	12	0	0	0	0	0	0	12
西宁	0	0	0	0	0	0	0	0
银川	118	20	22	32	15	13	16	0
乌鲁木齐	41	3	6	5	8	6	13	0

注：城市名称后带“*”的为副省级城市，包括省会城市中带“*”的

7—4 续表 15

城　　市	覆盖村 合　计（个）	覆盖村 科普日科技进村	覆盖村 科技周科技进村	覆盖村 日常科技进村	覆盖社区 合　计（个）	覆盖社区 科普日科教进社区	覆盖社区 科技周科教进社区	覆盖社区 日常科教进社区
合　　计	**2258**	**431**	**272**	**1555**	**3565**	**870**	**770**	**1925**
副省级城市小计	**1442**	**312**	**174**	**926**	**2049**	**619**	**531**	**869**
宁　　波*	30	0	0	0	30	0	0	0
厦　　门*	0	0	0	0	21	0	0	21
深　　圳*	0	0	0	0	50	20	20	10
青　　岛*	7	1	1	5	19	1	1	17
大　　连*	84	30	17	37	141	45	44	52
省会城市小计	**2153**	**396**	**253**	**1504**	**3304**	**794**	**695**	**1815**
石 家 庄	63	0	7	56	5	5	0	0
太　　原	206	0	6	200	10	7	0	3
呼和浩特	21	17	0	4	20	2	2	16
沈　　阳*	800	100	100	600	350	50	50	250
长　　春*	40	0	0	40	74	0	0	74
哈 尔 滨*	193	96	1	96	122	63	55	4
南　　京*	145	45	45	55	816	304	312	200
杭　　州*	23	3	2	18	217	34	13	170
合　　肥	14	5	7	2	37	20	10	7
福　　州	13	7	6	0	90	0	30	60
南　　昌	30	5	4	21	106	0	21	85
济　　南*	70	30	0	40	75	40	25	10
郑　　州	0	0	0	0	321	107	107	107
武　　汉*	14	5	4	5	21	8	3	10
长　　沙	8	4	2	2	31	13	6	12
广　　州*	30	2	4	24	90	36	8	46
南　　宁	50	0	23	27	12	12	0	0
海　　口	38	18	13	7	35	16	11	8
成　　都*	3	0	0	3	16	16	0	0
贵　　阳	62	2	4	56	23	1	2	20
昆　　明	36	35	1	0	52	27	23	2
拉　　萨	0	0	0	0	0	0	0	0
西　　安*	3	0	0	3	7	2	0	5
兰　　州	21	1	0	20	34	1	2	31
西　　宁	70	10	10	50	12	0	0	12
银　　川	26	11	14	1	52	30	15	7
乌鲁木齐	174	0	0	174	676	0	0	676

7—5 各地区地级科协科普活动

地区	合计（次）	举办科普宣讲活动						
		科普日		科技周		日常		其他
		科技进村	科教进社区	科技进村	科教进社区	科技进村	科教进社区	
合计	**33821**	**2774**	**4994**	**3195**	**6993**	**4019**	**9676**	**2170**
北京	6781	75	624	122	1956	277	3448	279
天津	2457	114	421	182	733	278	729	0
河北	257	42	51	30	23	56	34	21
山西	459	98	53	62	53	87	103	3
内蒙古	329	39	64	54	65	48	59	0
辽宁	1677	73	92	71	77	159	1051	154
吉林	459	81	52	46	75	115	88	2
黑龙江	336	41	43	29	55	67	70	31
上海	8233	852	1820	1080	2343	377	1290	471
江苏	1574	147	240	185	292	104	519	87
浙江	670	58	81	56	65	87	209	114
安徽	441	35	62	41	53	114	125	11
福建	223	14	31	20	26	75	53	4
江西	386	59	65	45	48	69	78	22
山东	1346	118	138	143	156	275	469	47
河南	900	60	141	97	112	286	174	30
湖北	379	60	104	44	65	50	50	6
湖南	432	68	111	44	83	54	52	20
广东	871	27	59	50	55	201	251	228
广西	346	37	22	24	18	127	94	24
海南	12	2	2	2	2	2	2	0
重庆	472	58	54	48	52	107	87	66
四川	310	31	46	43	37	53	59	41
贵州	150	25	22	15	19	41	21	7
云南	366	61	24	35	31	90	41	84
西藏	63	4	8	11	9	23	8	0
陕西	178	26	35	17	16	40	26	18
甘肃	2208	292	268	416	223	523	275	211
青海	198	25	21	35	28	38	26	25
宁夏	249	15	14	24	18	106	72	0
新疆	259	55	40	43	30	47	33	11
新疆生产建设兵团	800	82	186	81	175	43	80	153

7—5 续表 1

地　区	合　计（人次）	宣讲活动受众人数						
		科普日		科技周		日常		其他
		科技进村	科教进社区	科技进村	科教进社区	科技进村	科教进社区	
合　计	**24972936**	**2835081**	**3285756**	**1827597**	**4546318**	**3999984**	**5236379**	**3241821**
北　京	3444521	66050	455174	102890	949499	163018	1317190	390700
天　津	2613860	334636	381765	148158	739977	416080	593244	0
河　北	779090	225020	127810	78710	62260	191450	78640	15200
山　西	165720	43900	35400	17580	20420	22300	24120	2000
内蒙古	151000	14680	38900	18100	26220	18800	34300	0
辽　宁	655920	81770	110350	56875	75560	105900	78050	147415
吉　林	226400	13180	16000	16720	116000	32750	26550	5200
黑龙江	286270	28780	26370	21200	30250	54830	51250	73590
上　海	2940601	126586	363584	146123	799636	414101	887944	202627
江　苏	2057734	79688	234480	99912	513660	106574	145130	878290
浙　江	336493	18980	17406	26627	14791	30879	40640	187170
安　徽	207290	10050	38100	19300	28490	50100	60850	400
福　建	266649	31634	23451	26001	23725	105440	52568	3830
江　西	331700	32760	129480	34350	22560	44100	33280	35170
山　东	1846915	102890	197930	211698	238870	450130	568217	77180
河　南	1055380	176730	190300	102550	142000	206500	165300	72000
湖　北	542700	74800	162900	33500	98650	92200	65250	15400
湖　南	344266	57018	69700	29950	55880	59630	48770	23318
广　东	1170070	45560	94746	95480	98750	128380	281754	425400
广　西	462827	62016	43228	39579	32094	130780	114873	40257
海　南	7420	1460	1560	850	1700	925	925	0
重　庆	751890	65043	131384	58057	116886	113013	165407	102100
四　川	638360	71704	103030	82170	108158	128654	85444	59200
贵　州	342090	40800	87910	20900	46230	87450	44600	14200
云　南	1102883	310853	37933	85803	37144	430250	32336	168564
西　藏	79900	2500	7000	9100	14060	42720	4520	0
陕　西	250507	31140	16738	9620	8126	41005	24166	119712
甘　肃	706380	132586	78101	71587	65473	128828	123231	106574
青　海	85900	16110	11578	15360	7882	20110	10530	4330
宁　夏	36210	3780	3800	6470	4940	7800	9420	0
新　疆	853666	492266	35470	77580	21960	132140	46270	47980
新疆生产建设兵团	232324	40111	14178	64797	24467	43147	21610	24014

7—5 续表 2

地区	举办科普宣讲活动							
	合计（次）	#院士科普报告会						
		科普日		科技周		日常		其他
		科技进村	科教进社区	科技进村	科教进社区	科技进村	科教进社区	
合计	**712**	**35**	**108**	**31**	**54**	**44**	**237**	**203**
北京	52	2	2	2	2	2	19	23
天津	7	1	2	2	2	0	0	0
河北	51	7	25	3	0	1	3	12
山西	25	0	0	0	0	0	25	0
内蒙古	19	1	5	1	5	0	7	0
辽宁	6	0	1	0	2	0	0	3
吉林	0	0	0	0	0	0	0	0
黑龙江	50	1	2	5	8	17	17	0
上海	212	0	8	0	11	0	108	85
江苏	51	0	11	0	3	0	3	34
浙江	24	3	8	2	2	1	2	6
安徽	8	1	2	1	0	1	2	1
福建	9	0	3	0	1	0	5	0
江西	14	0	0	0	2	0	7	5
山东	45	2	5	2	7	8	21	0
河南	9	1	1	2	1	1	3	0
湖北	9	0	9	0	0	0	0	0
湖南	18	0	16	0	0	0	0	2
广东	6	0	1	0	0	0	2	3
广西	3	0	0	0	0	1	1	1
海南	0	0	0	0	0	0	0	0
重庆	8	0	1	0	0	0	0	7
四川	3	0	0	0	0	0	0	3
贵州	7	0	0	0	0	0	1	6
云南	22	7	1	5	1	3	3	2
西藏	11	0	1	2	3	5	0	0
陕西	7	0	1	0	1	1	3	1
甘肃	17	2	3	2	2	2	2	4
青海	2	1	0	0	1	0	0	0
宁夏	1	1	0	0	0	0	0	0
新疆	9	5	0	2	0	1	0	1
新疆生产建设兵团	7	0	0	0	0	0	3	4

7—5 续表 3

地区	举办科普宣讲活动							
	合计(次)	#举办专题展览						
		科普日		科技周		日常		其他
		科技进村	科教进社区	科技进村	科教进社区	科技进村	科教进社区	
合计	**6496**	**467**	**1202**	**704**	**1670**	**756**	**1471**	**226**
北京	1323	20	269	31	469	53	437	44
天津	698	21	162	33	245	44	193	0
河北	51	12	11	8	8	6	6	0
山西	79	15	12	10	4	23	12	3
内蒙古	73	11	14	11	15	12	10	0
辽宁	240	15	33	20	20	62	73	17
吉林	22	2	5	2	7	4	1	1
黑龙江	73	7	14	3	12	15	22	0
上海	1551	98	362	205	552	32	299	3
江苏	187	17	52	20	74	8	12	4
浙江	45	8	7	11	6	1	1	11
安徽	147	14	22	15	20	39	37	0
福建	58	5	8	6	8	9	20	2
江西	94	15	15	12	11	14	19	8
山东	291	22	26	21	45	77	89	11
河南	133	15	15	23	15	27	29	9
湖北	107	13	30	10	24	13	16	1
湖南	35	7	12	3	6	3	4	0
广东	179	12	21	28	23	39	47	9
广西	39	2	4	1	2	17	12	1
海南	6	1	1	1	1	1	1	0
重庆	95	14	15	14	13	16	20	3
四川	31	3	6	4	5	5	5	3
贵州	52	10	9	3	8	12	10	0
云南	140	17	15	19	14	13	16	46
西藏	10	1	3	2	2	0	2	0
陕西	40	2	8	2	4	10	12	2
甘肃	533	59	28	154	28	173	53	38
青海	32	5	5	5	4	6	5	2
宁夏	20	3	3	3	3	5	3	0
新疆	59	13	9	12	10	11	4	0
新疆生产建设兵团	53	8	6	12	12	6	1	8

7—5 续表 4

地区	举办科普宣讲活动							
	合计（次）	#流动科技馆巡展						
		科普日		科技周		日常		其他
		科技进村	科教进社区	科技进村	科教进社区	科技进村	科教进社区	
合计	**2434**	**132**	**349**	**149**	**381**	**377**	**905**	**141**
北京	675	0	159	0	167	22	327	0
天津	141	4	16	6	44	6	65	0
河北	3	0	1	0	0	1	1	0
山西	0	0	0	0	0	0	0	0
内蒙古	96	12	25	15	14	11	19	0
辽宁	53	4	6	4	3	15	8	13
吉林	35	3	3	0	3	17	9	0
黑龙江	9	1	2	2	1	1	2	0
上海	275	1	8	13	30	15	200	8
江苏	124	7	12	19	36	16	15	19
浙江	138	13	11	15	7	28	32	32
安徽	58	2	5	3	2	27	19	0
福建	39	0	3	2	2	26	6	0
江西	35	6	7	4	3	4	3	8
山东	163	13	22	16	20	31	40	21
河南	43	2	1	4	2	10	10	14
湖北	16	3	4	2	1	4	2	0
湖南	19	2	8	1	4	3	1	0
广东	179	3	10	3	5	57	97	4
广西	54	10	2	4	1	26	10	1
海南	0	0	0	0	0	0	0	0
重庆	26	3	4	4	4	6	5	0
四川	16	2	1	1	4	4	4	0
贵州	23	3	1	3	1	13	1	1
云南	0	0	0	0	0	0	0	0
西藏	5	0	1	1	1	1	1	0
陕西	35	4	5	7	4	7	1	7
甘肃	38	16	13	2	2	1	2	2
青海	32	5	5	5	5	5	5	2
宁夏	16	3	3	3	3	2	2	0
新疆	74	9	8	9	9	18	18	3
新疆生产建设兵团	14	1	3	1	3	0	0	6

7—5 续表 5

地　区	宣讲活动受众人数							
	合　计（人次）	#流动科技馆巡展受众人数						
		科普日		科技周		日常		其他
		科技进村	科教进社区	科技进村	科教进社区	科技进村	科教进社区	
合　计	**3431100**	**184249**	**385708**	**224709**	**599822**	**549776**	**1091554**	**395282**
北　京	673000	0	102300	0	264200	2000	304500	0
天　津	86900	3500	13700	2900	34400	6000	26400	0
河　北	4000	0	1300	0	0	1700	1000	0
山　西	0	0	0	0	0	0	0	0
内蒙古	62950	4950	15900	5500	10650	5000	20950	0
辽　宁	107000	1000	12800	850	10450	34800	21200	25900
吉　林	18900	6400	1800	0	1200	7800	1700	0
黑龙江	9000	1000	2400	2900	1000	400	1300	0
上　海	430516	1500	38335	4520	85460	21020	277181	2500
江　苏	146200	9198	13498	6360	28170	4580	2394	82000
浙　江	104485	7223	7916	10403	6337	15402	11474	45730
安　徽	38840	1600	2950	5700	1060	16080	11450	0
福　建	75310	0	3800	3200	1800	59320	7190	0
江　西	76860	10680	20720	8980	2980	14000	3000	16500
山　东	764640	59000	61170	101500	89130	166340	227500	60000
河　南	47000	1300	200	2000	1000	6500	8000	28000
湖　北	48800	4100	25700	5200	3000	6600	4200	0
湖　南	10600	1250	3000	500	1600	2250	2000	0
广　东	146300	3800	11850	4300	5750	33500	81300	5800
广　西	59659	16040	4518	10354	1958	17941	8648	200
海　南	0	0	0	0	0	0	0	0
重　庆	80100	5820	6069	11390	10350	17535	28936	0
四　川	103500	6332	2000	3500	9665	70000	12003	0
贵　州	38000	3200	4600	5800	12300	3600	3300	5200
云　南	0	0	0	0	0	0	0	0
西　藏	8000	0	1200	2000	1000	2000	1800	0
陕　西	122052	4800	3500	5500	4000	5500	500	98252
甘　肃	40900	11420	8780	150	750	5000	5300	9500
青　海	36538	5306	7112	5182	4022	6408	6508	2000
宁　夏	26450	3180	3240	5270	3240	4800	6720	0
新　疆	63100	11550	5150	10650	3950	13700	5100	13000
新疆生产建设兵团	1500	100	200	100	400	0	0	700

7—5 续表 6

地　区	举办科普宣讲活动							
	合　计（次）	#开展科技咨询						
		科普日		科技周		日常		其他
		科技进村	科教进社区	科技进村	科教进社区	科技进村	科教进社区	
合　计	**12845**	**1524**	**2019**	**1535**	**2289**	**2122**	**2804**	**552**
北　京	1210	14	55	28	161	66	886	0
天　津	1181	82	180	106	313	223	277	0
河　北	95	12	9	14	8	37	15	0
山　西	309	75	40	37	40	55	62	0
内蒙古	109	15	16	25	23	15	15	0
辽　宁	277	48	28	39	25	36	49	52
吉　林	347	76	24	44	51	94	57	1
黑龙江	164	31	24	18	33	27	25	6
上　海	2574	311	603	337	768	129	375	51
江　苏	671	91	131	112	138	69	100	30
浙　江	127	31	8	26	3	34	23	2
安　徽	173	15	30	20	27	38	43	0
福　建	97	9	15	11	12	33	15	2
江　西	220	31	33	27	29	50	49	1
山　东	492	73	67	81	54	92	116	9
河　南	703	37	124	68	91	245	132	6
湖　北	234	40	61	31	40	27	32	3
湖　南	246	50	66	19	28	36	34	13
广　东	247	12	14	19	24	105	64	9
广　西	162	20	8	17	10	63	39	5
海　南	6	1	1	1	1	1	1	0
重　庆	284	33	29	26	32	75	49	40
四　川	214	22	35	35	23	30	42	27
贵　州	61	12	12	9	9	15	4	0
云　南	144	32	5	8	15	59	8	17
西　藏	13	2	2	3	1	2	3	0
陕　西	73	18	16	6	6	17	9	1
甘　肃	1532	215	190	257	160	345	209	156
青　海	90	12	9	15	12	15	12	15
宁　夏	108	8	7	13	10	37	33	0
新　疆	117	28	23	20	11	17	11	7
新疆生产建设兵团	565	68	154	63	131	35	15	99

7—5 续表 7

地　　区	合　计（项）	推广新技术、新品种						其他
		科普日		科技周		日常		
		科技进村	科教进社区	科技进村	科教进社区	科技进村	科教进社区	
合　计	**7448**	**1155**	**534**	**1229**	**638**	**2656**	**768**	**468**
北　京	135	10	7	19	14	58	7	20
天　津	1078	108	109	142	187	277	255	0
河　北	85	15	11	8	8	30	13	0
山　西	80	26	6	7	6	28	7	0
内蒙古	101	14	16	28	12	22	9	0
辽　宁	565	88	64	90	39	221	43	20
吉　林	59	5	9	11	8	19	7	0
黑龙江	695	44	6	42	3	559	3	38
上　海	102	3	6	5	9	21	8	50
江　苏	789	197	39	186	35	287	26	19
浙　江	65	23	1	18	1	20	0	2
安　徽	46	8	3	8	4	18	5	0
福　建	25	5	0	6	0	14	0	0
江　西	236	27	22	26	36	64	61	0
山　东	912	166	51	145	97	268	165	20
河　南	224	32	13	42	9	104	19	5
湖　北	148	64	11	21	11	25	4	12
湖　南	156	39	6	22	6	55	6	22
广　东	60	9	6	11	5	23	5	1
广　西	72	6	1	19	2	37	4	3
海　南	0	0	0	0	0	0	0	0
重　庆	253	45	5	35	7	112	25	24
四　川	205	38	24	37	26	60	20	0
贵　州	41	10	0	24	1	6	0	0
云　南	60	15	3	9	12	18	3	0
西　藏	9	0	0	0	0	3	6	0
陕　西	66	16	4	16	5	23	1	1
甘　肃	383	56	54	61	7	147	10	48
青　海	25	3	2	5	3	7	4	1
宁　夏	362	59	38	125	66	37	37	0
新　疆	23	4	0	6	0	8	0	5
新疆生产建设兵团	388	20	17	55	19	85	15	177

7—5 续表 8

地区	合计（分钟）	播放科技广播、影视节目						
		科普日		科技周		日常		其他
		科技进村	科教进社区	科技进村	科教进社区	科技进村	科教进社区	
合计	**1515633**	**117024**	**139476**	**116894**	**156916**	**319527**	**441084**	**224712**
北京	4731	135	220	364	676	266	3070	0
天津	78624	870	1321	4720	7746	21205	42762	0
河北	5980	1500	720	450	150	1150	1980	30
山西	5160	3299	192	220	200	295	174	780
内蒙古	21055	1105	1365	1683	2402	2603	11897	0
辽宁	39785	4780	5290	10300	4270	3500	6025	5620
吉林	2240	250	470	200	305	70	945	0
黑龙江	3665	1020	55	90	400	250	1130	720
上海	135387	640	8598	1890	13554	4660	99465	6580
江苏	114211	11080	6440	4680	3570	25250	18820	44371
浙江	20185	15	60	15	105	15	580	19395
安徽	25736	1200	3824	1350	5332	2700	11330	0
福建	8690	585	660	588	542	555	1800	3960
江西	6125	580	395	565	565	1780	2150	90
山东	29230	2670	2240	2180	2485	7420	8835	3400
河南	56630	1800	2600	3170	2820	10070	8710	27460
湖北	22010	185	735	135	145	135	875	19800
湖南	9145	1305	1070	175	130	2325	1150	2990
广东	23548	778	1000	1070	2110	3940	11700	2950
广西	13790	660	620	1210	300	4860	2960	3180
海南	0	0	0	0	0	0	0	0
重庆	75868	1582	4172	832	2282	5470	57840	3690
四川	32982	2183	2065	1890	3065	5548	11521	6710
贵州	17660	120	300	120	300	3760	6760	6300
云南	190403	845	750	534	544	178800	10	8920
西藏	180	0	0	0	120	0	60	0
陕西	3351	971	630	585	318	460	235	152
甘肃	37332	2866	2485	3513	3005	7175	6220	12068
青海	4970	680	540	480	540	450	540	1740
宁夏	3320	300	360	555	450	1015	640	0
新疆	61500	7115	3865	4135	3125	19710	11620	11930
新疆生产建设兵团	462140	65905	86434	69195	95360	4090	109280	31876

7—5 续表 9

地 区	播放科技广播、影视节目							
	合 计（分钟）	#电台电视台播放科技节目						
		科普日		科技周		日常		其他
		科技进村	科教进社区	科技进村	科教进社区	科技进村	科教进社区	
合 计	**814390**	**97602**	**113225**	**96728**	**119693**	**77510**	**218441**	**91191**
北 京	1688	52	96	41	271	262	966	0
天 津	11817	293	264	758	898	2580	7024	0
河 北	2790	300	100	150	100	350	1760	30
山 西	5160	3299	192	220	200	295	174	780
内蒙古	18055	905	1265	1583	2102	2453	9747	0
辽 宁	17565	800	435	8300	650	1190	1070	5120
吉 林	1810	170	350	110	215	20	945	0
黑龙江	3615	1020	35	90	370	250	1130	720
上 海	17910	390	781	1660	2294	4560	8225	0
江 苏	59538	10540	5990	3720	2880	15174	14524	6710
浙 江	6590	15	15	15	15	15	535	5980
安 徽	17320	925	2400	880	2180	2170	8765	0
福 建	7040	345	423	346	350	330	1316	3930
江 西	4750	440	260	450	450	1380	1720	50
山 东	15249	1840	1600	1400	1484	2890	4595	1440
河 南	17298	848	1178	1228	1038	6488	5918	600
湖 北	4910	10	35	10	35	10	10	4800
湖 南	8310	1190	1050	160	120	1850	950	2990
广 东	11698	23	65	110	180	2490	6910	1920
广 西	6330	350	570	870	210	1890	1730	710
海 南	0	0	0	0	0	0	0	0
重 庆	16428	1092	2452	560	650	3808	4586	3280
四 川	27462	1748	1580	1230	2455	4028	9921	6500
贵 州	13340	120	300	120	300	3760	2440	6300
云 南	8838	591	50	400	58	52	10	7677
西 藏	120	0	0	0	60	0	60	0
陕 西	2231	701	570	295	153	220	205	87
甘 肃	33464	2685	1910	3052	2315	5955	5830	11717
青 海	2650	280	300	270	270	240	270	1020
宁 夏	2130	150	170	280	215	800	515	0
新 疆	34380	2545	2355	2345	1815	8940	8310	8070
新疆生产建设兵团	433904	63935	86434	66075	95360	3060	108280	10760

7—5 续表 10

地区	合计（次）	举办实用技术培训						
		科普日		科技周		日常		其他
		科技进村	科教进社区	科技进村	科教进社区	科技进村	科教进社区	
合计	**23264**	**2781**	**1311**	**2386**	**1443**	**10605**	**3574**	**1164**
北京	794	50	33	47	30	202	429	3
天津	1007	78	90	144	106	192	397	0
河北	68	9	5	6	2	41	5	0
山西	409	82	21	24	19	174	89	0
内蒙古	203	70	39	28	36	24	6	0
辽宁	1661	189	79	89	70	896	272	66
吉林	130	31	13	26	12	28	19	1
黑龙江	3111	94	88	128	54	2661	79	7
上海	1501	85	97	113	150	311	653	92
江苏	4167	834	333	679	234	1275	549	263
浙江	17	3	2	4	2	3	1	2
安徽	191	38	31	27	29	44	22	0
福建	356	9	7	11	9	282	34	4
江西	458	36	37	44	45	176	106	14
山东	825	96	36	175	60	297	139	22
河南	309	44	26	39	29	132	33	6
湖北	503	275	3	125	9	69	12	10
湖南	194	59	13	28	8	56	11	19
广东	253	20	12	59	17	100	41	4
广西	229	15	6	28	15	94	35	36
海南	36	6	5	6	6	8	5	0
重庆	452	58	50	44	30	108	85	77
四川	191	28	21	23	24	52	25	18
贵州	873	143	52	69	39	418	152	0
云南	141	18	4	16	4	79	13	7
西藏	42	4	1	12	2	17	6	0
陕西	229	61	27	24	13	86	17	1
甘肃	994	198	54	171	73	365	74	59
青海	143	20	11	17	15	37	13	30
宁夏	556	3	2	5	3	486	57	0
新疆	1510	55	27	63	27	1244	80	14
新疆生产建设兵团	1711	70	86	112	271	648	115	409

7—5 续表 11

地区	合计(人次)	实用技术培训人数						
		科普日		科技周		日常		其他
		科技进村	科教进社区	科技进村	科教进社区	科技进村	科教进社区	
合　计	**3866853**	**573454**	**238108**	**479081**	**280482**	**1539751**	**502899**	**253078**
北　京	60449	6160	4570	6595	4135	17430	21331	228
天　津	121877	8060	6400	17730	13150	47710	28827	0
河　北	8270	1430	450	830	150	4960	450	0
山　西	69942	20500	4200	1850	2250	32000	9142	0
内蒙古	28450	8050	3830	5420	4300	4530	2320	0
辽　宁	374560	59370	37960	48140	23020	127830	42630	35610
吉　林	19550	2950	4350	2400	2250	4750	2800	50
黑龙江	440765	73410	13340	19720	7370	311260	14365	1300
上　海	285701	6850	19427	9300	49419	22985	173336	4384
江　苏	391670	74410	53080	94800	32840	94000	34910	7630
浙　江	2070	561	220	699	190	200	80	120
安　徽	26570	3630	5380	2560	5000	5320	4680	0
福　建	24800	1550	1050	1650	1280	15640	3430	200
江　西	46156	4410	3780	3600	2686	20610	9670	1400
山　东	126806	14280	4528	30414	7849	44195	22940	2600
河　南	73831	4892	7092	4857	4760	43410	7600	1220
湖　北	177646	106830	4800	36740	8400	12650	7350	876
湖　南	32948	8510	5638	5500	3340	6380	1390	2190
广　东	52940	12059	4051	14330	4610	11010	6200	680
广　西	66334	4425	1730	10925	4445	22973	15185	6651
海　南	3055	435	420	430	370	950	450	0
重　庆	53699	6005	4981	4698	3820	16861	8814	8520
四　川	59642	13801	7514	2852	12368	7132	3971	12004
贵　州	39876	8020	2880	5646	1930	13760	7640	0
云　南	69484	2325	700	19152	600	39513	5074	2120
西　藏	3210	200	100	1160	150	1300	300	0
陕　西	39513	7310	3498	2910	1890	18643	4932	330
甘　肃	285220	59472	19941	38758	16975	111300	20196	18578
青　海	12444	1558	711	1195	900	5534	526	2020
宁　夏	67427	730	120	330	150	52797	13300	0
新　疆	170779	16740	6750	16520	11070	98420	17950	3329
新疆生产建设兵团	631169	34521	4617	67370	48815	323698	11110	141038

7—5 续表 12

地区	合计（人次）	参加活动科技人员总数						
		科普日		科技周		日常		其他
		科技进村	科教进社区	科技进村	科教进社区	科技进村	科教进社区	
合计	**822120**	**457282**	**47121**	**52479**	**47917**	**116468**	**73370**	**27483**
北京	29107	2014	4007	1895	6668	2298	11190	1035
天津	19413	1305	3213	2365	4398	4314	3818	0
河北	5676	1148	922	677	592	1184	703	450
山西	3153	1032	337	225	166	1012	310	71
内蒙古	2230	420	436	468	291	347	268	0
辽宁	17087	1979	1019	3302	1399	5452	3236	700
吉林	1575	220	217	220	156	482	272	8
黑龙江	8289	945	418	1429	376	3456	1425	240
上海	19598	887	2419	1160	4516	1758	6173	2685
江苏	68224	13504	7521	9400	7995	7172	12326	10306
浙江	6019	738	470	1280	417	1322	687	1105
安徽	5331	404	1140	587	791	1295	1084	30
福建	6125	455	545	590	550	1123	2787	75
江西	4333	449	800	611	539	853	803	278
山东	11455	1360	1173	1488	1034	3373	2877	150
河南	14776	2895	2222	1530	1481	3853	2450	345
湖北	13275	2505	1660	1310	2250	1306	1294	2950
湖南	13175	2558	3456	1280	1836	1595	2160	290
广东	14057	762	1851	1516	1358	4059	3960	551
广西	6558	1013	499	1053	367	1946	1175	505
海南	62	10	8	12	10	12	10	0
重庆	17423	2394	2133	1641	2099	4809	2347	2000
四川	12249	2770	2069	1632	1517	1007	2196	1058
贵州	4298	589	834	587	365	1375	500	48
云南	11001	2752	1736	1985	866	1776	1023	863
西藏	963	29	108	70	159	550	47	0
陕西	7292	1948	1431	795	929	1114	788	287
甘肃	81620	10767	2721	8848	2995	51632	4258	399
青海	2662	468	345	407	378	556	376	132
宁夏	868	84	96	139	115	259	175	0
新疆	404036	397095	797	1004	614	2613	1220	693
新疆生产建设兵团	10190	1783	518	2973	690	2565	1432	229

7—5 续表 13

地区	参加活动科技人员总数							
	合计（人次）	# 专家人数						
		科普日		科技周		日常		其他
		科技进村	科教进社区	科技进村	科教进社区	科技进村	科教进社区	
合　计	**53247**	**7500**	**6774**	**7433**	**5943**	**13070**	**9493**	**3034**
北　京	2552	139	262	448	426	396	761	120
天　津	2463	189	385	349	613	502	425	0
河　北	337	93	55	39	24	69	57	0
山　西	1043	455	60	75	29	318	67	39
内蒙古	732	174	135	182	74	95	72	0
辽　宁	2436	191	161	324	204	568	808	180
吉　林	372	18	80	110	27	96	39	2
黑龙江	1893	275	123	351	119	689	251	85
上　海	1838	76	233	117	423	261	655	73
江　苏	3245	552	194	716	458	520	619	186
浙　江	2091	317	185	405	131	377	308	368
安　徽	1559	116	343	138	174	450	338	0
福　建	1223	146	165	178	166	330	225	13
江　西	1889	245	480	233	215	337	306	73
山　东	1407	179	126	232	138	437	245	50
河　南	3536	457	405	376	305	1169	695	129
湖　北	1461	450	344	177	55	214	101	120
湖　南	4522	762	1155	395	590	622	880	118
广　东	4782	306	373	581	522	1807	902	291
广　西	1438	214	88	321	88	564	95	68
海　南	36	7	8	5	6	5	5	0
重　庆	2822	341	296	278	276	957	351	323
四　川	2570	680	375	319	297	455	372	72
贵　州	648	83	187	133	59	122	54	10
云　南	1149	321	130	285	99	126	112	76
西　藏	55	4	6	10	4	20	11	0
陕　西	1063	200	108	64	72	300	209	110
甘　肃	1119	164	64	150	98	481	93	69
青　海	147	28	10	24	10	42	18	15
宁　夏	413	47	46	57	46	133	84	0
新　疆	1436	153	113	156	117	349	219	329
新疆生产建设兵团	970	118	79	205	78	259	116	115

7—5 续表 14

地区	合计（个次）	参加活动的学会、协会、研究会						
		科普日		科技周		日常		其他
		科技进村	科教进社区	科技进村	科教进社区	科技进村	科教进社区	
合计	**17771**	**2493**	**2623**	**2684**	**2281**	**3492**	**2725**	**1473**
北京	614	24	71	58	136	101	149	75
天津	487	36	82	69	109	80	111	0
河北	232	56	41	26	20	56	33	0
山西	323	57	51	24	41	94	33	23
内蒙古	452	74	122	98	67	45	46	0
辽宁	591	101	98	91	62	128	83	28
吉林	163	48	8	40	15	46	6	0
黑龙江	655	113	137	98	103	101	93	10
上海	1388	53	137	98	143	111	247	599
江苏	837	126	126	112	156	66	138	113
浙江	415	83	66	131	32	61	20	22
安徽	568	71	110	68	87	125	107	0
福建	300	26	65	28	53	41	84	3
江西	541	57	113	62	75	97	121	16
山东	772	167	93	125	79	164	144	0
河南	709	76	102	89	77	204	151	10
湖北	453	75	109	40	39	91	63	36
湖南	853	92	166	85	128	185	134	63
广东	714	87	99	117	91	194	96	30
广西	577	142	45	113	38	153	51	35
海南	6	2	2	0	2	0	0	0
重庆	752	136	103	86	89	171	132	35
四川	624	119	106	68	88	104	111	28
贵州	338	53	88	42	30	78	27	20
云南	515	116	52	110	50	88	47	52
西藏	72	5	18	7	13	13	16	0
陕西	361	82	63	41	37	89	38	11
甘肃	885	149	93	126	101	248	112	56
青海	866	103	82	144	70	273	180	14
宁夏	738	53	91	279	183	72	60	0
新疆	781	98	69	109	52	193	87	173
新疆生产建设兵团	189	13	15	100	15	20	5	21

7—5 续表 15

地 区	合 计（个）	覆盖村 科普日科技进村	覆盖村 科技周科技进村	覆盖村 日常科技进村	合 计（个）	覆盖社区 科普日科教进社区	覆盖社区 科技周科教进社区	覆盖社区 日常科教进社区
合 计	**39154**	**9679**	**8430**	**21045**	**16746**	**4450**	**4776**	**7520**
北 京	1499	319	445	735	3241	619	1062	1560
天 津	1754	135	382	1237	1371	391	463	517
河 北	467	174	114	179	201	97	46	58
山 西	1603	333	105	1165	277	71	57	149
内蒙古	1144	354	405	385	338	124	104	110
辽 宁	3453	924	610	1919	1331	302	378	651
吉 林	461	146	110	205	183	87	65	31
黑龙江	903	231	318	354	311	101	77	133
上 海	799	136	261	402	1592	307	474	811
江 苏	1942	566	444	932	1333	390	339	604
浙 江	457	143	176	138	138	51	39	48
安 徽	711	86	99	526	236	83	66	87
福 建	358	86	99	173	173	41	48	84
江 西	709	124	186	399	314	90	88	136
山 东	7107	1531	966	4610	1003	224	298	481
河 南	1350	174	276	900	386	72	76	238
湖 北	390	187	103	100	211	113	47	51
湖 南	799	269	257	273	472	193	161	118
广 东	589	128	160	301	550	123	108	319
广 西	914	171	126	617	203	43	39	121
海 南	25	10	10	5	25	10	5	10
重 庆	2897	824	605	1468	1131	384	281	466
四 川	834	198	316	320	262	88	63	111
贵 州	828	176	169	483	141	34	28	79
云 南	905	160	117	628	139	54	39	46
西 藏	76	9	38	29	25	6	11	8
陕 西	879	374	116	389	128	54	14	60
甘 肃	2556	871	624	1061	318	98	85	135
青 海	108	30	32	46	68	19	19	30
宁 夏	183	45	97	41	79	28	22	29
新 疆	826	340	136	350	242	64	63	115
新疆生产建设兵团	1628	425	528	675	324	89	111	124

7—6 各地区县级科协科普活动

地区	合计（次）	举办科普宣讲活动						
		科普日		科技周		日常		其他
		科技进村	科教进社区	科技进村	科教进社区	科技进村	科教进社区	
合计	**125643**	**14760**	**13328**	**17340**	**13308**	**36636**	**24612**	**5659**
北京	143	13	16	17	13	41	23	20
天津	1461	65	82	157	92	944	121	0
河北	3979	549	378	550	289	1424	600	189
山西	3887	683	473	837	514	706	594	80
内蒙古	2915	297	317	511	428	752	579	31
辽宁	16882	1701	2132	1837	1979	3708	4577	948
吉林	5057	521	370	972	380	1909	858	47
黑龙江	6146	643	851	734	548	2462	901	7
上海	255	10	8	15	8	159	51	4
江苏	9656	645	985	978	1591	1680	2874	903
浙江	6746	642	1096	501	890	1428	1829	360
安徽	2170	307	301	289	306	523	427	17
福建	3827	505	438	483	409	1049	788	155
江西	1840	220	209	208	185	584	357	77
山东	6279	614	585	707	669	2084	1358	262
河南	6211	958	558	1002	637	1960	1038	58
湖北	4936	585	740	491	592	1216	1153	159
湖南	5860	987	646	641	573	1575	895	543
广东	2547	145	389	209	405	389	825	185
广西	1291	198	133	177	123	413	206	41
海南	590	106	64	75	46	144	121	34
重庆	428	59	54	46	46	144	77	2
四川	4909	792	550	867	538	1204	709	249
贵州	1967	224	220	239	165	648	394	77
云南	5405	974	463	842	405	1848	660	213
西藏	0	0	0	0	0	0	0	0
陕西	8329	682	468	1919	502	3395	1265	98
甘肃	4752	549	242	809	285	1683	531	653
青海	737	227	77	61	54	242	52	24
宁夏	1056	190	132	247	134	222	131	0
新疆	5382	669	351	919	502	2100	618	223

7—6 续表 1

地区	合计（人次）	宣讲活动受众人数						
		科普日		科技周		日常		其他
		科技进村	科教进社区	科技进村	科教进社区	科技进村	科教进社区	
合　计	**67796064**	**9295744**	**9100190**	**10523337**	**8604754**	**15850361**	**10967285**	**3454393**
北　京	83188	38000	5480	8082	1976	16300	2550	10800
天　津	175300	15464	10537	26005	20556	67017	35721	0
河　北	1718546	317033	151080	275421	112814	529499	259611	73088
山　西	666889	144216	87788	103399	75821	142675	87835	25155
内蒙古	1157824	160693	156267	240354	157398	218167	180975	43970
辽　宁	1664110	164990	211335	216060	255170	361560	340485	114510
吉　林	693637	64174	61573	95332	88441	224597	135071	24449
黑龙江	2116653	366934	204268	383376	250291	597650	313284	850
上　海	238000	2000	2000	2500	2000	150000	78300	1200
江　苏	7720039	935914	999247	1448573	1526878	1020007	1209905	579515
浙　江	3468828	514931	586177	410592	596178	568557	602405	189988
安　徽	1097716	144231	150222	132243	153286	242730	267792	7212
福　建	2222613	318784	284936	261731	245874	539091	393903	178294
江　西	624478	59587	68654	76205	64477	185934	109631	59990
山　东	6153812	614104	920772	782774	715911	1595019	1260357	264875
河　南	6496340	1052375	765598	1166162	807465	1617520	1047920	39300
湖　北	4817378	684392	1190035	442088	647188	733304	823021	297350
湖　南	3424939	551180	547639	493554	363240	738523	506892	223911
广　东	2874621	234179	568350	337591	625099	364739	558727	185936
广　西	2962526	329758	194461	546793	201409	1071292	428691	190122
海　南	174669	31195	17346	35818	21394	30113	27569	11234
重　庆	618550	59050	69750	43840	59720	228680	155910	1600
四　川	4014359	567276	364641	854933	472090	870370	610945	274104
贵　州	1459117	208014	281135	186050	179478	319515	253765	31160
云　南	3435564	743970	534290	650430	354401	699558	278244	174671
西　藏	0	0	0	0	0	0	0	0
陕　西	2294245	281981	233623	288384	172618	822261	387367	108011
甘　肃	2016718	246885	154257	268916	133470	669868	297550	245772
青　海	375142	89849	52328	64142	39766	77936	36949	14172
宁　夏	502670	57570	58395	96260	79580	125640	85225	0
新　疆	2527593	297015	168006	585729	180765	1022239	190685	83154

7—6 续表 2

地　　区	举办科普宣讲活动							
	合　计（次）	# 院士科普报告会						
		科普日		科技周		日常		其他
		科技进村	科教进社区	科技进村	科教进社区	科技进村	科教进社区	
合　　计	**912**	**96**	**159**	**93**	**148**	**88**	**180**	**148**
北　　京	0	0	0	0	0	0	0	0
天　　津	0	0	0	0	0	0	0	0
河　　北	44	6	19	1	5	2	5	6
山　　西	38	10	5	3	2	4	10	4
内 蒙 古	34	4	5	1	7	7	4	6
辽　　宁	14	0	1	0	1	2	5	5
吉　　林	9	0	2	0	3	1	2	1
黑 龙 江	43	9	7	6	7	6	8	0
上　　海	0	0	0	0	0	0	0	0
江　　苏	97	8	16	11	13	10	26	13
浙　　江	138	8	19	31	35	9	11	25
安　　徽	13	3	4	1	1	1	3	0
福　　建	28	4	2	2	2	0	5	13
江　　西	44	1	5	1	9	5	17	6
山　　东	142	10	30	16	33	13	36	4
河　　南	20	2	3	2	4	1	3	5
湖　　北	29	3	6	1	3	1	2	13
湖　　南	32	7	6	4	4	3	6	2
广　　东	14	0	3	0	1	0	6	4
广　　西	3	0	0	1	0	0	1	1
海　　南	8	1	0	0	0	0	0	7
重　　庆	5	0	1	0	0	2	2	0
四　　川	31	4	1	2	2	2	4	16
贵　　州	12	0	5	0	0	2	5	0
云　　南	23	3	2	3	2	4	2	7
西　　藏	0	0	0	0	0	0	0	0
陕　　西	29	4	6	1	4	0	9	5
甘　　肃	24	5	4	2	4	2	3	4
青　　海	6	0	1	0	2	0	3	0
宁　　夏	12	1	3	1	4	1	2	0
新　　疆	20	3	3	3	0	10	0	1

7—6 续表 3

地区	举办科普宣讲活动							
	合计（次）	#举办专题展览						
		科普日		科技周		日常		其他
		科技进村	科教进社区	科技进村	科教进社区	科技进村	科教进社区	
合计	**17791**	**1901**	**2513**	**2706**	**2325**	**4466**	**3323**	**557**
北京	14	0	1	1	1	3	3	5
天津	657	11	16	69	51	415	95	0
河北	773	115	120	104	87	191	143	13
山西	360	65	43	74	41	80	54	3
内蒙古	500	47	86	72	87	90	118	0
辽宁	586	45	151	69	113	91	92	25
吉林	383	25	45	44	47	142	80	0
黑龙江	997	109	127	157	130	281	188	5
上海	0	0	0	0	0	0	0	0
江苏	928	75	140	93	230	107	225	58
浙江	1120	133	274	99	223	147	194	50
安徽	380	53	66	43	68	67	76	7
福建	659	83	100	65	93	160	137	21
江西	218	20	44	20	31	59	36	8
山东	1175	144	161	133	153	272	251	61
河南	1302	189	156	203	160	351	235	8
湖北	1358	134	280	117	192	292	300	43
湖南	423	59	76	54	65	73	76	20
广东	668	42	132	51	129	70	211	33
广西	181	25	30	26	24	40	33	3
海南	160	17	22	26	18	35	30	12
重庆	86	13	13	11	11	20	16	2
四川	438	80	90	50	61	79	62	16
贵州	255	30	45	33	35	68	37	7
云南	758	171	107	128	73	134	80	65
西藏	0	0	0	0	0	0	0	0
陕西	2033	67	68	679	55	836	314	14
甘肃	747	68	44	161	54	239	130	51
青海	142	17	14	27	20	40	17	7
宁夏	162	24	21	33	20	30	34	0
新疆	328	40	41	64	53	54	56	20

7—6 续表 4

地　区	举办科普宣讲活动							
	合　计（次）	#流动科技馆巡展						
		科普日		科技周		日常		其他
		科技进村	科教进社区	科技进村	科教进社区	科技进村	科教进社区	
合　计	**3248**	**438**	**440**	**447**	**427**	**662**	**572**	**262**
北　京	0	0	0	0	0	0	0	0
天　津	0	0	0	0	0	0	0	0
河　北	131	7	11	8	6	42	41	16
山　西	80	35	9	14	7	9	6	0
内蒙古	166	20	30	17	28	44	27	0
辽　宁	28	4	4	3	4	4	2	7
吉　林	119	14	15	31	25	29	5	0
黑龙江	65	11	14	12	11	8	9	0
上　海	4	0	0	0	0	0	0	4
江　苏	336	41	50	54	63	55	54	19
浙　江	277	38	51	33	47	27	42	39
安　徽	88	11	15	10	18	10	22	2
福　建	149	15	13	18	12	34	27	30
江　西	21	3	6	2	1	3	5	1
山　东	257	30	31	35	33	39	76	13
河　南	97	25	11	15	7	28	11	0
湖　北	336	51	57	52	43	73	59	1
湖　南	129	21	15	16	12	29	18	18
广　东	88	4	22	2	26	9	22	3
广　西	66	9	5	10	9	19	10	4
海　南	2	0	0	0	0	0	2	0
重　庆	13	0	2	1	1	2	7	0
四　川	48	6	2	15	5	12	4	4
贵　州	4	0	1	0	0	1	2	0
云　南	1	0	1	0	0	0	0	0
西　藏	0	0	0	0	0	0	0	0
陕　西	106	10	11	14	9	31	19	12
甘　肃	175	40	25	26	17	19	29	19
青　海	41	5	5	10	8	8	3	2
宁　夏	63	8	7	10	11	18	9	0
新　疆	358	30	27	39	24	109	61	68

7—6 续表 5

地　区	宣讲活动受众人数							
	合　计（人次）	#流动科技馆巡展受众人数						
		科普日		科技周		日常		其他
		科技进村	科教进社区	科技进村	科教进社区	科技进村	科教进社区	
合　计	**4667512**	**568445**	**781084**	**525487**	**685928**	**681799**	**1036826**	**387943**
北　京	0	0	0	0	0	0	0	0
天　津	0	0	0	0	0	0	0	0
河　北	99660	10800	9600	7800	6250	27950	19900	17360
山　西	51200	23970	9310	5250	5540	5200	1930	0
内蒙古	125045	15430	11800	42820	15610	27665	11720	0
辽　宁	25175	2125	7200	1500	4100	1850	1000	7400
吉　林	112860	16840	12126	31202	32150	16089	4453	0
黑龙江	54480	9200	17380	7900	5700	8700	5600	0
上　海	1200	0	0	0	0	0	0	1200
江　苏	533970	31556	67802	77482	143012	72320	107578	34220
浙　江	223519	23330	36467	22427	62998	18349	31618	28330
安　徽	91780	12440	18810	4270	20920	7390	25950	2000
福　建	305095	31495	43500	16668	37100	46971	62861	66500
江　西	21180	860	6280	790	145	6185	6520	400
山　东	549593	68526	60074	64755	40740	79724	151589	84185
河　南	134360	39610	15100	18210	9630	31530	20280	0
湖　北	806248	134290	219472	69588	84913	139707	153278	5000
湖　南	243710	33200	33250	47100	48050	36700	35200	10210
广　东	285600	3150	79650	6650	83350	10150	91150	11500
广　西	137111	20218	12880	22487	15400	42376	20550	3200
海　南	1000	0	0	0	0	0	1000	0
重　庆	44400	0	2200	300	1200	1300	39400	0
四　川	150765	2700	2160	13300	9750	3900	110255	8700
贵　州	67001	0	13418	0	0	1500	52083	0
云　南	5320	0	5320	0	0	0	0	0
西　藏	0	0	0	0	0	0	0	0
陕　西	96816	8630	41950	6020	4210	7661	14179	14166
甘　肃	176350	19572	23656	14000	15719	26860	26798	49745
青　海	44242	6200	9600	4500	3600	10142	3100	7100
宁　夏	84125	6720	5305	25580	26670	10000	9850	0
新　疆	195707	47583	16774	14888	9171	41580	28984	36727

7—6 续表 6

地区	举办科普宣讲活动							
	合计（次）	# 开展科技咨询						其他
		科普日		科技周		日常		
		科技进村	科教进社区	科技进村	科教进社区	科技进村	科教进社区	
合计	**80393**	**10708**	**7745**	**12007**	**8061**	**25205**	**14372**	**2295**
北京	28	0	7	1	2	8	10	0
天津	799	53	66	86	39	529	26	0
河北	2358	338	179	389	168	937	271	76
山西	2180	435	243	488	227	487	228	72
内蒙古	1813	200	178	298	229	560	323	25
辽宁	13998	1579	1574	1673	1535	3356	3987	294
吉林	4045	464	262	864	259	1561	590	45
黑龙江	3877	411	312	478	280	1837	558	1
上海	134	7	5	12	6	88	16	0
江苏	3845	376	513	593	815	518	870	160
浙江	2138	373	307	256	294	484	394	30
安徽	1458	212	193	206	195	366	280	6
福建	2543	367	281	354	269	719	495	58
江西	1145	137	108	143	108	410	193	46
山东	3939	377	321	462	391	1464	796	128
河南	4254	694	333	700	399	1435	652	41
湖北	2756	344	340	267	286	787	662	70
湖南	4956	878	517	542	461	1362	725	471
广东	1168	96	103	146	120	280	373	50
广西	888	153	81	123	79	306	130	16
海南	416	88	41	49	27	109	87	15
重庆	287	45	36	32	31	103	40	0
四川	4005	671	409	736	418	1007	575	189
贵州	1385	178	156	184	113	538	160	56
云南	3756	612	295	569	269	1406	488	117
西藏	0	0	0	0	0	0	0	0
陕西	5051	576	353	955	396	2026	692	53
甘肃	2766	359	152	586	182	974	313	200
青海	466	168	40	21	21	186	23	7
宁夏	818	157	100	203	99	173	86	0
新疆	3121	360	240	591	343	1189	329	69

7—6 续表 7

地区	合计(项)	推广新技术、新品种						
		科普日		科技周		日常		其他
		科技进村	科教进社区	科技进村	科教进社区	科技进村	科教进社区	
合　计	**30357**	**4538**	**1803**	**6118**	**2033**	**11781**	**2606**	**1478**
北　京	16	0	0	0	0	16	0	0
天　津	186	25	17	27	20	89	8	0
河　北	1039	203	50	198	35	479	48	26
山　西	708	195	92	68	43	240	53	17
内蒙古	974	179	25	247	29	406	81	7
辽　宁	2042	279	85	334	241	823	136	144
吉　林	729	81	38	102	51	399	32	26
黑龙江	1427	170	79	361	73	595	130	19
上　海	0	0	0	0	0	0	0	0
江　苏	3191	387	165	1179	217	640	420	183
浙　江	1122	150	85	158	105	340	91	193
安　徽	1298	182	93	209	90	590	133	1
福　建	774	112	59	90	76	313	106	18
江　西	417	66	27	73	21	156	48	26
山　东	2439	326	134	383	150	1114	286	46
河　南	1969	370	112	399	135	792	141	20
湖　北	1251	215	126	242	101	397	115	55
湖　南	1925	338	128	322	117	766	161	93
广　东	504	44	17	84	18	258	39	44
广　西	744	104	32	125	38	354	67	24
海　南	102	12	6	10	4	51	14	5
重　庆	189	26	10	24	8	95	16	10
四　川	1938	332	110	415	151	567	182	181
贵　州	315	46	53	57	12	128	10	9
云　南	649	75	24	77	17	357	48	51
西　藏	0	0	0	0	0	0	0	0
陕　西	1140	182	58	210	67	521	71	31
甘　肃	1228	178	65	259	60	524	57	85
青　海	253	33	11	48	15	133	7	6
宁　夏	234	47	19	56	23	66	23	0
新　疆	1554	181	83	361	116	572	83	158

7—6 续表 8

地区	合计（分钟）	播放科技广播、影视节目						
		科普日		科技周		日常		其他
		科技进村	科教进社区	科技进村	科教进社区	科技进村	科教进社区	
合计	**4803833**	**336440**	**325139**	**330569**	**321819**	**1120316**	**910639**	**1458911**
北京	320	100	60	100	60	0	0	0
天津	8895	540	560	1210	580	5050	955	0
河北	51468	4724	3782	3889	2773	12869	15981	7450
山西	109013	52668	6803	8717	8964	17079	10011	4771
内蒙古	118593	11225	10342	14119	10822	36997	33708	1380
辽宁	167922	13447	23576	13463	17799	46352	40435	12850
吉林	68273	2586	1349	2966	3742	24520	23154	9956
黑龙江	109820	6632	9117	9709	10601	53491	18190	2080
上海	1500	0	0	0	0	0	0	1500
江苏	318858	31280	34013	47343	49045	44769	67476	44932
浙江	505163	19888	11097	21743	11176	62914	57721	320624
安徽	107263	7755	10131	9561	11357	39610	27739	1110
福建	203616	8186	13247	7230	17396	42525	41228	73804
江西	53746	4082	3595	5841	3686	8912	6810	20820
山东	168365	10801	16434	16229	15278	46842	55323	7458
河南	138581	13142	9032	14927	10377	55717	34316	1070
湖北	147440	14542	12076	12018	10910	49126	38718	10050
湖南	143868	14654	13663	15016	8572	54545	26195	11223
广东	99773	2489	5886	5085	4641	22994	28463	30215
广西	282181	15480	9048	16380	14747	99127	84555	42844
海南	24535	1350	745	947	880	7118	9455	4040
重庆	51835	1930	1425	1800	1485	19735	25400	60
四川	348646	22450	17202	29499	22777	65973	51117	139628
贵州	67499	6472	7766	5812	7346	13655	25278	1170
云南	110189	18479	17364	13596	8635	19672	13136	19307
西藏	0	0	0	0	0	0	0	0
陕西	164734	16124	13383	20199	14826	58698	36465	5039
甘肃	127927	9542	4804	8862	10234	39180	34468	20837
青海	20119	2478	817	1898	788	4909	4252	4977
宁夏	21625	3205	3310	2530	2685	4718	5177	0
新疆	1062066	20189	64512	19880	39637	163219	94913	659716

7—6 续表 9

地区	播放科技广播、影视节目							
	合计（分钟）	#电台电视台播放科技节目						
		科普日		科技周		日常		其他
		科技进村	科教进社区	科技进村	科教进社区	科技进村	科教进社区	
合计	**2420372**	**200893**	**136882**	**198068**	**165610**	**700133**	**568088**	**450698**
北京	240	60	60	60	60	0	0	0
天津	8875	540	560	1190	580	5050	955	0
河北	37181	3295	2245	3117	1603	7805	12186	6930
山西	88480	38883	5133	8357	8067	15289	8795	3956
内蒙古	79885	4610	6422	7708	7299	29619	23737	490
辽宁	99605	4945	7327	5406	6799	34406	33930	6792
吉林	45051	1796	1059	1531	3047	17221	18441	1956
黑龙江	79539	2875	3232	4647	5813	46747	14165	2060
上海	1500	0	0	0	0	0	0	1500
江苏	175853	22010	17063	26165	21654	28548	30152	30261
浙江	227099	12991	6458	12586	4200	35327	29942	125595
安徽	64227	5044	3295	5361	4614	29645	15449	819
福建	111856	6230	7945	5247	13747	35762	20542	22383
江西	32781	1962	1780	3271	1876	6127	4150	13615
山东	108118	8069	5128	12169	8385	36643	30602	7122
河南	107070	9061	5297	10280	6497	46642	28830	463
湖北	95055	7400	7520	6896	6016	28998	29820	8405
湖南	99935	8133	7819	9399	4739	39483	19584	10778
广东	65704	1445	2077	2590	1470	16150	14427	27545
广西	92478	7011	5255	7767	5455	25131	32627	9232
海南	21560	980	395	462	400	6558	9205	3560
重庆	35398	570	648	800	749	12445	20166	20
四川	259806	16841	12346	21421	15619	51155	43078	99346
贵州	44016	2336	2580	3182	3011	8119	23978	810
云南	48709	6292	2436	5253	2476	8104	6953	17195
西藏	0	0	0	0	0	0	0	0
陕西	114028	9891	9286	11542	9601	44673	26455	2580
甘肃	100230	6595	2473	6230	6621	32143	30315	15853
青海	17999	1338	792	1808	763	4549	3972	4777
宁夏	14720	1150	865	1915	2180	4188	4422	0
新疆	143374	8540	9386	11708	12269	43606	31210	26655

7—6 续表 10

地区	合计（次）	举办实用技术培训						
		科普日		科技周		日常		其他
		科技进村	科教进社区	科技进村	科教进社区	科技进村	科教进社区	
合计	**178024**	**17598**	**12029**	**22452**	**12811**	**79118**	**16802**	**17214**
北京	274	160	9	58	13	16	18	0
天津	995	46	41	107	34	701	66	0
河北	3158	586	214	421	170	1443	266	58
山西	3389	659	392	581	319	920	447	71
内蒙古	4695	379	263	558	329	2307	613	246
辽宁	19716	2892	4630	3220	4528	2413	1023	1010
吉林	5163	339	160	291	455	3484	336	98
黑龙江	7316	668	308	965	449	3356	1001	569
上海	327	10	0	27	0	250	40	0
江苏	7998	881	604	1670	889	2388	1125	441
浙江	8552	846	317	727	253	2771	971	2667
安徽	2520	325	162	347	209	955	510	12
福建	3985	485	294	444	264	1731	478	289
江西	1709	210	87	227	113	736	209	127
山东	6244	577	342	669	361	3184	974	137
河南	4362	530	255	706	241	2150	464	16
湖北	5227	615	449	833	405	2199	517	209
湖南	5053	773	435	632	354	1632	808	419
广东	2460	173	83	289	138	1283	231	263
广西	5920	467	172	612	218	3816	485	150
海南	1424	272	33	210	20	740	104	45
重庆	758	133	56	68	38	360	68	35
四川	9268	1087	560	1287	484	3798	1005	1047
贵州	1555	228	73	225	88	783	142	16
云南	16929	1188	520	1245	497	6080	978	6421
西藏	0	0	0	0	0	0	0	0
陕西	8357	862	371	1408	439	4208	661	408
甘肃	7347	469	208	843	313	4057	771	686
青海	2210	278	106	243	71	1369	63	80
宁夏	2059	132	107	261	190	1212	157	0
新疆	29054	1328	778	3278	929	18776	2271	1694

7—6 续表 11

地区	合计（人次）	实用技术培训人数						
		科普日		科技周		日常		其他
		科技进村	科教进社区	科技进村	科教进社区	科技进村	科教进社区	
合　　计	**26828536**	**3187611**	**1597053**	**4316089**	**1735133**	**11752769**	**2416018**	**1823863**
北　京	16740	8000	450	4490	980	960	1860	0
天　津	123586	4202	2450	26377	2017	81972	6568	0
河　北	696100	138116	47639	125584	46005	271535	58271	8950
山　西	779741	202950	68347	122199	60459	250294	61312	14180
内蒙古	834474	106277	51925	96506	82538	382970	89358	24900
辽　宁	2340921	319944	391724	564327	390426	430064	166133	78303
吉　林	652897	44740	17417	58340	38320	445721	41050	7309
黑龙江	1430759	163343	54528	232646	95632	654948	167702	61960
上　海	16000	500	0	1350	0	10000	4150	0
江　苏	1585917	199061	113975	368715	154201	493016	175012	81937
浙　江	743502	76656	26567	66045	25456	299662	66090	183026
安　徽	406469	78242	34025	64529	36000	140092	50806	2775
福　建	319850	43881	22520	31903	18270	133780	36779	32717
江　西	253112	32814	16662	39488	15820	101834	26296	20198
山　东	1338040	144239	64886	193215	84840	611620	212512	26728
河　南	1092097	129118	64372	205759	77121	505020	103851	6856
湖　北	1382160	232047	97295	254185	86750	528130	114413	69340
湖　南	977954	164371	88472	142728	62085	283060	137699	99539
广　东	301940	25664	9558	45160	15575	148648	33313	24022
广　西	807810	73286	18538	107878	27838	510021	53726	16523
海　南	150424	22740	2473	26776	3354	73493	15594	5994
重　庆	152305	23430	12550	16260	9783	72740	15217	2325
四　川	1702251	266313	108766	266505	90582	582431	216245	171409
贵　州	214613	40180	11170	31029	11330	104442	15050	1412
云　南	1664374	130557	52198	152387	62226	621386	101182	544438
西　藏	0	0	0	0	0	0	0	0
陕　西	1567635	193309	96601	303191	78943	719088	135460	41043
甘　肃	760074	83250	38274	101497	44484	353025	74527	65017
青　海	245819	67868	9432	15537	6272	136300	5554	4856
宁　夏	234456	22250	11694	52707	14050	112435	21320	0
新　疆	4036516	150263	62545	598776	93776	2694082	208968	228106

7—6 续表 12

地　　区	合　计（人次）	参加活动科技人员总数						
		科普日		科技周		日常		其他
		科技进村	科教进社区	科技进村	科教进社区	科技进村	科教进社区	
合　　计	**1419074**	**189674**	**169324**	**232454**	**152470**	**412187**	**200047**	**62918**
北　　京	755	150	80	170	50	135	110	60
天　　津	22278	939	886	1598	1044	17440	371	0
河　　北	30749	7491	3778	5257	2942	7681	2512	1088
山　　西	22484	5218	2199	4039	1976	5636	2070	1346
内 蒙 古	26570	4377	2762	4568	3008	7090	4179	586
辽　　宁	44376	4593	8811	4928	7668	7535	7420	3421
吉　　林	19017	1849	1255	1713	2522	8041	3425	212
黑 龙 江	34957	5032	8379	4747	3574	9449	3561	215
上　　海	2300	100	100	100	100	1500	350	50
江　　苏	101684	9487	11633	15423	18756	17730	21168	7487
浙　　江	67436	9999	9006	9020	9283	13781	12336	4011
安　　徽	25838	3881	3842	3447	2782	7625	4177	84
福　　建	44466	6440	6862	5761	5608	10425	7452	1918
江　　西	35633	6293	6403	7071	1983	10238	2406	1239
山　　东	86258	11902	8532	13012	9924	27874	12308	2706
河　　南	76045	9839	8267	13014	7220	25544	11526	635
湖　　北	90833	8885	11505	40093	8981	12456	7496	1417
湖　　南	59250	10784	7698	9249	6379	13637	8543	2960
广　　东	53573	3062	10467	10307	5206	7937	13845	2749
广　　西	73943	8729	4731	10890	6818	27389	11235	4151
海　　南	8613	2249	1320	848	403	2670	911	212
重　　庆	12926	2256	1287	1512	1166	4351	1804	550
四　　川	69617	9410	6865	10502	7256	17700	12051	5833
贵　　州	61344	7423	12351	5687	7294	15074	8657	4858
云　　南	58412	12666	9541	9662	7361	11181	5407	2594
西　　藏	0	0	0	0	0	0	0	0
陕　　西	82224	10674	8171	10555	7513	25675	15738	3898
甘　　肃	124771	14920	5558	16685	7383	67979	9287	2959
青　　海	9768	2006	794	655	517	4539	517	740
宁　　夏	4571	854	323	1018	412	1372	592	0
新　　疆	68383	8166	5918	10923	7341	22503	8593	4939

7—6 续表 13

地　　区	参加活动科技人员总数							
	合　计（人次）	# 专家人数						
		科普日		科技周		日常		其他
		科技进村	科教进社区	科技进村	科教进社区	科技进村	科教进社区	
合　　计	**234617**	**33489**	**22472**	**34964**	**24643**	**75324**	**32247**	**11478**
北　　京	415	80	70	110	30	50	55	20
天　　津	5248	234	196	715	334	3650	119	0
河　　北	5103	1157	522	879	345	1465	511	224
山　　西	3261	966	213	690	211	575	178	428
内 蒙 古	2666	439	287	428	331	692	470	19
辽　　宁	8144	1001	769	1096	1890	2309	906	173
吉　　林	5112	542	206	322	684	2535	762	61
黑 龙 江	4410	509	371	750	416	1737	580	47
上　　海	1200	50	50	50	50	800	180	20
江　　苏	28758	2882	2539	5067	3903	7026	4593	2748
浙　　江	20656	3658	2526	2513	2092	5674	3160	1033
安　　徽	7351	1155	1047	948	770	2344	1074	13
福　　建	8618	1520	1268	1036	1074	2211	1231	278
江　　西	6697	854	696	1265	582	2011	781	508
山　　东	17473	1727	1230	2051	1179	8091	2669	526
河　　南	14927	2404	1599	2690	1581	4726	1847	80
湖　　北	11026	1893	1320	1794	1622	2666	1400	331
湖　　南	13632	2554	1350	2162	1123	3592	2181	670
广　　东	6962	605	842	778	850	1651	1934	302
广　　西	8245	1022	725	1204	779	3215	1140	160
海　　南	894	168	65	148	62	277	134	40
重　　庆	1352	249	161	154	155	440	176	17
四　　川	10728	1755	1114	1866	1220	2467	1501	805
贵　　州	9624	1573	793	989	553	3230	979	1507
云　　南	7698	1391	782	1205	653	2406	519	742
西　　藏	0	0	0	0	0	0	0	0
陕　　西	8268	1336	847	1295	787	2614	1290	99
甘　　肃	4776	559	226	1261	461	1608	425	236
青　　海	1111	224	70	111	65	569	49	23
宁　　夏	1196	192	103	266	114	334	187	0
新　　疆	9066	790	485	1121	727	4359	1216	368

7—6 续表 14

地区	合计（个次）	参加活动的学会、协会、研究会						
		科普日		科技周		日常		其他
		科技进村	科教进社区	科技进村	科教进社区	科技进村	科教进社区	
合计	**72735**	**11946**	**7622**	**11612**	**7715**	**21071**	**8661**	**4108**
北京	57	15	9	12	5	0	4	12
天津	114	12	15	32	29	22	4	0
河北	2046	589	200	390	121	552	165	29
山西	1357	435	116	200	101	434	63	8
内蒙古	2042	405	196	374	199	511	218	139
辽宁	2738	391	270	503	273	948	240	113
吉林	1825	169	142	151	671	424	189	79
黑龙江	3393	406	296	696	308	1352	318	17
上海	28	0	0	0	0	0	0	28
江苏	5062	624	576	858	742	740	516	1006
浙江	4311	646	519	596	510	1013	639	388
安徽	3165	506	356	456	309	990	536	12
福建	3050	575	348	471	300	772	407	177
江西	2579	280	304	367	250	931	314	133
山东	4477	663	412	697	415	1501	651	138
河南	4230	782	438	758	411	1308	513	20
湖北	3477	570	380	538	309	1249	366	65
湖南	5094	1043	693	786	615	1153	623	181
广东	2426	261	265	337	292	753	389	129
广西	2893	430	232	401	224	1046	349	211
海南	366	90	32	49	23	109	47	16
重庆	842	158	108	129	93	227	97	30
四川	5567	969	534	903	481	1494	647	539
贵州	2285	337	346	320	282	638	263	99
云南	2144	440	226	354	165	555	188	216
西藏	0	0	0	0	0	0	0	0
陕西	3058	468	302	493	233	1044	479	39
甘肃	1978	326	125	352	143	612	255	165
青海	292	67	30	42	28	100	12	13
宁夏	365	62	32	91	44	97	39	0
新疆	1474	227	120	256	139	496	130	106

7—6 续表 15

地　区	覆盖村 合计（个）	覆盖村 科普日科技进村	覆盖村 科技周科技进村	覆盖村 日常科技进村	覆盖社区 合计（个）	覆盖社区 科普日科教进社区	覆盖社区 科技周科教进社区	覆盖社区 日常科教进社区
合　计	**282779**	**67018**	**70716**	**145045**	**54493**	**16573**	**15633**	**22287**
北　京	425	276	118	31	57	26	21	10
天　津	3564	1033	1293	1238	126	42	47	37
河　北	10152	3508	2202	4442	1550	588	422	540
山　西	10078	3653	1903	4522	1114	399	217	498
内蒙古	7071	1472	1659	3940	1732	492	497	743
辽　宁	8144	1765	2207	4172	3777	1179	1118	1480
吉　林	5059	627	1073	3359	1038	173	211	654
黑龙江	7530	1496	2298	3736	1665	503	604	558
上　海	269	10	15	244	71	10	10	51
江　苏	14096	3656	6142	4298	5734	1634	2259	1841
浙　江	7532	2000	1779	3753	2809	885	793	1131
安　徽	7236	1540	1675	4021	2214	656	606	952
福　建	7313	1833	1766	3714	1780	573	474	733
江　西	6343	1457	1385	3501	1050	313	328	409
山　东	50312	9919	12535	27858	5886	1693	1505	2688
河　南	17339	3723	3983	9633	2539	696	784	1059
湖　北	13127	3802	3382	5943	3154	1070	737	1347
湖　南	18542	4991	4088	9463	2450	863	642	945
广　东	7605	1322	1719	4564	2295	713	678	904
广　西	8607	1497	1860	5250	1173	286	258	629
海　南	3173	470	512	2191	232	112	49	71
重　庆	3688	963	730	1995	815	188	182	445
四　川	17088	4767	4610	7711	3118	818	811	1489
贵　州	5975	1322	1464	3189	1027	369	292	366
云　南	9608	2821	2118	4669	1539	613	407	519
西　藏	0	0	0	0	0	0	0	0
陕　西	13142	3031	3243	6868	1538	468	383	687
甘　肃	7812	1734	1810	4268	1064	373	347	344
青　海	1657	391	329	937	229	98	62	69
宁　夏	1587	364	463	760	726	178	192	356
新　疆	8705	1575	2355	4775	1991	562	697	732

7—7 各地区省级学会科普活动

地区	合计（次）	举办科普宣讲活动						
		科普日		科技周		日常		其他
		科技进村	科教进社区	科技进村	科教进社区	科技进村	科教进社区	
合计	**75067**	**8325**	**4859**	**9920**	**5741**	**17079**	**14767**	**14376**
北京	1938	43	124	54	128	257	541	791
天津	902	12	181	54	193	100	318	44
河北	785	27	85	15	113	214	252	79
山西	8931	125	346	289	2116	1834	4186	35
内蒙古	372	15	35	6	22	111	110	73
辽宁	5109	164	152	40	59	58	198	4438
吉林	744	21	25	56	28	164	320	130
黑龙江	8693	81	175	56	87	6354	1378	562
上海	1210	29	143	23	171	82	555	207
江苏	909	66	122	27	170	142	274	108
浙江	909	94	91	115	60	47	127	375
安徽	440	37	59	21	54	64	122	83
福建	1989	44	415	28	158	403	235	706
江西	1880	145	258	255	237	594	336	55
山东	956	24	141	35	97	172	435	52
河南	930	12	73	62	83	278	143	279
湖北	2600	341	133	489	124	906	215	392
湖南	4642	77	616	41	162	51	1104	2591
广东	1619	189	307	87	181	294	409	152
广西	1667	55	107	30	39	77	104	1255
海南	60	10	17	0	5	0	12	16
重庆	637	13	74	19	88	124	181	138
四川	418	6	48	9	16	62	93	184
贵州	12237	5163	23	6806	29	25	90	101
云南	2968	306	91	146	38	1880	279	228
西藏	5823	565	530	620	735	1369	1679	325
陕西	3623	566	296	472	376	1110	696	107
甘肃	386	12	54	10	29	29	57	195
青海	391	15	11	12	14	192	49	98
宁夏	142	13	15	24	10	65	13	2
新疆	1157	55	112	19	119	21	256	575

7—7 续表 1

地　区	合　计（人次）	宣讲活动受众人数						
		科普日		科技周		日常		其他
		科技进村	科教进社区	科技进村	科教进社区	科技进村	科教进社区	
合　计	**31842045**	**926223**	**3931014**	**1848516**	**2287898**	**4212576**	**12823348**	**5812470**
北　京	1775139	4123	1025974	18164	72591	25065	285168	344054
天　津	728547	2555	327594	3632	198343	18539	168227	9657
河　北	571873	19412	100033	20970	109680	54140	136920	130718
山　西	492410	36043	55047	73138	120130	77980	128972	1100
内蒙古	333876	1689	43749	1400	92770	26800	115951	51517
辽　宁	550441	93192	45402	47980	51321	29135	53474	229937
吉　林	3565313	23160	178907	36593	148600	58854	3088550	30649
黑龙江	1834892	7590	50052	8900	13210	1020992	294624	439524
上　海	1404719	4614	152842	1004353	48623	9754	144383	40150
江　苏	479444	142231	36682	29791	114304	53000	52882	50554
浙　江	263961	9961	31530	21200	12015	25727	28457	135071
安　徽	384039	14159	38426	24589	29275	28011	68269	181310
福　建	1336481	12195	161808	4125	127599	535010	221412	274332
江　西	506322	27160	93970	36080	67280	154310	103942	23580
山　东	6974049	6632	83080	19273	74531	417394	6304153	68986
河　南	329040	1110	40650	8270	25670	83320	89860	80160
湖　北	587978	70832	58877	63301	111008	50416	120084	113460
湖　南	1937240	62195	392169	25838	107319	103746	525549	720424
广　东	1030920	23677	92246	11608	74557	58543	127798	642491
广　西	1422365	8409	309535	49050	285640	16178	34364	719189
海　南	106780	13500	19300	0	15200	0	50200	8580
重　庆	437061	6850	186209	4400	57432	53731	47925	80514
四　川	102940	1005	11450	915	13963	16613	33400	25594
贵　州	213584	74796	8135	53385	33935	17840	12403	13090
云　南	2362407	46378	100174	30132	73011	865179	265241	982292
西　藏	177015	12180	26150	18000	33700	34990	43360	8635
陕　西	1048937	160491	196533	198525	81380	229030	143080	39898
甘　肃	84210	2574	7130	1254	10370	8070	33218	21594
青　海	388739	28140	32320	18910	38200	100724	60410	110035
宁　夏	48040	1840	1700	8540	3915	31745	200	100
新　疆	363283	7530	23340	6200	42326	7740	40872	235275

7—7 续表 2

地区	举办科普宣讲活动							
	合计（次）	#院士科普报告会						
		科普日		科技周		日常		其他
		科技进村	科教进社区	科技进村	科教进社区	科技进村	科教进社区	
合　计	**769**	**28**	**135**	**39**	**70**	**56**	**117**	**324**
北　京	49	1	2	0	2	0	3	41
天　津	9	0	1	0	3	2	1	2
河　北	15	2	5	0	2	1	2	3
山　西	8	1	2	0	0	0	0	5
内蒙古	63	0	0	0	0	0	1	62
辽　宁	11	0	1	0	1	0	3	6
吉　林	10	0	1	0	0	1	6	2
黑龙江	24	0	1	0	0	1	12	10
上　海	24	1	4	0	10	0	4	5
江　苏	45	3	15	2	4	2	10	9
浙　江	30	1	0	0	1	0	0	28
安　徽	9	1	1	1	0	3	0	3
福　建	23	0	1	1	1	2	4	14
江　西	104	0	20	22	20	20	20	2
山　东	52	0	2	3	1	7	16	23
河　南	31	0	1	0	1	0	16	13
湖　北	32	4	5	3	4	4	1	11
湖　南	30	0	20	0	0	2	0	8
广　东	10	0	2	0	2	0	0	6
广　西	18	5	0	1	1	7	2	2
海　南	0	0	0	0	0	0	0	0
重　庆	14	0	7	0	4	0	0	3
四　川	9	0	0	0	0	0	1	8
贵　州	8	1	0	0	1	0	0	6
云　南	5	0	1	0	0	0	2	2
西　藏	1	0	0	0	0	0	0	1
陕　西	50	7	11	6	9	4	7	6
甘　肃	40	1	11	0	2	0	0	26
青　海	1	0	0	0	0	0	0	1
宁　夏	0	0	0	0	0	0	0	0
新　疆	44	0	21	0	1	0	6	16

7—7 续表 3

地区	举办科普宣讲活动							
	合计（次）	#举办专题展览						
		科普日		科技周		日常		其他
		科技进村	科教进社区	科技进村	科教进社区	科技进村	科教进社区	
合　　计	**21288**	**1618**	**1576**	**2346**	**3499**	**4493**	**6906**	**850**
北　　京	139	3	10	6	27	16	53	24
天　　津	272	0	55	1	70	7	133	6
河　　北	93	2	17	4	20	10	18	22
山　　西	8469	82	324	265	2112	1769	3917	0
内 蒙 古	24	0	9	2	9	0	3	1
辽　　宁	122	10	23	14	18	4	51	2
吉　　林	76	7	8	3	5	17	21	15
黑 龙 江	366	39	47	13	20	17	168	62
上　　海	115	3	21	12	21	14	31	13
江　　苏	153	33	20	4	27	11	30	28
浙　　江	43	3	9	0	6	3	8	14
安　　徽	94	6	17	6	18	13	12	22
福　　建	250	5	56	1	49	54	51	34
江　　西	170	25	30	31	27	31	24	2
山　　东	223	4	30	14	43	10	116	6
河　　南	29	2	2	1	1	4	6	13
湖　　北	1532	241	17	395	17	821	22	19
湖　　南	83	3	39	1	14	1	17	8
广　　东	305	24	57	10	45	10	65	94
广　　西	63	4	11	2	9	5	9	23
海　　南	2	0	1	0	1	0	0	0
重　　庆	84	3	17	2	9	8	34	11
四　　川	34	0	5	0	3	8	1	17
贵　　州	1174	351	9	801	6	2	1	4
云　　南	127	2	17	0	12	7	65	24
西　　藏	5782	562	524	620	724	1358	1674	320
陕　　西	1159	161	125	131	137	262	326	17
甘　　肃	64	1	9	2	12	8	24	8
青　　海	66	0	2	1	6	23	14	20
宁　　夏	2	1	1	0	0	0	0	0
新　　疆	173	41	64	4	31	0	12	21

7－7 续表 4

地区	举办科普宣讲活动							
	合计（次）	#流动科技馆巡展						
		科普日		科技周		日常		其他
		科技进村	科教进社区	科技进村	科教进社区	科技进村	科教进社区	
合计	**761**	**66**	**142**	**82**	**124**	**131**	**145**	**71**
北京	24	0	2	0	9	0	8	5
天津	88	2	6	1	6	63	8	2
河北	13	1	0	1	1	4	4	2
山西	17	14	2	0	1	0	0	0
内蒙古	6	0	2	0	0	0	4	0
辽宁	12	2	1	0	3	1	1	4
吉林	1	0	0	0	0	1	0	0
黑龙江	106	11	11	11	13	20	20	20
上海	24	1	5	1	10	4	1	2
江苏	25	2	4	2	12	1	3	1
浙江	7	2	1	0	2	0	2	0
安徽	25	2	2	3	5	5	4	4
福建	18	0	6	0	7	0	1	4
江西	2	1	1	0	0	0	0	0
山东	45	0	3	0	1	1	40	0
河南	5	1	0	0	0	0	4	0
湖北	4	1	1	0	1	0	0	1
湖南	58	2	48	1	3	0	3	1
广东	36	6	14	2	7	2	4	1
广西	14	1	1	2	1	0	2	7
海南	11	1	6	0	2	0	2	0
重庆	9	0	1	0	1	1	1	5
四川	0	0	0	0	0	0	0	0
贵州	7	1	2	0	3	0	1	0
云南	7	0	2	2	1	0	2	0
西藏	4	1	0	0	1	1	1	0
陕西	162	10	15	53	29	26	26	3
甘肃	2	1	1	0	0	0	0	0
青海	12	2	2	1	2	1	3	1
宁夏	0	0	0	0	0	0	0	0
新疆	17	1	3	2	3	0	0	8

7—7 续表 5

地　区	宣讲活动受众人数							
	合　计（人次）	#流动科技馆巡展受众人数						
		科普日		科技周		日常		其他
		科技进村	科教进社区	科技进村	科教进社区	科技进村	科教进社区	
合　计	**3461709**	**47429**	**98660**	**79475**	**95296**	**80022**	**2688337**	**372490**
北　京	46780	0	1000	0	4860	0	5120	35800
天　津	20200	900	1840	650	2600	10260	1950	2000
河　北	139200	200	0	2000	2000	15000	20000	100000
山　西	23333	3298	10035	0	10000	0	0	0
内蒙古	3800	0	300	0	0	0	3500	0
辽　宁	33700	10000	200	0	10300	10000	300	2900
吉　林	600	0	0	0	0	600	0	0
黑龙江	28340	6105	420	6025	1500	6000	600	7690
上　海	35882	40	12080	100	18800	162	200	4500
江　苏	26220	3500	1900	5000	6320	9000	400	100
浙　江	1901	151	80	0	1070	0	600	0
安　徽	202000	4000	7000	20000	12000	9000	10000	140000
福　建	12090	0	4950	0	1110	0	150	5880
江　西	4820	2500	2320	0	0	0	0	0
山　东	2605700	0	150	0	300	5000	2600250	0
河　南	260	120	0	0	0	0	140	0
湖　北	11680	1800	2300	0	7500	0	0	80
湖　南	35670	1920	30245	1000	1308	0	1167	30
广　东	20900	630	590	180	910	180	410	18000
广　西	42030	20	1000	39200	1000	0	200	610
海　南	3200	1500	1300	0	200	0	200	0
重　庆	8500	0	1800	0	1200	300	200	5000
四　川	0	0	0	0	0	0	0	0
贵　州	3208	2300	250	0	508	0	150	0
云　南	5520	0	2000	320	2400	0	800	0
西　藏	1000	80	0	0	200	360	360	0
陕　西	84285	4585	12000	4300	5400	13860	41140	3000
甘　肃	3000	1200	1800	0	0	0	0	0
青　海	4280	580	600	500	1600	300	500	200
宁　夏	0	0	0	0	0	0	0	0
新　疆	53610	2000	2500	200	2210	0	0	46700

7—7 续表 6

地区	举办科普宣讲活动							
	合计（次）	#开展科技咨询						
		科普日		科技周		日常		其他
		科技进村	科教进社区	科技进村	科教进社区	科技进村	科教进社区	
合计	**34031**	**6104**	**1907**	**7100**	**1043**	**11001**	**3961**	**2915**
北京	670	34	64	43	55	203	165	106
天津	497	9	112	52	110	24	171	19
河北	222	12	20	2	10	57	116	5
山西	399	26	17	21	3	63	269	0
内蒙古	214	4	20	1	12	73	100	4
辽宁	1462	108	121	15	19	52	58	1089
吉林	336	11	11	53	9	105	125	22
黑龙江	7644	28	95	24	21	6240	1144	92
上海	519	11	79	5	63	11	196	154
江苏	281	19	26	15	33	100	55	33
浙江	395	80	47	104	31	16	25	92
安徽	220	10	27	7	19	36	87	34
福建	1101	10	286	22	43	171	140	429
江西	1361	112	197	171	166	516	189	10
山东	459	19	61	14	6	144	198	17
河南	406	9	25	38	39	150	34	111
湖北	148	28	11	14	14	40	20	21
湖南	358	21	238	11	11	19	16	42
广东	708	30	104	20	57	220	233	44
广西	261	20	14	21	10	57	61	78
海南	34	9	10	0	2	0	0	13
重庆	382	10	25	17	54	87	79	110
四川	259	5	34	8	5	48	85	74
贵州	10947	4806	12	6005	17	21	25	61
云南	2176	263	62	134	20	1587	84	26
西藏	27	2	5	0	6	10	4	0
陕西	1930	375	129	253	155	751	212	55
甘肃	216	7	29	6	15	21	29	109
青海	243	10	6	9	6	161	20	31
宁夏	21	4	4	3	0	5	3	2
新疆	135	12	16	12	32	13	18	32

7—7 续表 7

地　区	合　计（项）	推广新技术、新品种						
		科普日		科技周		日常		其他
		科技进村	科教进社区	科技进村	科教进社区	科技进村	科教进社区	
合　计	**11008**	**446**	**77**	**371**	**118**	**2397**	**429**	**7170**
北　京	90	3	0	14	3	44	11	15
天　津	101	1	6	44	14	13	21	2
河　北	404	4	3	20	9	361	4	3
山　西	117	25	11	16	0	13	52	0
内蒙古	34	1	0	1	1	1	29	1
辽　宁	1160	16	0	3	0	12	3	1126
吉　林	1888	25	2	30	0	19	87	1725
黑龙江	1286	4	0	9	0	1268	0	5
上　海	55	4	5	5	3	16	15	7
江　苏	363	4	5	1	15	18	20	300
浙　江	676	145	4	53	4	45	2	423
安　徽	81	3	5	14	6	34	2	17
福　建	123	4	4	3	4	56	8	44
江　西	82	2	3	23	8	22	13	11
山　东	72	7	0	1	0	53	11	0
河　南	194	0	0	2	0	32	0	160
湖　北	34	6	2	3	0	10	1	12
湖　南	59	11	1	2	12	4	3	26
广　东	210	42	1	21	4	95	45	2
广　西	166	4	3	7	6	36	29	81
海　南	0	0	0	0	0	0	0	0
重　庆	72	12	3	0	1	8	33	15
四　川	76	7	0	9	4	40	7	9
贵　州	53	3	6	2	2	2	1	37
云　南	136	44	1	6	1	66	9	9
西　藏	16	0	0	0	2	6	0	8
陕　西	3279	43	12	35	18	58	22	3091
甘　肃	44	7	0	10	0	21	0	6
青　海	48	7	0	13	0	23	0	5
宁　夏	14	1	0	10	0	2	0	1
新　疆	75	11	0	14	1	19	1	29

7—7 续表 8

地 区	合 计（分钟）	播放科技广播、影视节目						
		科普日		科技周		日常		其他
		科技进村	科教进社区	科技进村	科教进社区	科技进村	科教进社区	
合 计	**928268**	**156167**	**240115**	**29850**	**53194**	**93574**	**185341**	**170027**
北 京	4896	120	421	0	1160	80	2485	630
天 津	13646	72	3260	454	3170	1470	5180	40
河 北	14125	370	4205	0	6135	370	790	2255
山 西	41082	32682	2600	1600	1700	1300	1200	0
内蒙古	4009	24	1300	620	540	320	165	1040
辽 宁	6498	655	1297	5	1070	435	2066	970
吉 林	14106	1262	3690	1	4583	1555	2320	695
黑龙江	30038	1135	1150	4135	2500	19468	1440	210
上 海	53154	271	2064	424	1796	191	48162	246
江 苏	15394	0	425	0	470	2200	11085	1214
浙 江	40193	685	740	70	160	0	110	38428
安 徽	11944	1253	363	7184	300	2343	287	214
福 建	4424	182	335	2	334	317	527	2727
江 西	38318	135	50	625	397	15983	21030	98
山 东	58637	260	890	1850	2670	3790	48877	300
河 南	10044	0	360	140	560	1460	680	6844
湖 北	18000	190	510	100	120	15140	1740	200
湖 南	14644	1486	2982	210	1790	1024	2974	4178
广 东	3399	140	777	65	183	111	813	1310
广 西	14168	360	842	1080	1361	6253	3240	1032
海 南	720	60	60	0	0	0	600	0
重 庆	9688	445	570	50	480	122	3461	4560
四 川	3055	40	505	0	60	1300	325	825
贵 州	1091	20	90	0	70	780	100	31
云 南	386575	100210	200360	310	620	220	1340	83515
西 藏	425	95	60	120	95	30	15	10
陕 西	78146	9265	8449	10690	8775	15788	15489	9690
甘 肃	3610	120	60	75	65	60	60	3170
青 海	19329	130	80	0	10050	1214	5040	2815
宁 夏	310	20	0	40	250	0	0	0
新 疆	14600	4480	1620	0	1730	250	3740	2780

7—7 续表 9

地　区	播放科技广播、影视节目							
	合　计（分钟）	#电台电视台播放科技节目						
		科普日		科技周		日常		其他
		科技进村	科教进社区	科技进村	科教进社区	科技进村	科教进社区	
合　计	**417969**	**50624**	**90899**	**21708**	**11585**	**45918**	**59512**	**137723**
北　京	2655	0	300	0	300	35	2020	0
天　津	3466	42	600	184	460	780	1400	0
河　北	950	0	105	0	15	0	270	560
山　西	20300	20270	30	0	0	0	0	0
内蒙古	2379	4	380	600	220	0	135	1040
辽　宁	4668	40	1092	0	1020	30	1976	510
吉　林	3445	265	30	0	180	280	2245	445
黑龙江	28858	1010	1150	4010	2300	19318	1060	10
上　海	4091	70	163	22	185	180	3261	210
江　苏	1314	0	15	0	0	600	85	614
浙　江	34993	85	70	30	50	0	50	34708
安　徽	10424	1073	23	7004	50	2073	197	4
福　建	1255	1	134	1	183	162	380	394
江　西	15113	30	50	210	397	3363	11030	33
山　东	23440	0	270	0	220	380	22570	0
河　南	2069	0	0	0	0	180	0	1889
湖　北	16655	120	339	50	60	14366	1580	140
湖　南	4840	20	1890	40	690	730	1290	180
广　东	1234	115	586	48	105	71	309	0
广　西	797	60	72	252	240	43	20	110
海　南	120	60	60	0	0	0	0	0
重　庆	7787	45	100	20	30	67	3085	4440
四　川	1170	0	120	0	30	0	320	700
贵　州	102	12	20	0	0	0	70	0
云　南	184344	20087	80000	122	0	105	515	83515
西　藏	15	5	0	0	5	0	5	0
陕　西	24035	2960	2170	9080	3090	2865	2179	1691
甘　肃	3080	10	10	15	15	10	10	3010
青　海	2670	30	0	0	10	30	1000	1600
宁　夏	20	0	0	20	0	0	0	0
新　疆	11680	4210	1120	0	1730	250	2450	1920

7—7 续表 10

地区	合计（次）	举办实用技术培训						
		科普日		科技周		日常		其他
		科技进村	科教进社区	科技进村	科教进社区	科技进村	科教进社区	
合计	**25185**	**2156**	**717**	**1410**	**624**	**12008**	**2601**	**5669**
北京	3014	4	4	9	3	175	25	2794
天津	240	2	16	52	44	8	98	20
河北	412	12	10	2	19	306	31	32
山西	1018	957	7	13	2	26	13	0
内蒙古	32	3	0	2	2	13	9	3
辽宁	607	17	7	10	2	29	58	484
吉林	376	11	12	15	13	195	57	73
黑龙江	4984	9	6	9	6	4917	7	30
上海	856	4	27	5	11	112	553	144
江苏	236	12	29	2	17	43	84	49
浙江	568	19	13	118	12	78	7	321
安徽	134	5	6	6	2	72	11	32
福建	1106	8	145	4	35	177	488	249
江西	1698	18	7	113	29	1480	19	32
山东	303	20	14	5	19	143	88	14
河南	564	19	0	6	10	463	0	66
湖北	1157	87	97	34	165	116	313	345
湖南	347	17	33	11	7	52	73	154
广东	702	134	2	50	12	219	172	113
广西	602	5	16	6	25	294	46	210
海南	2	0	0	0	0	0	0	2
重庆	289	6	77	0	3	149	33	21
四川	165	6	0	5	3	112	18	21
贵州	81	7	6	3	3	7	19	36
云南	1491	64	4	167	5	1175	26	50
西藏	178	14	8	7	8	55	61	25
陕西	3220	623	151	725	143	1173	277	128
甘肃	170	6	0	10	0	116	6	32
青海	318	10	0	7	1	181	5	114
宁夏	20	2	1	3	2	11	0	1
新疆	295	55	19	11	21	111	4	74

7—7 续表 11

地　区	合　计（人次）	实用技术培训人数						
		科普日		科技周		日常		其他
		科技进村	科教进社区	科技进村	科教进社区	科技进村	科教进社区	
合　计	**2534066**	**202010**	**53788**	**95844**	**54889**	**1369514**	**274485**	**483536**
北　京	278410	129	346	720	138	15336	8543	253198
天　津	42225	150	2650	2544	10155	710	24174	1842
河　北	96779	720	515	400	1370	89464	2450	1860
山　西	116435	94113	300	6157	100	4402	11363	0
内蒙古	3069	268	0	100	60	1142	1341	158
辽　宁	19419	1730	550	680	100	1180	2610	12569
吉　林	73443	2970	1838	4660	1530	41440	16056	4949
黑龙江	819152	2233	380	1050	640	812311	715	1823
上　海	75297	927	1805	876	667	4172	60950	5900
江　苏	22925	712	2548	540	2437	3420	8523	4745
浙　江	49237	1052	940	11923	890	8803	573	25056
安　徽	14738	1120	218	1258	340	8585	937	2280
福　建	65101	1066	10345	569	3495	8827	25371	15428
江　西	72565	810	672	1520	836	61140	3499	4088
山　东	25973	2550	1464	400	2472	15030	3317	740
河　南	26839	908	0	330	500	16480	0	8621
湖　北	83416	5906	8325	2320	13120	10496	29330	13919
湖　南	52035	1123	845	1585	902	15750	6042	25788
广　东	97315	15770	312	5170	530	40550	15149	19834
广　西	73120	171	635	578	1129	25786	3842	40979
海　南	150	0	0	0	0	0	0	150
重　庆	18553	70	2913	0	260	10300	4039	971
四　川	21128	900	0	500	370	14920	2500	1938
贵　州	6381	195	220	100	300	756	2960	1850
云　南	107478	14078	484	11993	1278	73136	2701	3808
西　藏	6697	300	200	300	400	670	500	4327
陕　西	157227	35116	10930	37046	6810	50085	10020	7220
甘　肃	8802	316	0	296	0	1640	1620	4930
青　海	46115	300	0	260	40	13910	25000	6605
宁　夏	1695	250	50	239	100	1036	0	20
新　疆	52347	16057	4303	1730	3920	18037	360	7940

7—7 续表 12

地区	合计（人次）	参加活动科技人员总数						
		科普日		科技周		日常		其他
		科技进村	科教进社区	科技进村	科教进社区	科技进村	科教进社区	
合计	**779693**	**77984**	**147457**	**60942**	**88623**	**131928**	**120546**	**152213**
北京	24052	293	4278	384	950	1508	3811	12828
天津	15123	215	2939	1247	6508	1341	2091	782
河北	7710	762	1697	252	820	815	1290	2074
山西	4366	1852	222	611	66	777	593	245
内蒙古	4381	73	244	63	157	1437	1775	632
辽宁	206728	33797	75430	23865	24768	16181	28591	4096
吉林	21200	222	1295	270	1295	1388	12948	3782
黑龙江	15243	450	664	1182	1343	8569	1620	1415
上海	38223	2167	3841	1514	10001	2659	6295	11746
江苏	26106	7260	2329	498	3468	1784	2597	8170
浙江	25548	1933	1024	3356	474	1011	739	17011
安徽	11344	1514	1215	993	873	3811	1840	1098
福建	22813	936	3592	647	2171	4313	2588	8566
江西	22563	459	888	1772	890	15262	1484	1808
山东	27738	501	1622	2600	4141	7493	11007	374
河南	5518	256	1028	558	737	865	695	1379
湖北	5547	208	1186	227	1359	1108	351	1108
湖南	25113	1853	12009	195	632	475	2158	7791
广东	21516	1182	4076	340	1225	6797	6076	1820
广西	70194	392	1116	284	15018	3461	9936	39987
海南	686	192	193	0	30	0	90	181
重庆	7303	273	2069	488	639	1105	1726	1003
四川	9478	160	2499	103	282	620	568	5246
贵州	4201	740	886	179	246	794	341	1015
云南	37700	2407	2835	1757	432	20838	7038	2393
西藏	18458	261	8330	210	4410	2136	2426	685
陕西	76279	14148	5932	16629	3534	21980	8182	5874
甘肃	4152	148	1912	106	388	144	404	1050
青海	4375	558	112	188	327	1031	333	1826
宁夏	900	60	101	99	4	601	15	20
新疆	15135	2712	1893	325	1435	1624	938	6208

7—7 续表 13

地区	参加活动科技人员总数							
	合计（人次）	#专家人数						
		科普日		科技周		日常		其他
		科技进村	科教进社区	科技进村	科教进社区	科技进村	科教进社区	
合计	**129368**	**20092**	**13256**	**15073**	**10017**	**31168**	**17371**	**22391**
北京	6022	85	364	285	420	840	1665	2363
天津	2694	121	604	417	542	432	529	49
河北	1609	151	272	66	118	228	447	327
山西	1003	397	43	106	22	175	159	101
内蒙古	609	51	20	22	19	233	203	61
辽宁	4628	884	692	554	725	332	406	1035
吉林	2111	127	212	129	381	273	666	323
黑龙江	5258	224	225	560	452	2925	775	97
上海	4353	245	922	427	532	592	1132	503
江苏	8047	4872	295	191	599	321	937	832
浙江	7746	468	260	257	149	420	267	5925
安徽	1556	83	196	67	120	519	428	143
福建	6606	149	1809	153	1024	1348	663	1460
江西	7834	154	298	338	229	5534	491	790
山东	4511	179	703	442	941	973	1162	111
河南	2832	66	516	196	308	478	381	887
湖北	1139	125	145	129	104	243	154	239
湖南	1932	173	378	47	98	118	148	970
广东	4336	258	987	174	434	760	1059	664
广西	2396	93	251	48	125	336	489	1054
海南	264	80	94	0	15	0	62	13
重庆	2217	100	282	59	194	597	625	360
四川	1158	61	75	87	64	392	212	267
贵州	1119	134	144	19	164	281	263	114
云南	2920	560	501	77	174	561	433	614
西藏	152	14	20	0	58	29	11	20
陕西	38587	9946	2413	9994	1324	10785	2971	1154
甘肃	1375	63	173	54	280	103	196	506
青海	1140	185	38	45	56	420	147	249
宁夏	607	19	86	34	0	453	15	0
新疆	2607	25	238	96	346	467	275	1160

7—7 续表 14

地区	合计（个次）	参加活动的学会、协会、研究会						
		科普日		科技周		日常		其他
		科技进村	科教进社区	科技进村	科教进社区	科技进村	科教进社区	
合　　计	**13200**	**1723**	**910**	**887**	**1010**	**2034**	**1631**	**5005**
北　　京	365	4	23	13	109	141	37	38
天　　津	139	5	26	10	22	5	61	10
河　　北	44	9	9	1	11	8	4	2
山　　西	1012	970	8	9	3	8	11	3
内 蒙 古	43	1	4	0	4	1	8	25
辽　　宁	208	32	55	12	12	20	16	61
吉　　林	73	1	16	0	12	6	17	21
黑 龙 江	462	4	3	4	1	340	5	105
上　　海	85	1	11	2	7	6	25	33
江　　苏	3722	54	30	9	18	46	29	3536
浙　　江	426	5	11	6	5	6	10	383
安　　徽	198	36	53	12	36	12	38	11
福　　建	339	16	86	12	25	56	21	123
江　　西	451	46	56	54	56	96	138	5
山　　东	551	19	27	61	92	166	179	7
河　　南	45	0	6	2	6	4	14	13
湖　　北	93	4	19	4	11	11	23	21
湖　　南	119	5	19	1	8	4	14	68
广　　东	246	19	20	11	11	41	112	32
广　　西	330	2	8	6	6	12	37	259
海　　南	38	0	0	0	1	0	0	37
重　　庆	109	3	12	1	3	32	21	37
四　　川	80	3	7	0	18	11	10	31
贵　　州	67	24	10	2	4	4	3	20
云　　南	269	5	17	2	6	143	84	12
西　　藏	13	3	0	0	3	5	1	1
陕　　西	3396	436	352	583	508	804	694	19
甘　　肃	20	3	4	5	3	1	3	1
青　　海	55	5	8	5	5	4	6	22
宁　　夏	8	1	3	1	0	3	0	0
新　　疆	194	7	7	59	4	38	10	69

7—7 续表 15

地　区	覆盖村 合　计（个）	覆盖村 科普日科技进村	覆盖村 科技周科技进村	覆盖村 日常科技进村	覆盖社区 合　计（个）	覆盖社区 科普日科教进社区	覆盖社区 科技周科教进社区	覆盖社区 日常科教进社区
合　计	**106231**	**10523**	**19759**	**75949**	**50585**	**6862**	**13037**	**30686**
北　京	506	60	92	352	573	177	133	263
天　津	2599	38	2414	147	839	190	260	389
河　北	347	60	57	230	180	58	61	61
山　西	1771	934	375	462	240	106	36	98
内蒙古	896	29	31	836	204	90	33	81
辽　宁	1917	326	372	1218	1071	245	247	578
吉　林	335	85	40	210	306	111	47	148
黑龙江	14842	28	36	14778	1068	112	58	898
上　海	252	67	48	137	854	259	140	455
江　苏	1642	231	125	1286	1440	308	249	883
浙　江	1778	166	237	1375	259	108	58	91
安　徽	459	96	136	227	545	250	63	232
福　建	1269	81	124	1064	857	406	191	260
江　西	7728	217	345	7166	4033	325	379	3329
山　东	33630	1264	9126	23240	31656	1397	9915	20344
河　南	602	56	154	392	144	36	38	70
湖　北	1929	705	595	629	603	140	97	366
湖　南	709	331	61	317	998	522	99	377
广　东	4383	1027	416	2940	1213	568	257	388
广　西	6356	605	926	4825	412	174	98	140
海　南	31	31	0	0	191	27	32	132
重　庆	728	526	25	177	349	97	69	183
四　川	1200	14	23	1163	493	303	40	150
贵　州	701	199	423	79	118	29	35	54
云　南	1243	413	224	606	559	282	60	217
西　藏	159	34	49	76	53	19	23	11
陕　西	8837	2210	3142	3485	669	276	118	275
甘　肃	44	24	7	13	69	29	16	24
青　海	1015	569	67	379	127	37	13	77
宁　夏	44	16	7	21	25	17	5	3
新　疆	8282	81	82	8119	440	164	167	109

八、青少年科技教育

简要说明

本篇统计资料为

一、汇总数据，反映中国科协、地方科协和全国学会、省级学会开展青少年科技教育总体情况。

二、地方科协和省级学会统计数据，分别反映各省级科协及其所属学会、副省级城市、省会城市科协、地级科协、县级科协开展青少年科技活动的情况。

三、统计指标，反映举办青少年科普宣讲活动的数量和受众人数；举办青少年科技竞赛的数量和获奖情况；青少年参加国际和港澳台科技交流活动的数量等。

8—1　各级科协青少年科技教育汇总表

指　　标	合　计	中国科协机关及直属单位	省级科协	副省级、省会城市科协	地级科协	县级科协
举办青少年科普宣讲活动（次）	15341	314	1021	377	2833	10796
#专家报告	5780	74	669	292	1367	3378
受众人数（万人次）	1953	744	256	32	272	648
播放青少年广播、影视节目（小时）	14361	91	727	531	2105	10907
举办青少年科技竞赛（项）	10152	5	297	220	2156	7474
参加人数（万人次）	3263	3	1258	207	641	1154
获奖人数（万人次）	70	0.27	9	8	24	29
青少年参加国际及港澳台科技交流活动（次）	236	17	30	19	57	113
参加人数（人次）	12090	151	545	5731	1700	3963
举办青少年科学营（次）	1475	8	173	57	301	936
参加人数（万人次）	29	0.51	3	3	9	14
编印青少年科技教育资料（种）	3600	198	66	28	240	3068
总印数（万册）	1569	328	23	15	130	1072
举办青少年科技教育培训（次）	16099	190	1403	582	3161	10763
培训人数（万人次）	549	0.24	65	13	75	396

8—2　全国学会、省级学会青少年科技教育汇总表

指　　标	合　计	全国学会		省级学会
		所属学会	委托管理学会	
举办青少年科普宣讲活动（次）	7268	1407	2	5859
#专家报告	2982	573	2	2407
受众人数（万人次）	337	146	0.12	191
播放青少年广播、影视节目（小时）	813	10	1	802
举办青少年科技竞赛（项）	945	137	1	807
参加人数（万人次）	785	411	0.08	374
获奖人数（万人次）	15	4	0	10
青少年参加国际及港澳台科技交流活动（次）	55	11	0	44
参加人数（人次）	10326	321	0	10005
举办青少年科学营（次）	407	73	0	334
参加人数（万人次）	5	0.51	0	4
编印青少年科技教育资料（种）	304	26	0	278
总印数（万册）	138	20	0	118
举办青少年科技教育培训（次）	925	50	0	875
培训人数（万人次）	22	0.69	0	21

8—3 各省级科协青少年科技教育

地　区	举办青少年科普宣讲活动 次数（次）	# 专家报告	受众人数（人次）	播放青少年广播、影视节目（分钟）	举办青少年科技竞赛 次数（次）	参加人数（人次）	获奖人数（人次）
合　计	**1021**	**669**	**2562273**	**43634**	**297**	**12578894**	**93108**
北　京	34	3	19200	0	14	652323	2929
天　津	18	6	159490	12	20	186998	9896
河　北	85	50	23000	0	4	3520	456
山　西	13	13	20100	0	6	10100	0
内蒙古	4	3	66000	0	8	4000	759
辽　宁	34	31	14580	0	9	220000	780
吉　林	10	3	60000	0	6	36000	7051
黑龙江	29	19	72600	210	41	70000	1200
上　海	162	48	12800	0	4	352000	5000
江　苏	0	0	0	0	5	335767	14667
浙　江	0	0	0	0	0	0	0
安　徽	29	29	11000	0	9	10000	5390
福　建	6	2	405265	15000	15	84675	1737
江　西	15	8	85000	1000	17	305250	1200
山　东	111	111	53000	0	26	2116500	9500
河　南	0	0	0	0	12	1600000	2100
湖　北	6	6	3000	0	3	530000	3698
湖　南	63	8	7000	26858	11	130200	1040
广　东	0	0	0	30	3	80000	0
广　西	40	34	803000	30	2	15000	1200
海　南	50	40	50000	0	13	150000	1545
重　庆	104	104	501000	344	9	1840040	3210
四　川	0	0	0	0	8	2560000	7500
贵　州	9	9	4500	0	5	300000	317
云　南	17	17	8178	150	8	184288	2667
西　藏	30	20	12000	0	4	7000	160
陕　西	9	8	24560	0	10	368033	6543
甘　肃	35	20	36000	0	5	260000	1083
青　海	0	0	0	0	2	35000	0
宁　夏	21	21	20500	0	11	31200	480
新　疆	85	55	90000	0	5	100000	1000
新疆生产建设兵团	2	1	500	0	2	1000	0

8—3 续表

地　区	青少年参加国际及港澳台科技交流活动		举办青少年科学营		编印青少年科技教育资料		举办青少年科技教育培训	
	次数（次）	参加人数（人次）	次数（次）	参加人数（人次）	种类（种）	总印数（册）	次数（次）	培训人数（人次）
合　计	**30**	**545**	**173**	**25250**	**66**	**225200**	**1403**	**652893**
北　京	2	6	1	1400	2	2500	24	750
天　津	1	3	27	1270	2	23000	83	329471
河　北	0	0	2	240	1	3000	1	27
山　西	0	0	1	140	3	3500	20	4800
内蒙古	0	0	1	154	4	47000	6	780
辽　宁	1	3	1	190	0	0	26	14000
吉　林	2	5	1	200	5	22000	6	2500
黑龙江	0	0	4	10154	7	8500	102	20040
上　海	10	500	3	1235	16	22000	390	90087
江　苏	3	5	1	220	0	0	21	1851
浙　江	0	0	0	0	0	0	0	0
安　徽	1	1	1	150	0	0	2	400
福　建	0	0	20	701	3	23200	199	5705
江　西	0	0	6	1680	1	3000	3	600
山　东	0	0	8	1374	0	0	0	0
河　南	1	3	4	210	0	0	130	5700
湖　北	3	7	67	3530	0	0	1	42
湖　南	3	6	3	290	0	0	69	31400
广　东	0	0	0	0	0	0	2	2500
广　西	0	0	1	165	4	6000	48	12000
海　南	0	0	1	66	9	31000	34	30400
重　庆	2	3	1	150	3	20000	60	69000
四　川	1	3	2	260	0	0	4	680
贵　州	0	0	1	154	2	4000	3	300
云　南	0	0	1	165	1	500	3	270
西　藏	0	0	1	180	0	0	0	0
陕　西	0	0	1	340	0	0	20	740
甘　肃	0	0	2	230	2	1000	6	800
青　海	0	0	0	0	0	0	30	3100
宁　夏	0	0	4	100	1	5000	30	12000
新　疆	0	0	5	242	0	0	78	12600
新疆生产建设兵团	0	0	2	60	0	0	2	350

8—4 各副省级城市科协、省会城市科协青少年科技教育

城　市	举办青少年科普宣讲活动 次数（次）	#专家报告	受众人数（人次）	播放青少年广播、影视节目（分钟）	举办青少年科技竞赛 次数（次）	参加人数（人次）	获奖人数（人次）
合　计	**377**	**292**	**324403**	**31835**	**220**	**2069406**	**77345**
副省级城市小计	**259**	**198**	**194843**	**8135**	**161**	**1450406**	**57141**
宁　波*	25	23	29200	3210	4	7700	623
厦　门*	0	0	0	0	6	14723	0
深　圳*	20	8	12000	200	3	130000	10000
青　岛*	48	21	31390	2900	15	322300	3987
大　连*	30	15	60000	0	22	9000	4500
省会城市小计	**254**	**225**	**191813**	**25525**	**170**	**1585683**	**58235**
石 家 庄	32	26	33000	0	13	80000	1200
太　原	3	3	3000	0	3	110000	3000
呼和浩特	10	10	3000	0	2	3000	200
沈　阳*	35	35	20000	0	6	3500	103
长　春*	0	0	0	0	0	0	0
哈 尔 滨*	0	0	0	0	36	50000	0
南　京*	7	4	10500	5	8	6663	2238
杭　州*	55	55	13000	0	3	20000	520
合　肥	11	11	1800	420	2	21200	920
福　州	0	0	0	3120	4	15000	0
南　昌	5	0	1600	0	6	4000	1037
济　南*	12	12	5000	0	12	20000	1500
郑　州	8	7	2260	780	3	120000	1400
武　汉*	20	20	12000	0	23	250000	670
长　沙	0	0	0	0	10	15600	4200
广　州*	7	5	1753	0	14	6520	0
南　宁	20	20	3000	0	1	3800	632
海　口	10	10	10000	2880	4	8000	750
成　都*	0	0	0	0	6	250000	0
贵　阳	0	0	0	0	4	2000	450
昆　明	1	1	600	0	1	40000	4535
拉　萨	2	1	2000	0	0	0	0
西　安*	0	0	0	1820	3	360000	33000
兰　州	2	1	300	0	1	160000	330
西　宁	4	2	4000	1500	2	25000	360
银　川	6	2	20000	0	2	11000	980
乌鲁木齐	4	0	45000	15000	1	400	210

注：城市名称后带“*”的为副省级城市，包括省会城市中带“*”的

8—4 续表

城　市	青少年参加国际及港澳台科技交流活动		举办青少年科学营		编印青少年科技教育资料		举办青少年科技教育培训	
	次数（次）	参加人数（人次）	次数（次）	参加人数（人次）	种数（种）	总印数（册）	次数（次）	培训人数（人次）
合　计	**19**	**5731**	**57**	**26623**	**28**	**152700**	**582**	**126207**
副省级城市小计	**16**	**5712**	**42**	**25948**	**19**	**81200**	**432**	**69406**
宁　波*	0	0	7	500	0	0	5	700
厦　门*	0	0	0	0	0	0	0	0
深　圳*	2	16	2	200	4	6000	3	500
青　岛*	0	0	9	1000	3	20300	54	9177
大　连*	0	0	2	600	0	0	205	10000
省会城市小计	**17**	**5715**	**37**	**24323**	**21**	**126400**	**315**	**105830**
石家庄	0	0	0	0	0	0	3	1500
太　原	0	0	1	10	0	0	1	1000
呼和浩特	0	0	1	30	0	0	2	600
沈　阳*	4	50	1	40	1	3000	5	2700
长　春*	0	0	0	0	0	0	0	0
哈尔滨*	1	50	0	0	0	0	4	1800
南　京*	4	563	2	1210	1	10000	82	819
杭　州*	0	0	2	21000	1	20000	15	600
合　肥	2	16	1	90	0	0	3	450
福　州	0	0	0	0	5	62500	1	50
南　昌	0	0	3	132	0	0	40	1200
济　南*	1	10	1	300	2	900	3	350
郑　州	0	0	3	129	2	6000	20	2666
武　汉*	1	23	15	1058	6	6000	18	10260
长　沙	0	0	0	0	0	0	1	195
广　州*	0	0	0	0	0	0	20	1500
南　宁	0	0	0	0	0	0	4	450
海　口	0	0	1	20	0	0	0	0
成　都*	0	0	0	0	1	15000	5	1000
贵　阳	0	0	1	30	0	0	1	150
昆　明	0	0	1	14	1	1000	10	1000
拉　萨	0	0	0	0	0	0	0	0
西　安*	3	5000	1	40	0	0	13	30000
兰　州	0	0	1	20	0	0	1	120
西　宁	0	0	0	0	1	2000	0	0
银　川	0	0	0	0	0	0	3	6500
乌鲁木齐	1	3	2	200	0	0	60	40920

8—5 各地区地级科协青少年科技教育

地　区	举办青少年科普宣讲活动			播放青少年广播、影视节目（分钟）	举办青少年科技竞赛		
	次数（次）	#专家报告	受众人数（人次）		次数（次）	参加人数（人次）	获奖人数（人次）
合　计	**2833**	**1367**	**2719368**	**126310**	**2156**	**6410683**	**236894**
北　京	218	161	129360	655	207	589230	19944
天　津	58	12	26270	2070	74	64199	3878
河　北	54	42	27490	0	42	202015	4505
山　西	32	20	37700	0	30	175120	4376
内蒙古	64	43	45000	20	35	24676	817
辽　宁	144	76	81480	4025	26	162000	4400
吉　林	10	2	4130	750	35	19050	7485
黑龙江	70	21	43590	90	30	54780	1102
上　海	706	201	242591	45482	750	459921	23031
江　苏	113	38	163730	3860	93	822353	16449
浙　江	74	54	127750	600	48	341505	24577
安　徽	125	94	68050	5890	32	76770	1602
福　建	30	15	26030	700	29	59387	2259
江　西	72	43	33380	976	33	21540	1584
山　东	139	87	210453	6669	77	436268	13512
河　南	16	7	42100	1970	60	350350	32381
湖　北	54	23	62800	17580	56	743800	21198
湖　南	40	21	15300	345	56	147440	3181
广　东	299	131	448300	5720	53	93256	15304
广　西	97	80	122100	3320	28	210894	1577
海　南	3	2	3500	0	2	120	0
重　庆	66	30	67680	5505	103	434490	8067
四　川	33	14	28960	6050	28	266820	8761
贵　州	21	7	43030	500	37	125389	1893
云　南	65	43	72671	170	23	135462	6066
西　藏	10	10	8700	0	0	0	0
陕　西	14	8	10370	401	25	94960	2958
甘　肃	83	21	50972	4320	60	96433	1438
青　海	9	5	2126	180	6	16050	58
宁　夏	25	15	28010	312	11	66100	577
新　疆	64	28	430885	3400	24	38815	1939
新疆生产建设兵团	25	13	14860	4750	43	81490	1975

8—5 续表

地区	青少年参加国际及港澳台科技交流活动		举办青少年科学营		编印青少年科技教育资料		举办青少年科技教育培训	
	次数（次）	参加人数（人次）	次数（次）	参加人数（人次）	种数（种）	总印数（册）	次数（次）	培训人数（人次）
合计	**57**	**1700**	**301**	**90591**	**240**	**1302800**	**3161**	**754660**
北京	0	0	2	20	6	135100	184	23745
天津	0	0	12	597	1	2000	105	20844
河北	0	0	4	40	2	23000	31	11280
山西	2	28	2	80	4	52000	16	8450
内蒙古	0	0	9	262	3	8000	45	22326
辽宁	1	10	7	83	8	11300	95	14940
吉林	0	0	3	90	0	0	340	8500
黑龙江	1	500	6	268	2	4200	18	4485
上海	27	804	123	77776	59	336660	1473	345337
江苏	14	53	16	994	12	88000	50	17289
浙江	0	0	4	2129	3	4000	13	4448
安徽	0	0	7	245	3	2700	45	19410
福建	1	20	9	400	4	13000	32	2688
江西	1	60	6	166	8	4660	19	8810
山东	3	35	26	2410	48	159780	110	47936
河南	0	0	11	1130	12	28500	29	17940
湖北	0	0	8	1000	9	43000	41	40846
湖南	1	3	4	120	0	0	53	7544
广东	1	160	2	350	4	6500	95	51040
广西	1	10	2	1006	3	1900	50	5849
海南	0	0	0	0	0	0	0	0
重庆	2	6	8	840	19	169900	83	13188
四川	2	11	4	130	8	20000	23	4274
贵州	0	0	4	118	1	1800	5	696
云南	0	0	4	58	1	1000	20	1908
西藏	0	0	3	30	0	0	2	500
陕西	0	0	3	80	0	0	13	548
甘肃	0	0	3	75	11	133800	44	23202
青海	0	0	2	25	1	20000	5	462
宁夏	0	0	5	49	2	12000	4	620
新疆	0	0	2	20	6	20000	51	16852
新疆生产建设兵团	0	0	0	0	0	0	67	8703

8—6 各地区县级科协青少年科技教育

地　区	举办青少年科普宣讲活动			播放青少年广播、影视节目（分钟）	举办青少年科技竞赛		
	次数（次）	#专家报告	受众人数（人次）		次数（次）	参加人数（人次）	获奖人数（人次）
合　计	**10796**	**3378**	**6478128**	**654441**	**7474**	**11535252**	**288792**
北　京	37	37	23800	200	42	69200	680
天　津	99	7	64500	950	25	112560	545
河　北	308	103	179394	16261	296	217695	6594
山　西	266	92	99192	11005	220	275607	3966
内蒙古	206	62	142078	16767	153	122709	3037
辽　宁	334	46	128056	20854	313	241588	9293
吉　林	721	84	103490	14860	128	98349	5593
黑龙江	428	131	192620	15330	301	75454	1818
上　海	13	0	7000	1000	39	14400	39
江　苏	1452	527	758984	107319	919	1535591	41515
浙　江	1043	380	417418	71057	529	734547	18412
安　徽	328	150	159255	18595	213	168159	6201
福　建	513	168	245161	59720	391	228617	9491
江　西	160	78	96603	6625	218	82729	764
山　东	909	283	621200	32138	471	676278	18400
河　南	229	72	161697	24000	330	444603	19164
湖　北	480	170	500280	25420	536	1327211	23955
湖　南	406	130	227333	23654	335	606222	5736
广　东	307	139	367088	19820	198	438506	19034
广　西	294	123	375375	48376	256	972745	8290
海　南	69	36	47801	2990	59	82369	750
重　庆	35	11	61360	6861	73	472690	4843
四　川	323	92	268265	24537	262	737707	42477
贵　州	349	50	149279	13458	255	236194	7523
云　南	145	62	105424	3124	148	253305	15624
西　藏	0	0	0	0	0	0	0
陕　西	532	93	329965	16738	264	692760	5650
甘　肃	227	43	227300	18570	148	384860	4587
青　海	72	47	50382	3300	34	12776	461
宁　夏	96	40	91338	4240	45	61577	1033
新　疆	415	122	276490	26672	273	158244	3317

8—6 续表

地区	青少年参加国际及港澳台科技交流活动		举办青少年科学营		编印青少年科技教育资料		举办青少年科技教育培训	
	次数（次）	参加人数（人次）	次数（次）	参加人数（人次）	种数（种）	总印数（册）	次数（次）	培训人数（人次）
合　计	**113**	**3963**	**936**	**138210**	**3068**	**10721489**	**10763**	**3955389**
北　京	0	0	3	870	8	3000	10	6600
天　津	0	0	6	230	1	1200	10	3448
河　北	0	0	10	1580	93	187300	322	124447
山　西	0	0	18	4925	104	309950	327	149964
内蒙古	1	10	12	3990	85	444280	277	147195
辽　宁	1	15	16	1050	65	192750	554	133170
吉　林	2	50	10	635	79	178486	242	48791
黑龙江	3	300	63	4476	36	123320	318	77715
上　海	0	0	0	0	3	2000	4	280
江　苏	24	1175	243	33399	189	913546	825	324327
浙　江	8	267	60	6210	210	481862	662	225421
安　徽	3	42	29	2015	122	1544520	262	58043
福　建	9	543	66	5131	137	263418	401	56495
江　西	0	0	28	1666	196	249300	219	74820
山　东	15	291	45	15753	198	887930	553	371891
河　南	1	35	23	2740	101	314160	279	129580
湖　北	7	491	66	5677	227	910574	722	473970
湖　南	8	100	39	3965	223	857500	574	216195
广　东	9	180	27	4080	91	427140	238	75635
广　西	5	39	54	25537	134	447011	521	161178
海　南	0	0	5	304	58	78276	87	49271
重　庆	0	0	6	510	12	106000	49	53290
四　川	7	347	31	3566	269	568320	430	211592
贵　州	0	0	4	86	36	98200	637	131540
云　南	0	0	4	2271	21	108520	226	55142
西　藏	0	0	0	0	0	0	0	0
陕　西	0	0	15	2130	121	311200	1231	299486
甘　肃	3	30	7	552	141	202300	222	127287
青　海	0	0	5	990	18	86800	30	11603
宁　夏	0	0	1	10	12	219500	55	28737
新　疆	7	48	40	3862	78	203126	476	128276

8－7 各地区省级学会青少年科技教育

地区	举办青少年科普宣讲活动			播放青少年广播、影视节目（分钟）	举办青少年科技竞赛		
	次数（次）	#专家报告	受众人数（人次）		次数（次）	参加人数（人次）	获奖人数（人次）
合计	**5859**	**2407**	**1914568**	**48100**	**807**	**3739662**	**104475**
北京	187	148	78607	240	41	105307	5194
天津	119	39	94687	5400	19	28948	1127
河北	168	50	29415	45	25	74400	834
山西	1373	153	78456	3030	8	52750	3200
内蒙古	72	69	47240	0	13	22719	581
辽宁	23	14	2942	0	20	83186	1994
吉林	33	32	4560	0	21	281648	1998
黑龙江	415	28	396618	1230	8	17995	1226
上海	146	120	30074	20190	76	361073	2711
江苏	130	90	28897	45	88	140975	15409
浙江	142	55	61628	290	58	1046163	12857
安徽	67	47	30235	60	29	98865	6796
福建	242	89	163522	220	35	125920	4752
江西	197	42	89148	1205	49	93725	1320
山东	194	106	40930	750	31	318364	2332
河南	35	23	5016	940	9	5701	303
湖北	55	37	11178	550	15	55445	4174
湖南	67	26	34647	15	32	16317	1100
广东	113	83	35780	145	41	133818	5215
广西	371	104	206094	6960	15	69772	5152
海南	12	11	2700	0	4	2430	328
重庆	45	29	53827	15	29	156524	3670
四川	8	6	11003	120	10	51954	5182
贵州	75	65	6877	120	7	5572	524
云南	790	617	72436	650	24	196955	3556
西藏	11	8	1500	0	4	1420	86
陕西	198	165	49043	5880	56	94698	6103
甘肃	31	15	5500	0	18	1156	31
青海	71	19	104550	0	5	43810	300
宁夏	0	0	0	0	2	3552	216
新疆	469	117	137458	0	15	48500	6204

8—7 续表

地区	青少年参加国际及港澳台科技交流活动		举办青少年科学营		编印青少年科技教育资料		举办青少年科技教育培训	
	次数（次）	参加人数（人次）	次数（次）	参加人数（人次）	种数（种）	总印数（册）	次数（次）	培训人数（人次）
合计	**44**	**10005**	**334**	**44421**	**278**	**1175207**	**875**	**212277**
北京	0	0	9	723	6	28330	13	453
天津	0	0	4	656	13	9100	10	2929
河北	0	0	5	450	5	15000	16	36667
山西	0	0	11	1108	2	400	0	0
内蒙古	0	0	2	290	2	30000	7	1025
辽宁	2	9406	1	90	7	65000	7	3120
吉林	2	12	2	550	5	5050	13	6367
黑龙江	4	33	3	1250	25	11960	29	880
上海	4	132	31	2726	37	290680	251	10649
江苏	4	215	11	6533	15	27200	31	2515
浙江	6	25	16	3148	7	5400	13	1781
安徽	6	33	10	1378	5	36540	23	3181
福建	2	38	19	2997	18	114102	65	7188
江西	1	7	3	57	6	122000	30	16993
山东	0	0	16	2304	7	35200	47	2090
河南	2	2	3	240	6	23200	3	300
湖北	4	12	10	995	12	22500	27	1032
湖南	0	0	18	3859	3	7500	18	2700
广东	0	0	25	1095	16	133500	10	1195
广西	0	0	9	2635	12	19045	32	64984
海南	0	0	0	0	1	500	0	0
重庆	3	69	7	378	4	16600	12	1867
四川	0	0	2	55	2	9000	2	150
贵州	0	0	1	15	2	6000	2	170
云南	0	0	3	275	6	20550	30	5655
西藏	0	0	2	22	4	16000	28	9800
陕西	4	21	32	5614	42	42850	93	6480
甘肃	0	0	4	410	1	10000	1	150
青海	0	0	3	208	2	1000	28	8956
宁夏	0	0	0	0	0	0	1	40
新疆	0	0	72	4360	5	51000	33	12960

九、科普基础设施建设

简要说明

本篇统计资料为

一、汇总数据，反映中国科协、地方科协科普基础设施建设总体情况。

二、地方科协统计数据，分别反映各省级科协、副省级城市、省会城市科协、地级科协、县级科协科普基础设施建设情况。

三、“科技馆数量、科普画廊建筑面积、科普大篷车数量、科普教育基地数量、示范基地数量、示范县、示范街道、示范社区、示范户”统计数据为时点数。

四、“参观人数、受众人数、科普画廊展示面积、大篷车行驶里程”统计数据为本年度时期数。

9—1 各级科协科普基础设施建设汇总表

指标	合计	中国科协机关及直属单位	省级科协	副省级、省会城市科协	地级科协	县级科协
科技馆（个）	419	1	21	13	95	289
#建筑面积8000平方米以上	59	1	19	8	17	14
建筑面积（万平方米）	203	10	49	16	46	82
展厅面积（万平方米）	95	6	22	9	22	36
科技馆全年参观人数（万人次）	3031	291	1046	397	553	743
#少儿参观人数（万人次）	1908	291	588	201	380	449
科普活动站（中心、室）（个）	160122	4	1152	1720	11461	145785
全年参加活动（培训）人数（万人次）	4208	0.3	86	141	559	3421
科普画廊建筑面积（宣传栏、科技宣传橱窗）（万平方米）	207	0	2	3	22	180
科普画廊展示面积（万平方米）	376	0	4	5	66	301
科普大篷车数（辆）	607	—	52	25	246	284
#省级	52	—	52	—	—	—
#地（市）级	271	—	—	25	246	—
#县（市）级	284	—	—	—	—	284
科普大篷车下乡次数（次）	14411	—	799	571	4878	8163
受益人数（万人次）	1917	—	295	163	717	742
科普大篷车行驶里程（公里）	3646396	—	387176	101650	1196755	1960815
全国科普教育基地（个）	995	—	278	38	235	444
全年参观人数（万人次）	14253	—	4128	105	4149	5870
省级科普教育基地（个）	2383	—	348	71	729	1235
全年参观人数（万人次）	17249	—	4439	250	7524	5036
农村科普示范基地（个）	27652	—	1222	488	4792	21150
科普示范县（市、区）（个）	2564	902	992	89	581	—
科普示范街道（乡镇）（个）	15717	0	1766	482	3680	9789
科普示范社区（村）（个）	63257	0	2157	1702	10325	49073
科普示范户（个）	2473298	0	1681	1547	142765	2327305

注：明细表中删除了科普大篷车数［省级、地（市）级、县（市）级］

9—2 各省级科协科普基础设施建设

地　　区	科技馆						科普活动站（中心、室）（个）	全年参加活动（培训）人数（人次）
	个数（个）	#建筑面积8000平方米以上	建筑面积（平方米）	展厅面积（平方米）	全年参观人数（人次）	#少儿参观人数		
合　　计	**21**	**19**	**493913**	**220515**	**10464923**	**5877158**	**1152**	**861098**
北　　京	0	0	0	0	0	0	0	0
天　　津	1	1	18000	10000	412000	288400	0	0
河　　北	1	1	32000	10000	200000	140000	0	0
山　　西	0	0	0	0	0	0	0	0
内 蒙 古	0	0	0	0	0	0	0	0
辽　　宁	0	0	0	0	0	0	0	0
吉　　林	1	1	32000	15000	6000	3000	1	1200
黑 龙 江	1	1	25000	12000	650000	380000	1	100000
上　　海	1	0	2006	1145	12500	2500	0	0
江　　苏	0	0	0	0	0	0	0	0
浙　　江	1	1	30000	10000	500000	300000	0	0
安　　徽	1	1	12000	4000	140000	100000	0	0
福　　建	1	1	8000	4000	128000	100000	124	134407
江　　西	0	0	0	0	0	0	0	0
山　　东	1	1	21000	12000	2400000	1600000	0	0
河　　南	1	1	21334	1200	110000	50000	4	300
湖　　北	0	0	0	0	0	0	0	0
湖　　南	1	1	28113	12603	363264	150000	0	0
广　　东	1	0	7979	1000	280000	140000	0	0
广　　西	1	1	38988	15900	1000000	650000	1	150000
海　　南	0	0	0	0	0	0	0	0
重　　庆	1	1	45300	30000	1170000	970000	0	0
四　　川	1	1	41800	25000	1566181	221226	0	0
贵　　州	1	1	14800	8000	150000	100000	867	425991
云　　南	1	1	16348	3550	31689	11263	1	36000
西　　藏	0	0	0	0	0	0	149	1200
陕　　西	1	1	9800	2000	73000	35000	0	0
甘　　肃	0	0	0	0	0	0	0	0
青　　海	1	1	33179	14000	737289	255769	0	0
宁　　夏	1	1	29664	18000	125000	100000	0	0
新　　疆	1	1	26602	11117	410000	280000	4	12000
新疆生产建设兵团	0	0	0	0	0	0	0	0

9—2 续表 1

地　区	科普画廊建筑面积（宣传栏、科技宣传橱窗）（平方米）	科普画廊展示面积（平方米）	科普大篷车下乡次数（次）	科普大篷车下乡受益人数（人次）	科普大篷车行驶里程（公里）
合　计	**19823**	**36634**	**799**	**2946580**	**387176**
北　京	573	1445	0	0	0
天　津	5512	7512	0	0	0
河　北	0	0	33	250000	12000
山　西	0	0	50	420000	25000
内蒙古	90	720	0	0	0
辽　宁	0	0	21	100000	10000
吉　林	70	840	11	30000	3000
黑龙江	100	300	30	120000	3000
上　海	0	0	0	0	0
江　苏	0	0	78	150000	12000
浙　江	0	0	24	19000	5600
安　徽	0	0	21	60000	3400
福　建	85	450	0	0	0
江　西	0	0	4	10000	5000
山　东	10	20	32	150000	10000
河　南	160	360	0	0	0
湖　北	180	180	12	40000	2500
湖　南	0	0	0	0	0
广　东	0	0	85	550000	22000
广　西	0	0	24	48000	12000
海　南	0	0	0	0	0
重　庆	0	0	12	194700	8101
四　川	0	0	20	60000	1775
贵　州	6410	17493	4	20000	800
云　南	108	249	24	80000	12000
西　藏	2265	2265	75	50000	14000
陕　西	0	0	73	154700	20000
甘　肃	60	600	28	110000	21000
青　海	0	0	51	94100	111200
宁　夏	4200	4200	70	190000	64800
新　疆	0	0	17	46080	8000
新疆生产建设兵团	0	0	0	0	0

9—2 续表 2

地　　区	全国科普教育基地（个）	全年参观人数（人次）	省级科普教育基地（个）	全年参观人数（人次）	农村科普示范基地（个）	科普示范县（市、区）（个）	科普示范街道（乡镇）（个）	科普示范社区（村）（个）	科普示范户（个）
合　　计	**278**	**41280067**	**348**	**44390604**	**1222**	**992**	**1766**	**2157**	**1681**
北　　京	58	10000	0	0	0	0	0	0	0
天　　津	22	310000	73	3402000	88	18	93	74	180
河　　北	12	300000	5	200000	0	0	0	0	0
山　　西	3	10000	6	5800	0	53	0	0	0
内 蒙 古	0	0	1	200	202	35	154	229	0
辽　　宁	22	800000	0	0	0	38	0	0	0
吉　　林	8	105000	22	65000	72	25	28	40	1500
黑 龙 江	2	220000	1	650000	0	63	0	1	0
上　　海	6	900000	0	0	10	14	0	25	0
江　　苏	5	535040	0	0	0	89	0	0	0
浙　　江	11	110000	0	0	0	21	22	66	0
安　　徽	2	300000	0	0	83	40	0	140	0
福　　建	1	120000	0	0	131	61	161	300	0
江　　西	3	350000	1	30000	0	42	0	0	0
山　　东	13	850000	12	1032000	326	82	0	173	0
河　　南	1	70000	0	0	0	96	1308	654	0
湖　　北	17	200000	42	950000	75	49	0	50	0
湖　　南	14	16000	12	72000	0	39	0	0	0
广　　东	3	456000	0	0	0	29	0	219	0
广　　西	8	118527	9	1085415	126	43	0	26	0
海　　南	9	30000000	11	30000000	1	13	0	0	0
重　　庆	0	0	0	0	0	30	0	0	0
四　　川	19	1000000	0	0	0	0	0	0	0
贵　　州	20	4187000	26	4388000	0	38	0	26	0
云　　南	0	0	0	0	0	0	0	50	0
西　　藏	8	14500	13	5400	8	0	0	2	1
陕　　西	0	0	0	0	0	27	0	0	0
甘　　肃	1	140000	22	448000	85	16	0	0	0
青　　海	4	8000	31	1317289	1	11	0	0	0
宁　　夏	6	150000	12	300000	0	0	0	30	0
新　　疆	0	0	49	439500	14	20	0	52	0
新疆生产建设兵团	0	0	0	0	0	0	0	0	0

9—3 各副省级城市科协、省会城市科协科普基础设施建设

城市	科技馆						科普活动站（中心、室）（个）	全年参加活动（培训）人数（人次）
	个数（个）	#建筑面积8000平方米以上	建筑面积（平方米）	展厅面积（平方米）	全年参观人数（人次）	#少儿参观人数		
合计	**13**	**8**	**158987**	**87691**	**3971434**	**2012500**	**1720**	**1411974**
副省级城市小计	**8**	**5**	**119561**	**65416**	**3264434**	**1531500**	**1351**	**1345681**
宁波*	0	0	0	0	0	0	0	0
厦门*	0	0	0	0	0	0	160	17500
深圳*	1	1	12000	2000	100000	80000	0	0
青岛*	1	1	15691	13298	2000000	800000	1	1000
大连*	1	0	6000	1000	50000	40000	1106	1214600
省会城市小计	**10**	**6**	**125296**	**71393**	**1821434**	**1092500**	**453**	**178874**
石家庄	0	0	0	0	0	0	0	0
太原	0	0	0	0	0	0	1	104
呼和浩特	0	0	0	0	0	0	0	0
沈阳*	0	0	0	0	0	0	10	3000
长春*	0	0	0	0	0	0	0	0
哈尔滨*	1	0	4000	1000	60000	52000	28	6661
南京*	1	1	30000	22000	523000	254000	0	0
杭州*	1	1	33656	15518	173434	55500	1	75000
合肥	1	1	11700	7000	250000	200000	0	0
福州	1	1	8000	6000	100000	60000	0	0
南昌	0	0	0	0	0	0	0	0
济南*	0	0	0	0	0	0	21	420
郑州	1	1	8426	4800	320000	192000	0	0
武汉*	1	1	14214	8600	273000	180000	2	8000
长沙	1	0	4500	600	26000	22000	0	0
广州*	1	0	4000	2000	85000	70000	20	6700
南宁	0	0	0	0	0	0	46	5100
海口	0	0	0	0	0	0	50	7000
成都*	0	0	0	0	0	0	0	0
贵阳	0	0	0	0	0	0	200	49889
昆明	0	0	0	0	0	0	0	0
拉萨	0	0	0	0	0	0	61	2000
西安*	0	0	0	0	0	0	2	12800
兰州	0	0	0	0	0	0	0	0
西宁	0	0	0	0	0	0	4	1000
银川	0	0	0	0	0	0	0	0
乌鲁木齐	1	0	6800	3875	11000	7000	7	1200

注：城市名称后带“*”的为副省级城市，包括省会城市中带“*”的

9—3 续表 1

城　市	科普画廊建筑面积（宣传栏、科技宣传橱窗）（平方米）	科普画廊展示面积（平方米）	科普大篷车下乡次数（次）	科普大篷车下乡受益人数（人次）	科普大篷车行驶里程（公里）
合　计	**26622**	**51570**	**571**	**1628477**	**101650**
副省级城市小计	**16820**	**34922**	**212**	**518585**	**42015**
宁　波 *	0	0	40	47000	7400
厦　门 *	0	0	0	0	0
深　圳 *	200	8000	0	0	0
青　岛 *	60	60	0	0	0
大　连 *	13728	13728	12	14000	1560
省会城市小计	**12634**	**29782**	**519**	**1567477**	**92690**
石 家 庄	80	320	0	0	0
太　原	6400	6400	8	18000	420
呼和浩特	0	0	26	30000	4000
沈　阳 *	500	4000	20	5000	4000
长　春 *	0	0	30	25000	3000
哈 尔 滨 *	0	0	10	90000	5000
南　京 *	0	0	12	19000	1800
杭　州 *	32	160	0	0	0
合　肥	0	0	0	0	0
福　州	12	24	42	500000	3000
南　昌	252	640	30	50000	5600
济　南 *	140	1260	0	0	0
郑　州	2024	8096	15	60000	1000
武　汉 *	889	6153	6	159735	5370
长　沙	0	0	31	50000	8000
广　州 *	66	356	67	120000	12985
南　宁	0	0	28	60000	5000
海　口	500	500	15	3000	6000
成　都 *	0	0	0	0	0
贵　阳	100	100	10	24892	615
昆　明	8	8	0	0	0
拉　萨	0	0	56	25000	0
西　安 *	1205	1205	15	38850	900
兰　州	0	0	22	29000	2000
西　宁	350	460	50	60000	20000
银　川	0	0	0	0	0
乌鲁木齐	76	100	26	200000	4000

9—3 续表 2

城　市	全国科普教育基地（个）	全年参观人数（人次）	省级科普教育基地（个）	全年参观人数（人次）	农村科普示范基地（个）	科普示范县（市、区）（个）	科普示范街道（乡镇）（个）	科普示范社区（村）（个）	科普示范户（个）
合　计	**38**	**1051982**	**71**	**2502000**	**488**	**89**	**482**	**1702**	**1547**
副省级城市小计	**18**	**411982**	**49**	**902000**	**202**	**38**	**225**	**1032**	**1366**
宁　波*	0	0	0	0	0	5	0	0	0
厦　门*	2	5000	11	12000	18	4	9	150	0
深　圳*	0	0	0	0	0	0	0	0	0
青　岛*	0	0	0	0	82	0	0	97	0
大　连*	5	40000	15	100000	12	11	32	55	1100
省会城市小计	**31**	**1006982**	**45**	**2390000**	**376**	**69**	**441**	**1400**	**447**
石家庄	0	0	0	0	10	0	0	20	0
太　原	4	30000	5	30000	25	4	10	20	100
呼和浩特	0	0	0	0	0	4	13	80	0
沈　阳*	0	0	0	0	50	0	0	0	0
长　春*	0	0	0	0	6	3	22	16	266
哈尔滨*	11	366982	12	290000	0	0	0	3	0
南　京*	0	0	0	0	8	8	0	0	0
杭　州*	0	0	11	500000	15	0	108	615	0
合　肥	2	100000	7	70000	0	0	0	0	0
福　州	9	500000	10	1500000	46	0	20	179	0
南　昌	0	0	0	0	10	2	3	15	81
济　南*	0	0	0	0	11	3	0	9	0
郑　州	0	0	0	0	50	9	138	186	0
武　汉*	0	0	0	0	0	0	0	38	0
长　沙	0	0	0	0	17	9	0	26	0
广　州*	0	0	0	0	0	4	46	0	0
南　宁	0	0	0	0	13	2	39	42	0
海　口	0	0	0	0	75	4	0	0	0
成　都*	0	0	0	0	0	0	8	49	0
贵　阳	0	0	0	0	13	10	9	0	0
昆　明	0	0	0	0	7	0	0	64	0
拉　萨	0	0	0	0	0	0	0	4	0
西　安*	0	0	0	0	0	0	0	0	0
兰　州	0	0	0	0	5	1	0	20	0
西　宁	5	10000	0	0	0	0	0	14	0
银　川	0	0	0	0	15	6	25	0	0
乌鲁木齐	0	0	0	0	0	0	0	0	0

注：城市名称后带“*”的为副省级城市，包括省会城市中带“*”的

9—4 各地区地级科协科普基础设施建设

地区	科技馆						科普活动站（中心、室）（个）	全年参加活动（培训）人数（人次）
	个数（个）	#建筑面积8000平方米以上	建筑面积（平方米）	展厅面积（平方米）	全年参观人数（人次）	#少儿参观人数		
合计	**95**	**17**	**463578**	**219980**	**5531981**	**3797827**	**11461**	**5592757**
北京	2	0	6970	550	7000	6300	2001	688380
天津	0	0	0	0	0	0	675	199200
河北	3	0	7200	4050	12020	8200	54	38860
山西	0	0	0	0	0	0	60	4200
内蒙古	3	0	6700	3900	51500	38200	96	20515
辽宁	11	1	54696	27045	344600	202700	807	121800
吉林	3	0	4530	1560	10500	3200	130	8820
黑龙江	2	0	2020	1300	6300	5100	629	241500
上海	18	0	46660	21020	860844	345921	1761	1776779
江苏	2	1	21200	11000	960000	740000	187	171000
浙江	5	2	44876	27022	340300	202344	6	23000
安徽	4	1	29003	16600	232000	150000	4	5500
福建	4	1	29141	14255	68358	51355	12	6206
江西	3	0	6208	3068	32800	23900	19	11844
山东	4	2	29900	13500	1024000	836580	320	587035
河南	4	2	23266	15160	301000	201800	364	78720
湖北	8	2	48790	16500	464029	385500	208	336100
湖南	2	0	8800	2400	33200	22100	9	486
广东	9	4	60568	26144	522330	362977	888	596120
广西	1	0	6400	2300	25000	24000	3	2900
海南	0	0	0	0	0	0	0	0
重庆	1	0	1350	1100	8000	6000	2195	374660
四川	2	0	2900	1240	40800	30600	24	1900
贵州	0	0	0	0	0	0	5	23500
云南	1	0	5600	2216	100	50	40	32915
西藏	0	0	0	0	0	0	37	56910
陕西	0	0	0	0	0	0	13	4787
甘肃	1	0	1500	750	120000	100000	814	126460
青海	0	0	0	0	0	0	0	0
宁夏	2	1	15300	7300	67300	51000	78	32850
新疆	0	0	0	0	0	0	1	2000
新疆生产建设兵团	0	0	0	0	0	0	21	17810

9—4 续表 1

地 区	科普画廊建筑面积（宣传栏、科技宣传橱窗）（平方米）	科普画廊展示面积（平方米）	科普大篷车下乡次数（次）	科普大篷车下乡受益人数（人次）	科普大篷车行驶里程（公里）
合 计	**216942**	**662621**	**4878**	**7173495**	**1196755**
北 京	34571	133072	32	37500	10000
天 津	14472	22898	140	88300	39605
河 北	3200	4220	66	61000	10000
山 西	2118	2168	11	17000	3000
内蒙古	2015	2674	247	213400	66200
辽 宁	9901	16592	29	34000	7400
吉 林	665	1065	37	26500	16500
黑龙江	2846	4206	125	609400	33200
上 海	28830	31744	81	102358	24283
江 苏	26656	41656	90	39000	7800
浙 江	1852	1852	140	235942	41172
安 徽	570	700	142	227000	52150
福 建	317	1752	9	22560	5818
江 西	932	2576	71	112850	8820
山 东	13805	16149	223	489000	31900
河 南	1582	9102	178	294200	29000
湖 北	1535	2065	228	406090	50400
湖 南	128	514	12	20000	2100
广 东	31159	270774	406	322500	62750
广 西	248	266	347	524429	69635
海 南	0	0	0	0	0
重 庆	24050	75675	190	682260	66110
四 川	350	403	284	363600	89480
贵 州	436	556	75	130500	23670
云 南	341	578	202	270881	41032
西 藏	130	250	107	41500	63780
陕 西	715	1964	84	148760	25700
甘 肃	2388	2445	356	694430	100800
青 海	360	360	68	82600	30500
宁 夏	2188	2500	42	25700	5200
新 疆	115	306	755	637700	115250
新疆生产建设兵团	8467	11539	101	212535	63500

9—4 续表 2

地　　区	全国科普教育基地（个）	全年参观人数（人次）	省级科普教育基地（个）	全年参观人数（人次）	农村科普示范基地（个）	科普示范县（市、区）（个）	科普示范街道（乡镇）（个）	科普示范社区（村）（个）	科普示范户（个）
合　　计	**235**	**41493619**	**729**	**75237593**	**4792**	**581**	**3680**	**10325**	**142765**
北　　京	21	1690000	200	13088579	151	4	28	504	880
天　　津	15	2108000	15	5083000	98	8	89	521	7063
河　　北	12	173000	11	45000	216	46	243	460	5500
山　　西	3	15500	22	88000	190	10	318	62	5370
内 蒙 古	0	0	7	23000	120	54	228	1171	2006
辽　　宁	10	185000	15	151000	249	30	86	389	4373
吉　　林	0	0	27	53300	193	22	10	25	1349
黑 龙 江	18	600518	38	284700	135	41	58	145	2353
上　　海	87	28437871	196	52844864	43	0	71	1241	5615
江　　苏	0	0	0	0	381	63	304	507	5590
浙　　江	0	0	6	96500	52	5	132	211	220
安　　徽	18	818000	60	528500	123	0	43	129	3031
福　　建	4	25950	17	158600	141	14	36	175	230
江　　西	8	151800	31	145860	63	14	27	117	3936
山　　东	0	0	0	0	349	42	231	258	28506
河　　南	0	0	0	0	400	28	313	721	1782
湖　　北	5	94000	3	6000	44	18	55	116	570
湖　　南	2	2300	1	30000	181	43	237	412	3210
广　　东	5	1003000	20	1260000	114	8	16	198	3970
广　　西	0	0	0	0	190	18	176	54	5866
海　　南	0	0	0	0	0	0	0	0	0
重　　庆	16	5671900	15	284000	169	0	164	667	9238
四　　川	3	445000	3	445000	257	28	418	1211	7869
贵　　州	0	0	9	43730	21	13	46	91	18
云　　南	0	0	0	0	76	5	17	155	3128
西　　藏	0	0	0	0	23	5	0	3	198
陕　　西	0	0	0	0	305	16	122	189	2810
甘　　肃	0	0	22	448000	262	21	118	324	12905
青　　海	0	0	1	470	8	5	12	12	92
宁　　夏	0	0	0	0	13	7	16	47	3025
新　　疆	0	0	7	124430	197	0	49	136	9235
新疆生产建设兵团	8	71780	3	5060	28	13	17	74	2827

9—5 各地区县级科协科普基础设施建设

地区	科技馆						科普活动站（中心、室）（个）	全年参加活动（培训）人数（人次）
	个数（个）	#建筑面积8000平方米以上	建筑面积（平方米）	展厅面积（平方米）	全年参观人数（人次）	#少儿参观人数		
合计	**289**	**14**	**815568**	**358807**	**7429202**	**4487071**	**145785**	**34206643**
北京	0	0	0	0	0	0	428	70980
天津	0	0	0	0	0	0	177	37600
河北	6	1	20000	17590	52500	33110	1607	457440
山西	0	0	0	0	0	0	2112	350190
内蒙古	16	0	35940	14890	162600	74990	1093	583319
辽宁	7	0	28618	5800	117200	81450	3775	1231900
吉林	21	0	16953	5890	138070	99360	2716	382260
黑龙江	9	0	26278	5600	194150	42500	2190	901743
上海	1	0	5000	2500	1100	1100	18	1800
江苏	44	2	164030	70010	1260220	548810	9665	4560356
浙江	27	0	99500	50696	1641756	959587	10027	3662412
安徽	6	0	6640	2845	32000	23650	2499	1186720
福建	10	0	27029	9890	282080	251280	9181	1718677
江西	8	2	26760	12820	50400	40900	1705	295440
山东	32	5	120722	64600	1902785	1453203	43764	6466326
河南	4	0	10760	5860	132980	67560	5718	1534200
湖北	51	1	100734	34506	719610	478030	8533	2202201
湖南	11	1	23312	8270	289840	101900	1993	674672
广东	4	0	12600	4580	63000	39200	2880	721763
广西	6	0	3236	1350	34400	24020	2149	1008535
海南	0	0	0	0	0	0	346	60867
重庆	0	0	0	0	0	0	2706	283370
四川	1	0	170	170	800	400	3358	1590935
贵州	2	0	5286	2150	22600	21500	1467	362761
云南	7	0	14133	5900	68000	50660	6376	1130619
西藏	0	0	0	0	0	0	0	0
陕西	4	1	22900	19200	56600	17990	3109	1046105
甘肃	2	0	1450	860	5400	4155	1424	276786
青海	2	0	20287	1860	21543	6856	162	39266
宁夏	1	0	800	400	600	500	12757	287300
新疆	7	1	22430	10570	178968	64360	1850	1080100

9—5 续表 1

地　　区	科普画廊建筑面积（宣传栏、科技宣传橱窗）（平方米）	科普画廊展示面积（平方米）	科普大篷车下乡次数（次）	科普大篷车下乡受益人数（人次）	科普大篷车行驶里程（公里）
合　　计	**1803801**	**3013201**	**8163**	**7418390**	**1960815**
北　　京	1661	4983	24	8200	3000
天　　津	1935	2145	125	38800	12500
河　　北	16373	20156	146	49070	22250
山　　西	78936	86321	42	77200	22800
内 蒙 古	15212	15567	389	244150	134115
辽　　宁	45174	70828	128	106600	17830
吉　　林	16434	29109	495	190214	89870
黑 龙 江	53949	68521	519	210880	99460
上　　海	4600	4600	0	0	0
江　　苏	113581	140057	369	247430	68926
浙　　江	163993	313604	270	189850	62100
安　　徽	39111	74440	174	144163	40018
福　　建	75241	213095	285	119937	24120
江　　西	16380	28646	347	281220	129250
山　　东	645176	929633	99	329845	85520
河　　南	58316	186672	443	628980	220900
湖　　北	62651	111181	735	1614763	182925
湖　　南	42853	54150	551	212021	96280
广　　东	26301	102730	119	274000	42720
广　　西	26243	65208	319	201022	43228
海　　南	1996	4480	469	150010	54560
重　　庆	18298	48726	210	159050	27900
四　　川	42534	62797	195	165297	72720
贵　　州	15382	19065	328	382150	75085
云　　南	97760	152898	296	254789	47978
西　　藏	0	0	0	0	0
陕　　西	28186	67828	323	254700	51690
甘　　肃	10420	12105	238	312989	55730
青　　海	2598	13507	109	156900	58020
宁　　夏	61502	62112	101	227600	37950
新　　疆	21005	48037	315	186560	81370

9—5 续表 2

地区	全国科普教育基地（个）	全年参观人数（人次）	省级科普教育基地（个）	全年参观人数（人次）	农村科普示范基地（个）	科普示范县（市、区）（个）	科普示范街道（乡镇）（个）	科普示范社区（村）（个）	科普示范户（个）
合计	**444**	**58703513**	**1235**	**50357277**	**21150**	**0**	**9789**	**49073**	**2327305**
北京	0	0	12	288090	67	0	13	151	272
天津	1	30000	6	26000	42	0	20	105	2030
河北	12	144000	63	233670	609	0	426	1986	59690
山西	8	58800	29	104628	898	0	435	2754	230024
内蒙古	11	202261	31	458776	387	0	319	1153	34161
辽宁	9	3100500	24	256080	877	0	411	1424	26217
吉林	17	132900	26	211362	233	0	155	809	23138
黑龙江	0	0	34	470458	493	0	223	832	21480
上海	3	50000	12	118000	8	0	2	51	3200
江苏	64	6848500	118	3339562	1003	0	533	2654	98133
浙江	29	3706397	58	1912970	982	0	458	4117	23331
安徽	0	0	0	0	643	0	353	1264	99951
福建	26	966069	115	2575134	671	0	178	1546	42776
江西	9	72000	17	94390	515	0	254	707	41049
山东	71	5937160	282	9324796	2209	0	602	3970	146249
河南	30	7005100	78	8057910	2510	0	1060	4634	219807
湖北	0	0	0	0	964	0	399	1741	59246
湖南	5	4300	31	184993	1390	0	546	3578	163131
广东	38	1536056	92	2943946	576	0	142	542	16757
广西	7	1397000	23	2087500	976	0	321	1412	111167
海南	2	60000	4	69850	189	0	67	358	24436
重庆	2	9000	4	18000	200	0	128	590	9913
四川	7	367940	5	190200	1402	0	1122	4963	322475
贵州	4	72500	11	116000	591	0	287	1133	88062
云南	26	20765500	46	15223030	538	0	187	1376	137297
西藏	0	0	0	0	0	0	0	0	0
陕西	17	3053370	45	1178600	1092	0	473	1756	61347
甘肃	17	2644220	16	487800	304	0	277	1045	90391
青海	0	0	2	1000	59	0	74	562	11736
宁夏	6	406890	10	47700	225	0	99	689	12267
新疆	23	133050	41	336832	497	0	225	1171	147572

十、科技传播

简要说明

本篇统计资料为

一、汇总数据，反映中国科协、地方科协和全国学会、省级学会科技传播媒介能力建设情况。

二、地方科协和省级学会统计数据，分别反映各省级科协及其所属学会、副省级城市、省会城市科协、地级科协、县级科协编著科技图书、主办科技报纸、制作科技广播影视、制作科普动漫、主办科技网站的数量。

10—1 各级科协科技传播汇总表

指 标	合 计	中国科协机关及直属单位	省级科协	副省级、省会城市科协	地级科协	县级科协
编著科技图书种数（种）	1640	168	332	50	229	861
科技图书总印数（万册）	1388	46	542	72	296	431
主办科技报纸种数（种）	105	0	32	5	13	55
报纸总印数（万份）	10482	0	10092	193	62	135
制作科普挂图种数（种）	5156	12	431	210	687	3816
挂图总印数（万张）	953	4	383	37	131	399
制作科技广播、影视节目套数（套）	2746	310	346	218	285	1587
制作节目播放时间（小时）	6441	91	1231	704	702	3714
制作科技光盘种数（种）	1595	1	408	24	337	825
科技光盘张数（万张）	47	6	8	2	7	24
制作科普动漫作品套数（套）	6149	0	3003	8	88	3050
制作科普动漫播放时间（小时）	4066	0	3152	2	107	805
主办科技网站（个）	1257	13	117	40	249	838
浏览人数（万人次）	28785	3209	13764	313	6469	5031

10—2 全国学会、省级学会科技传播汇总表

指 标	合 计	全国学会		省级学会
		所属学会	委托管理学会	
编著科技图书种数（种）	1468	346	4	1118
科技图书总印数（万册）	672	135	0.23	536
主办科技报纸种数（种）	99	5	1	93
报纸总印数（万份）	2071	172	2	1896
制作科普挂图种数（种）	3349	618	179	2552
挂图总印数（万张）	610	129	1	479
制作科技广播、影视节目套数（套）	1844	78	22	1744
制作节目播放时间（小时）	2160	136	7	2017
制作科技光盘种数（种）	1347	202	12	1133
科技光盘张数（万张）	90	31	2	56
制作科普动漫作品套数（套）	302	13	0	289
制作科普动漫播放时间（小时）	295	183	0	112
主办科技网站（个）	925	297	10	618
浏览人数（万人次）	84741	74298	52	10391

10—3 各省级科协科技传播

地区	编著科技图书		主办科技报纸		制作科普挂图	
	种数（种）	总印数（册）	种数（种）	总印数（份）	种数（种）	总印数（张）
合计	**332**	**5419585**	**32**	**100920815**	**431**	**3825199**
北京	0	0	1	700000	10	47120
天津	4	39000	0	0	22	162000
河北	2	4000	1	14500000	0	0
山西	2	9000	3	4588400	193	736360
内蒙古	3	42000	2	778000	1	60000
辽宁	0	0	0	0	8	241500
吉林	0	0	1	1225000	33	41000
黑龙江	4	140000	1	2000000	12	50000
上海	262	78885	2	6993000	0	0
江苏	4	61000	1	5000000	11	75500
浙江	3	1000	0	0	6	32000
安徽	0	0	1	3000000	0	0
福建	5	52000	0	0	14	815600
江西	0	0	0	0	12	15000
山东	0	0	1	1850000	28	520092
河南	1	50000	2	15557000	5	150000
湖北	1	3000	0	0	0	0
湖南	2	4178200	1	200000	0	0
广东	10	50000	1	8000000	16	400000
广西	2	121500	2	10925800	2	5629
海南	3	60000	0	0	3	2000
重庆	7	250000	3	16605615	6	115000
四川	0	0	1	100000	4	32000
贵州	0	0	0	0	0	0
云南	1	15000	2	1072000	9	89950
西藏	0	0	2	2300000	0	0
陕西	1	5000	1	4656000	8	137698
甘肃	0	0	1	200000	5	25000
青海	0	0	2	670000	0	0
宁夏	15	260000	0	0	7	20750
新疆	0	0	0	0	4	15000
新疆生产建设兵团	0	0	0	0	12	36000

10—3 续表

地区	制作科技广播、影视节目		制作科技光盘		制作科普动漫作品		主办科技网站	
	套数（套）	播放时间（分钟）	种数（种）	张数（张）	套数（套）	播放时间（分钟）	个数（个）	浏览人数（人次）
合计	**346**	**73835**	**408**	**84726**	**3003**	**189111**	**117**	**137637326**
北京	0	0	2	500	2701	302	11	8555000
天津	0	0	0	0	0	0	3	7719000
河北	0	0	0	0	0	0	9	1317500
山西	52	57600	2	500	56	57612	4	8402758
内蒙古	0	0	0	0	0	0	1	128895
辽宁	104	3120	2	25200	5	91250	2	4012
吉林	48	2880	154	11000	4	12	3	470000
黑龙江	1	120	2	200	0	0	2	4565825
上海	0	0	0	0	0	0	13	9953350
江苏	0	0	4	43000	0	0	2	6000000
浙江	2	5460	0	0	2	35	1	205000
安徽	1	15	0	0	30	125	1	1460000
福建	0	0	0	0	0	0	12	4893690
江西	0	0	2	300	0	0	1	50000
山东	0	0	2	630	200	38000	2	1403000
河南	70	1400	2	96	0	0	0	0
湖北	0	0	0	0	0	0	4	455786
湖南	0	0	0	0	0	0	0	0
广东	0	0	0	0	1	120	7	100000
广西	1	1620	0	0	1	1620	8	9846889
海南	0	0	0	0	0	0	0	0
重庆	1	40	0	0	0	0	8	25517807
四川	0	0	0	0	0	0	4	50000
贵州	0	0	3	600	0	0	1	15476
云南	64	1400	3	2200	1	5	4	238741
西藏	0	0	0	0	0	0	0	0
陕西	0	0	0	0	0	0	6	43846000
甘肃	0	0	0	0	0	0	3	524621
青海	0	0	0	0	2	30	2	66735
宁夏	2	180	230	500	0	0	1	1746698
新疆	0	0	0	0	0	0	2	100543
新疆生产建设兵团	0	0	0	0	0	0	0	0

10－4　各副省级城市科协、省会城市科协科技传播

城　市	编著科技图书		主办科技报纸		制作科普挂图	
	种数（种）	总印数（册）	种数（种）	总印数（份）	种数（种）	总印数（张）
合　计	**50**	**722600**	**5**	**1933212**	**210**	**365354**
副省级城市小计	**29**	**391600**	**5**	**1933212**	**195**	**269540**
宁　波*	4	14800	1	373000	3	5000
厦　门*	0	0	0	0	3	800
深　圳*	0	0	0	0	0	0
青　岛*	9	76300	0	0	10	22040
大　连*	6	30000	0	0	5	15000
省会城市小计	**31**	**601500**	**4**	**1560212**	**189**	**322514**
石家庄	0	0	0	0	5	5000
太　原	0	0	0	0	0	0
呼和浩特	1	2000	0	0	0	0
沈　阳*	1	5000	0	0	6	48000
长　春*	0	0	0	0	24	28800
哈尔滨*	0	0	0	0	0	0
南　京*	3	23500	0	0	42	32000
杭　州*	5	236000	0	0	30	105120
合　肥	0	0	0	0	4	40000
福　州	0	0	0	0	0	0
南　昌	0	0	0	0	0	0
济　南*	0	0	0	0	5	3600
郑　州	8	240000	0	0	4	44614
武　汉*	0	0	4	1560212	60	5000
长　沙	2	30000	0	0	0	0
广　州*	0	0	0	0	5	180
南　宁	0	0	0	0	0	0
海　口	0	0	0	0	0	0
成　都*	0	0	0	0	2	4000
贵　阳	7	35000	0	0	1	4000
昆　明	0	0	0	0	1	2200
拉　萨	2	19000	0	0	0	0
西　安*	1	6000	0	0	0	0
兰　州	1	5000	0	0	0	0
西　宁	0	0	0	0	0	0
银　川	0	0	0	0	0	0
乌鲁木齐	0	0	0	0	0	0

注：城市名称后带“*”的为副省级城市，包括省会城市中带“*”的

10—4 续表

城　市	制作科技广播、影视节目		制作科技光盘		制作科普动漫作品		主办科技网站	
	套数（套）	播放时间（分钟）	种数（种）	张数（张）	套数（套）	播放时间（分钟）	个数（个）	浏览人数（人次）
合　计	**218**	**42210**	**24**	**17413**	**8**	**122**	**40**	**3126362**
副省级城市小计	**165**	**40810**	**20**	**2402**	**8**	**122**	**26**	**2544363**
宁　波*	1	200	3	96	0	0	3	448759
厦　门*	0	0	0	0	0	0	1	20000
深　圳*	0	0	0	0	0	0	1	1000000
青　岛*	0	0	0	0	0	0	2	50000
大　连*	0	0	0	0	0	0	1	12000
省会城市小计	**217**	**42010**	**21**	**17317**	**8**	**122**	**32**	**1595603**
石家庄	0	0	0	0	0	0	1	15000
太　原	52	1040	0	0	0	0	1	25000
呼和浩特	0	0	0	0	0	0	1	7000
沈　阳*	0	0	0	0	0	0	0	0
长　春*	0	0	0	0	0	0	0	0
哈尔滨*	0	0	0	0	5	100	1	70000
南　京*	2	20	3	2015	0	0	3	150000
杭　州*	162	40590	14	291	2	12	5	479936
合　肥	0	0	0	0	0	0	0	0
福　州	0	0	0	0	0	0	4	100000
南　昌	0	0	0	0	0	0	0	0
济　南*	0	0	0	0	0	0	0	0
郑　州	0	0	0	0	0	0	1	200000
武　汉*	0	0	0	0	0	0	3	159936
长　沙	0	0	0	0	0	0	0	0
广　州*	0	0	0	0	0	0	4	95000
南　宁	0	0	0	0	0	0	1	50000
海　口	0	0	0	0	0	0	1	2000
成　都*	0	0	0	0	0	0	1	32732
贵　阳	0	0	1	12000	0	0	1	98392
昆　明	1	360	1	11	0	0	2	14500
拉　萨	0	0	2	3000	0	0	0	0
西　安*	0	0	0	0	1	10	1	26000
兰　州	0	0	0	0	0	0	0	0
西　宁	0	0	0	0	0	0	0	0
银　川	0	0	0	0	0	0	0	0
乌鲁木齐	0	0	0	0	0	0	1	70107

10—5 各地区地级科协科技传播

地区	编著科技图书		主办科技报纸		制作科普挂图	
	种数（种）	总印数（册）	种数（种）	总印数（份）	种数（种）	总印数（张）
合计	**229**	**2963055**	**13**	**621700**	**687**	**1310118**
北京	0	0	0	0	28	160480
天津	10	10000	0	0	29	123290
河北	6	28000	1	6000	19	57000
山西	7	155000	0	0	6	24500
内蒙古	4	6000	0	0	14	2224
辽宁	10	47000	0	0	59	38240
吉林	3	6400	0	0	5	295
黑龙江	0	0	0	0	0	0
上海	1	11000	0	0	44	123260
江苏	56	55000	0	0	32	33200
浙江	19	1371500	1	1200	9	1620
安徽	3	1500	0	0	9	245
福建	3	23000	2	45600	2	2000
江西	6	27000	0	0	7	3000
山东	18	102155	0	0	50	277256
河南	0	0	1	700	211	94300
湖北	2	3000	2	84000	39	136500
湖南	12	150000	0	0	28	10532
广东	0	0	1	10000	20	120500
广西	0	0	0	0	1	3000
海南	0	0	0	0	0	0
重庆	16	694400	0	0	5	25200
四川	6	30000	0	0	6	15000
贵州	0	0	0	0	1	700
云南	6	29000	2	238200	16	32800
西藏	5	4500	0	0	0	0
陕西	8	34500	0	0	5	500
甘肃	17	120200	1	6000	21	20830
青海	3	21000	0	0	3	100
宁夏	1	12000	1	180000	0	0
新疆	2	3000	1	50000	9	2300
新疆生产建设兵团	5	17900	0	0	9	1246

10—5 续表

地区	制作科技广播、影视节目		制作科技光盘		制作科普动漫作品		主办科技网站	
	套数（套）	播放时间（分钟）	种数（种）	张数（张）	套数（套）	播放时间（分钟）	个数（个）	浏览人数（人次）
合　计	**285**	**42109**	**337**	**66245**	**88**	**6399**	**249**	**64692373**
北　京	11	270	2	600	0	0	12	317783
天　津	1	2904	0	0	0	0	5	3387178
河　北	0	0	0	0	0	0	6	1544200
山　西	0	0	2	8000	0	0	5	70600
内蒙古	2	20	0	0	0	0	4	49850
辽　宁	19	25	198	2392	0	0	14	1652759
吉　林	0	0	0	0	2	4500	3	67000
黑龙江	0	0	12	5500	5	180	4	85000
上　海	15	60	5	5550	8	120	20	6574530
江　苏	15	450	1	500	21	163	12	3978412
浙　江	131	4567	4	1380	1	666	7	33201272
安　徽	1	2340	0	0	0	0	13	593800
福　建	3	1530	1	2000	0	0	11	502549
江　西	0	0	0	0	0	0	7	216837
山　东	11	6143	28	12930	0	0	19	4625454
河　南	6	800	0	0	0	0	8	337000
湖　北	0	0	15	60	4	300	9	157300
湖　南	29	740	1	28	0	0	4	60208
广　东	1	2880	5	10200	0	0	16	2860080
广　西	0	0	0	0	0	0	0	0
海　南	0	0	0	0	0	0	0	0
重　庆	2	50	1	4000	0	0	15	244451
四　川	4	1200	3	300	47	470	6	814400
贵　州	0	0	5	1000	0	0	4	35296
云　南	17	7660	10	6100	0	0	15	2027320
西　藏	0	0	1	500	0	0	2	405000
陕　西	4	400	1	20	0	0	8	505808
甘　肃	6	270	8	1260	0	0	8	79789
青　海	0	0	0	0	0	0	0	0
宁　夏	0	0	1	200	0	0	2	62000
新　疆	5	1800	26	3325	0	0	4	147915
新疆生产建设兵团	2	8000	7	400	0	0	6	88582

10—6 各地区县级科协科技传播

地区	编著科技图书		主办科技报纸		制作科普挂图	
	种数（种）	总印数（册）	种数（种）	总印数（份）	种数（种）	总印数（张）
合计	**861**	**4313725**	**55**	**1346470**	**3816**	**3993064**
北京	0	0	0	0	15	48000
天津	0	0	0	0	1	23
河北	18	111000	3	56000	130	78610
山西	47	339800	3	70000	178	101400
内蒙古	99	368500	3	26400	77	53554
辽宁	37	188000	2	80000	251	198145
吉林	11	108000	0	0	69	42639
黑龙江	3	10000	1	10000	67	11959
上海	0	0	0	0	7	320000
江苏	117	207000	7	34150	152	93868
浙江	98	479800	9	489500	514	342438
安徽	8	51100	1	10000	146	141329
福建	29	88200	3	79400	34	37410
江西	8	29060	1	2300	51	24760
山东	45	191140	3	30120	378	1068054
河南	11	101000	5	95300	249	189285
湖北	6	64000	1	5000	288	193530
湖南	56	215350	2	17100	242	200420
广东	13	96000	2	21200	77	39167
广西	15	28000	0	0	41	16213
海南	50	173075	0	0	273	23915
重庆	3	7900	0	0	2	500
四川	17	616300	3	250000	98	350484
贵州	18	88500	0	0	48	38612
云南	0	0	1	3000	34	22850
西藏	0	0	0	0	0	0
陕西	45	240000	1	4000	93	64952
甘肃	28	144900	1	6000	135	112376
青海	17	74600	0	0	27	12861
宁夏	30	186000	3	57000	14	11780
新疆	32	106500	0	0	125	153930

10—6 续表

地区	制作科技广播、影视节目		制作科技光盘		制作科普动漫作品		主办科技网站	
	套数（套）	播放时间（分钟）	种数（种）	张数（张）	套数（套）	播放时间（分钟）	个数（个）	浏览人数（人次）
合计	**1587**	**222840**	**825**	**236998**	**3050**	**48306**	**838**	**50307641**
北京	0	0	0	0	0	0	2	50600
天津	2	30	0	0	0	0	2	1500
河北	141	3010	37	26880	3	140	19	448720
山西	66	6025	15	640	0	0	13	264287
内蒙古	14	5079	27	7410	0	0	30	781737
辽宁	84	20800	58	2470	1	5	19	5799688
吉林	4	50	26	6700	0	0	42	142450
黑龙江	25	14671	30	4410	0	0	21	177580
上海	2	1500	0	0	0	0	0	0
江苏	102	19336	141	6149	6	91	56	5729561
浙江	80	4577	16	32300	30	580	56	12752256
安徽	15	4867	18	1540	1	30	85	4842254
福建	43	8768	8	1410	2	450	51	1939868
江西	41	808	6	1250	0	0	7	89200
山东	379	13693	54	5427	1	3000	86	3404641
河南	116	11770	19	7342	0	0	40	4724980
湖北	39	25453	66	8155	3	10	41	1464611
湖南	227	12550	36	20867	0	0	30	889078
广东	22	3394	19	4950	0	0	56	1410698
广西	18	10335	16	6330	0	0	6	79917
海南	14	821	15	7578	0	0	11	1600
重庆	4	120	1	150	0	0	9	70450
四川	8	9525	29	18640	1	2000	42	684325
贵州	19	2425	81	10867	0	0	18	1892398
云南	4	950	9	1771	0	0	28	1252101
西藏	0	0	0	0	0	0	0	0
陕西	24	12093	39	32960	2	12000	26	504750
甘肃	48	3250	6	1400	0	0	13	361839
青海	1	10	2	36	0	0	2	17000
宁夏	9	8260	23	11146	0	0	8	185759
新疆	36	18670	28	8220	3000	30000	19	343793

10—7 各地区省级学会科技传播

地区	编著科技图书		主办科技报纸		制作科普挂图	
	种数（种）	总印数（册）	种数（种）	总印数（份）	种数（种）	总印数（张）
合计	**1118**	**5362512**	**93**	**18964922**	**2552**	**4794240**
北京	0	0	0	0	79	428389
天津	26	232800	4	22400	105	131760
河北	15	32884	3	4200	44	48674
山西	13	65510	5	421200	43	111620
内蒙古	7	44600	1	5000	38	65497
辽宁	7	33200	4	112800	32	157414
吉林	6	31000	4	125400	31	22171
黑龙江	54	166051	3	5000	100	526155
上海	19	192000	3	42000	9	20137
江苏	35	123800	13	266766	101	104579
浙江	44	150300	2	6720000	54	949979
安徽	16	94300	2	26006	79	24308
福建	132	269891	2	4880000	162	252426
江西	23	57700	2	1000	197	91326
山东	111	123188	2	51000	105	28628
河南	45	150800	2	85400	113	269040
湖北	35	79908	2	83100	28	4579
湖南	111	547800	4	35550	56	59247
广东	71	350800	1	60000	46	411636
广西	37	179060	5	2482200	28	319994
海南	1	800	0	0	1	200
重庆	25	71600	0	0	18	53819
四川	7	11000	3	57500	7	55540
贵州	21	768250	12	6000	189	105872
云南	59	52140	0	0	43	287400
西藏	2	700	1	3360000	17	104012
陕西	64	448300	8	81300	140	48597
甘肃	60	43000	1	300	614	71816
青海	10	95000	2	10050	46	31400
宁夏	2	24200	0	0	2	85
新疆	60	921930	2	20750	25	7940

10—7 续表

地区	制作科技广播、影视节目		制作科技光盘		制作科普动漫作品		主办科技网站	
	套数（套）	播放时间（分钟）	种数（种）	张数（张）	套数（套）	播放时间（分钟）	个数（个）	浏览人数（人次）
合计	**1744**	**121008**	**1133**	**564823**	**289**	**6734**	**618**	**103908372**
北京	7	535	28	19819	14	760	37	1572339
天津	357	2304	19	1750	0	0	22	12185899
河北	53	1890	31	39321	6	45	27	1534067
山西	7	160	11	4850	2	125	19	6675845
内蒙古	16	640	7	1000	1	10	4	64500
辽宁	9	3948	14	3228	0	0	12	1113941
吉林	14	1880	44	69510	2	3500	20	330815
黑龙江	8	150	63	34572	5	40	41	1355570
上海	36	42696	35	16256	221	95	35	5823836
江苏	11	800	30	8582	5	618	35	614991
浙江	3	5200	18	11963	8	228	28	2086403
安徽	33	629	13	9670	11	195	25	34107615
福建	47	900	46	81689	2	390	51	3272319
江西	370	11673	313	11500	0	0	21	725060
山东	65	22820	56	9853	1	5	34	7150188
河南	3	260	62	66014	1	40	8	894883
湖北	4	12510	16	5850	0	0	16	313629
湖南	14	1610	13	2406	0	0	18	1617378
广东	8	217	13	5030	2	17	35	4372633
广西	51	897	30	15131	0	0	17	1088665
海南	0	0	0	0	0	0	2	251650
重庆	25	394	18	2670	1	90	19	5248110
四川	32	15	4	400	0	0	10	8368384
贵州	0	0	10	9300	0	0	6	360950
云南	139	765	26	13405	1	6	20	406474
西藏	12	425	12	100000	1	30	0	0
陕西	340	5945	85	14967	3	500	25	1173731
甘肃	13	86	71	3717	0	0	3	398620
青海	60	1279	11	270	2	40	15	86119
宁夏	1	20	20	100	0	0	1	194158
新疆	6	360	14	2000	0	0	12	519600

十一、科技开放与交流

简要说明

本篇统计资料为

一、汇总数据，反映中国科协、地方科协和全国学会、省级学会参与国际民间科技开放与交流情况。

二、地方科协和省级学会统计数据，分别反映各省级科协及其所属学会、副省级城市、省会城市科协、地级科协、县级科协加入国际民间科技组织、促成科技合作项目、参加国际民间科技交流的数量。

11－1　各级科协科技开放与交流汇总表

指　　标	合　计	中国科协机关及直属单位	省级科协	副省级、省会城市科协	地级科协	县级科协
加入国际民间科技组织（个）	17	11	0	0	1	5
任职专家（人）	15	3	0	0	3	9
参加国际科学计划（项）	21	1	2	0	6	12
促成科技合作项目（项）	168	10	41	9	56	52
#引进优质科技资源	86	4	35	2	16	29
参加国外科技活动人数（人次）	2113	93	961	66	178	815
参加港澳台地区科技活动人数（人次）	2328	20	1041	457	167	643
接待国外专家学者（人次）	3935	345	1042	677	719	1152
接待港澳台地区专家学者（人次）	2203	433	891	200	208	471

11－2　全国学会、省级学会科技开放与交流汇总表

指　　标	合　计	全国学会		省级学会
		所属学会	委托管理学会	
加入国际民间科技组织（个）	592	340	2	250
任职专家（人）	766	529	2	235
参加国际科学计划（项）	194	41	1	152
促成科技合作项目（项）	285	112	2	171
#引进优质科技资源	118	58	1	59
参加国外科技活动人数（人次）	14698	6910	124	7664
参加港澳台地区科技活动人数（人次）	9713	2775	19	6919
接待国外专家学者（人次）	15402	6886	440	8076
接待港澳台地区专家学者（人次）	6098	1858	78	4162

11—3 各省级科协科技开放与交流

地区	加入国际民间科技组织		参加国际科学计划（项）	促成科技合作项目（项）		参加国外科技活动人数（人次）	参加港澳台地区科技活动人数（人次）	接待国外专家学者（人次）	接待港澳台地区专家学者（人次）
	个数（个）	任职专家（人）			#引进优质科技资源				
合计	**0**	**0**	**2**	**41**	**35**	**961**	**1041**	**1042**	**891**
北京	0	0	0	0	0	220	43	143	146
天津	0	0	0	2	2	21	16	23	1
河北	0	0	0	0	0	0	0	0	0
山西	0	0	0	2	0	6	1	7	6
内蒙古	0	0	0	0	0	6	57	6	7
辽宁	0	0	0	0	0	3	2	36	6
吉林	0	0	0	0	0	12	5	3	0
黑龙江	0	0	0	0	0	1	0	0	0
上海	0	0	0	0	0	15	22	108	20
江苏	0	0	0	2	2	2	169	117	0
浙江	0	0	2	5	5	81	61	91	8
安徽	0	0	0	20	20	19	111	98	63
福建	0	0	0	1	1	18	17	65	457
江西	0	0	0	0	0	0	0	0	0
山东	0	0	0	0	0	0	0	6	0
河南	0	0	0	0	0	19	39	19	12
湖北	0	0	0	0	0	181	98	25	6
湖南	0	0	0	0	0	0	0	8	0
广东	0	0	0	0	0	44	200	25	80
广西	0	0	0	0	0	0	0	0	0
海南	0	0	0	6	2	7	21	8	2
重庆	0	0	0	0	0	150	2	17	19
四川	0	0	0	0	0	0	27	9	0
贵州	0	0	0	0	0	0	31	46	0
云南	0	0	0	2	2	125	12	154	5
西藏	0	0	0	0	0	0	2	0	0
陕西	0	0	0	0	0	0	0	9	17
甘肃	0	0	0	1	1	26	48	19	36
青海	0	0	0	0	0	0	33	0	0
宁夏	0	0	0	0	0	0	0	0	0
新疆	0	0	0	0	0	5	24	0	0
新疆生产建设兵团	0	0	0	0	0	0	0	0	0

11—4　各副省级城市科协、省会城市科协科技开放与交流

城　市	加入国际民间科技组织 个数（个）	加入国际民间科技组织 任职专家（人）	参加国际科学计划（项）	促成科技合作项目（项）	#引进优质科技资源	参加国外科技活动人数（人次）	参加港澳台地区科技活动人数（人次）	接待国外专家学者（人次）	接待港澳台地区专家学者（人次）
合　计	**0**	**0**	**0**	**9**	**2**	**66**	**457**	**677**	**200**
副省级城市小计	**0**	**0**	**0**	**9**	**2**	**60**	**447**	**662**	**195**
宁　波*	0	0	0	1	1	6	12	85	18
厦　门*	0	0	0	0	0	0	0	0	0
深　圳*	0	0	0	0	0	0	0	0	0
青　岛*	0	0	0	0	0	0	0	0	0
大　连*	0	0	0	0	0	0	9	7	0
省会城市小计	**0**	**0**	**0**	**8**	**1**	**60**	**436**	**585**	**182**
石家庄	0	0	0	0	0	0	0	0	0
太　原	0	0	0	0	0	1	0	0	0
呼和浩特	0	0	0	0	0	0	0	0	0
沈　阳*	0	0	0	0	0	0	0	15	8
长　春*	0	0	0	0	0	0	0	0	0
哈尔滨*	0	0	0	0	0	0	0	42	0
南　京*	0	0	0	0	0	8	45	61	10
杭　州*	0	0	0	4	1	30	12	133	6
合　肥	0	0	0	0	0	0	0	0	0
福　州	0	0	0	0	0	0	0	0	0
南　昌	0	0	0	0	0	0	0	0	0
济　南*	0	0	0	2	0	3	18	20	0
郑　州	0	0	0	0	0	0	10	5	5
武　汉*	0	0	0	0	0	11	8	8	0
长　沙	0	0	0	0	0	0	0	1	0
广　州*	0	0	0	0	0	0	342	174	151
南　宁	0	0	0	0	0	0	0	3	0
海　口	0	0	0	0	0	0	0	0	0
成　都*	0	0	0	0	0	0	0	100	0
贵　阳	0	0	0	0	0	5	0	0	0
昆　明	0	0	0	0	0	0	0	6	0
拉　萨	0	0	0	0	0	0	0	0	0
西　安*	0	0	0	2	0	2	1	17	2
兰　州	0	0	0	0	0	0	0	0	0
西　宁	0	0	0	0	0	0	0	0	0
银　川	0	0	0	0	0	0	0	0	0
乌鲁木齐	0	0	0	0	0	0	0	0	0

注：城市名称后带“*”的为副省级城市，包括省会城市中带“*”的

11—5 各地区地级科协科技开放与交流

地区	加入国际民间科技组织		参加国际科学计划（项）	促成科技合作项目（项）		参加国外科技活动人数（人次）	参加港澳台地区科技活动人数（人次）	接待国外专家学者（人次）	接待港澳台地区专家学者（人次）
	个数（个）	任职专家（人）			#引进优质科技资源				
合计	**1**	**3**	**6**	**56**	**16**	**178**	**167**	**719**	**208**
北京	0	0	0	0	0	0	0	0	0
天津	0	0	0	0	0	1	2	0	3
河北	0	0	0	0	0	0	0	10	0
山西	0	0	0	0	0	0	0	0	0
内蒙古	0	0	0	0	0	0	4	1	10
辽宁	0	0	1	1	0	31	10	17	0
吉林	0	0	0	2	0	0	1	33	5
黑龙江	0	0	0	1	1	1	17	3	0
上海	1	3	2	2	1	36	20	60	41
江苏	0	0	1	39	11	45	29	386	28
浙江	0	0	0	0	0	9	10	4	0
安徽	0	0	0	5	0	0	21	58	20
福建	0	0	0	1	0	0	1	0	10
江西	0	0	0	0	0	30	2	6	18
山东	0	0	0	1	1	21	1	15	0
河南	0	0	0	0	0	0	4	0	0
湖北	0	0	0	0	0	0	0	0	0
湖南	0	0	0	0	0	0	0	0	0
广东	0	0	0	0	0	1	2	0	45
广西	0	0	0	0	0	1	0	30	2
海南	0	0	0	0	0	0	0	0	0
重庆	0	0	0	0	0	0	1	6	0
四川	0	0	2	0	0	0	0	29	8
贵州	0	0	0	0	0	0	0	0	0
云南	0	0	0	0	0	0	19	0	0
西藏	0	0	0	0	0	0	0	0	0
陕西	0	0	0	0	0	0	20	0	18
甘肃	0	0	0	0	0	1	0	0	0
青海	0	0	0	0	0	0	0	0	0
宁夏	0	0	0	0	0	0	0	0	0
新疆	0	0	0	0	0	0	3	55	0
新疆生产建设兵团	0	0	0	4	2	1	0	6	0

11—6 各地区县级科协科技开放与交流

地区	加入国际民间科技组织		参加国际科学计划（项）	促成科技合作项目（项）		参加国外科技活动人数（人次）	参加港澳台地区科技活动人数（人次）	接待国外专家学者（人次）	接待港澳台地区专家学者（人次）
	个数（个）	任职专家（人）			#引进优质科技资源				
合计	**5**	**9**	**12**	**52**	**29**	**815**	**643**	**1152**	**471**
北京	0	0	0	0	0	0	0	0	0
天津	0	0	0	0	0	0	0	5	0
河北	0	0	0	0	0	0	0	0	0
山西	1	1	0	0	0	0	1	1	2
内蒙古	1	3	1	2	1	3	3	30	5
辽宁	1	0	0	2	2	16	2	7	0
吉林	0	0	0	0	0	6	0	12	0
黑龙江	0	0	0	2	2	0	2	7	0
上海	0	0	0	0	0	0	0	5	0
江苏	1	5	10	7	1	400	413	949	128
浙江	1	0	1	4	3	87	60	38	21
安徽	0	0	0	2	1	6	7	4	20
福建	0	0	0	0	0	10	50	18	176
江西	0	0	0	3	1	0	0	0	0
山东	0	0	0	3	2	13	24	22	1
河南	0	0	0	1	0	0	1	13	0
湖北	0	0	0	4	4	0	6	1	3
湖南	0	0	0	5	3	6	2	5	2
广东	0	0	0	3	2	12	43	10	93
广西	0	0	0	2	2	8	20	2	3
海南	0	0	0	0	0	1	1	1	0
重庆	0	0	0	1	1	0	0	0	0
四川	0	0	0	5	2	0	0	10	0
贵州	0	0	0	3	2	0	0	2	2
云南	0	0	0	3	0	217	1	0	0
西藏	0	0	0	0	0	0	0	0	0
陕西	0	0	0	0	0	0	7	5	4
甘肃	0	0	0	0	0	30	0	0	11
青海	0	0	0	0	0	0	0	0	0
宁夏	0	0	0	0	0	0	0	0	0
新疆	0	0	0	0	0	0	0	5	0

11－7 各地区省级学会科技开放与交流

地区	加入国际民间科技组织		参加国际科学计划（项）	促成科技合作项目（项）		参加国外科技活动人数（人次）	参加港澳台地区科技活动人数（人次）	接待国外专家学者（人次）	接待港澳台地区专家学者（人次）
	个数（个）	任职专家（人）			#引进优质科技资源				
合计	**250**	**235**	**152**	**171**	**59**	**7664**	**6919**	**8076**	**4162**
北京	1	0	0	2	2	268	260	283	235
天津	64	23	5	5	2	220	100	126	22
河北	10	2	3	5	1	31	11	89	32
山西	5	3	3	8	4	86	7	80	29
内蒙古	1	2	0	9	1	30	29	23	16
辽宁	2	1	0	10	2	96	43	210	36
吉林	3	4	2	8	1	481	406	176	70
黑龙江	15	9	27	6	1	217	37	216	68
上海	22	45	1	18	6	450	521	949	258
江苏	6	7	5	8	3	337	429	905	203
浙江	2	9	4	12	2	534	399	413	177
安徽	6	6	6	0	0	207	310	131	132
福建	7	9	5	9	6	138	766	297	912
江西	7	4	3	7	4	1856	120	135	54
山东	7	7	2	8	4	223	171	191	159
河南	13	0	1	7	4	67	45	34	18
湖北	8	9	4	5	1	255	186	359	41
湖南	12	1	6	4	1	141	269	790	147
广东	11	0	2	7	2	599	1025	698	673
广西	11	44	12	6	1	393	978	139	174
海南	0	0	1	1	0	4	0	5	3
重庆	7	7	16	5	2	229	120	261	92
四川	0	6	4	3	2	142	133	154	59
贵州	7	2	6	3	1	26	38	25	11
云南	9	11	5	5	3	118	218	234	177
西藏	0	0	0	0	0	1	0	0	0
陕西	13	23	20	5	2	284	155	861	296
甘肃	1	1	6	0	0	42	26	26	4
青海	0	0	1	2	1	116	65	65	38
宁夏	0	0	2	0	0	3	0	10	3
新疆	0	0	0	3	0	70	52	191	23

十二、科技服务

简要说明

本篇统计资料为

一、汇总数据，反映中国科协、地方科协和全国学会、省级学会开展科技服务工作情况。

二、地方科协统计数据，分别反映各省级科协、副省级城市、省会城市科协、地级科协、县级科协开展的决策咨询、科技评价、社区益民、惠农兴村、企业讲比活动、专家工作站建设等情况。

三、省级学会统计数据，分别反映各省级科协所属学会开展的决策咨询、科技评价等各项工作的情况。

12—1 各级科协科技服务汇总表

指　标	合　计	中国科协机关及直属单位	省级科协	副省级、省会城市科协	地级科协	县级科协
提供决策咨询报告（篇）	8621	269	430	186	2020	5716
#获上级领导批示报告	2779	21	94	35	447	2182
举办决策咨询活动（次）	2523	19	305	45	522	1632
参加活动专家数（人次）	25105	410	4564	767	5142	14222
科技评价（项）	846	0	13	25	95	713
科技人才评价（人）	6286	0	336	30	1914	4006
#专业技术职称评定	4990	0	285	0	1429	3276
社区益民计划表彰的示范社区（个）	2568	0	593	97	660	1218
科普惠农兴村奖补资金（千元）	483065	300000	100885	8699	28331	45150
#中央财政	300000	300000	0	0	0	0
#省级财政	100885	0	100885	0	0	0
#市（地）级财政	37030	0	0	8699	28331	0
#县级财政	45150	0	0	0	0	45150
科普惠农兴村表彰的先进单位和个人（个/人）	12176	1797	1754	283	2332	6010
#农村专业技术协会	4262	1000	740	111	777	1634
#农村科普示范基地	3165	386	566	94	604	1515
#农村科普带头人	4157	406	414	73	789	2475
#少数民族科普工作队	111	5	17	0	15	74
受表彰农村专业技术协会带动农户数（万户）	186	1	62	17	37	69
受表彰农村科普示范基地带动农户数（万户）	177	4	71	14	27	61
受表彰农村科普带头人带动农户数（万户）	76	4	14	8	21	29
开展“讲、比”活动企业数（个）	29210	1	4737	1419	6777	16276
#国有企业	6437	1	2733	583	1594	1526
参与“讲、比”活动的科技人员（万人次）	187	0	40	23	74	51
“讲、比”活动中被采纳合理化建议（条）	257899	5	52836	35590	121040	48428
专家工作站（服务中心）（个）	2502	0	742	309	649	802
#经济技术开发区	452	0	154	25	118	155
#高新开发区	140	0	30	26	44	40
专家进（站、中心）人数（人次）	27081	0	2785	5275	5876	13145
专家服务团队（个）	2300	0	586	128	325	1261
参加服务团队专家人数（人次）	36585	0	5231	1123	6048	24183

12—2 全国学会、省级学会科技服务汇总表

指　标	合　计	全国学会		省级学会
		所属学会	委托管理学会	
提供决策咨询报告（篇）	3976	530	12	3434
#获上级领导批示报告	915	140	1	774
举办决策咨询活动（次）	3465	458	87	2920
参加活动专家数（人次）	26743	6920	422	19401
科技评价（项）	5952	2964	4	2984
科技人才评价（人）	15241	1945	0	13296
#专业技术职称评定	9405	862	0	8543

12—3 各省级科协科技服务

地区	提供决策咨询报告（篇）	#获上级领导批示报告	举办决策咨询活动（次）	参加决策咨询活动专家数（人次）	科技评价（项）	科技人才评价（人）	#专业技术职称评定	社区益民计划表彰的示范社区（个）
合计	**430**	**94**	**305**	**4564**	**13**	**336**	**285**	**593**
北京	13	1	12	240	0	0	0	0
天津	34	5	17	287	0	0	0	30
河北	0	0	0	0	0	0	0	20
山西	11	2	4	30	0	0	0	0
内蒙古	4	3	0	0	2	2	2	17
辽宁	20	0	0	0	0	0	0	38
吉林	4	1	4	32	1	283	283	41
黑龙江	1	1	15	50	0	0	0	16
上海	25	0	44	520	9	0	0	0
江苏	4	3	3	22	0	0	0	37
浙江	4	0	6	112	0	0	0	23
安徽	2	0	0	0	0	0	0	10
福建	46	1	5	37	1	51	0	0
江西	46	43	9	45	0	0	0	13
山东	38	6	7	53	0	0	0	7
河南	18	0	20	1206	0	0	0	0
湖北	30	7	18	247	0	0	0	0
湖南	3	0	0	0	0	0	0	67
广东	2	2	0	0	0	0	0	33
广西	3	2	1	70	0	0	0	9
海南	0	0	0	0	0	0	0	0
重庆	29	8	27	225	0	0	0	10
四川	0	0	0	0	0	0	0	100
贵州	0	0	8	74	0	0	0	9
云南	9	3	48	1000	0	0	0	50
西藏	0	0	0	0	0	0	0	0
陕西	1	0	1	2	0	0	0	60
甘肃	8	1	20	12	0	0	0	0
青海	10	0	2	60	0	0	0	0
宁夏	60	1	30	200	0	0	0	3
新疆	5	4	4	40	0	0	0	0
新疆生产建设兵团	0	0	0	0	0	0	0	0

12—3 续表 1

地　　区	科普惠农兴村奖补资金（元）	科普惠农兴村表彰的先进单位和个人（个/人）	#农村专业技术协会	#农村科普示范基地	#农村科普带头人	#少数民族科普工作队	受表彰农村专业技术协会带动农户数（户）	受表彰农村科普示范基地带动农户数（户）	受表彰农村科普带头人带动农户数（户）
合　　计	**100885000**	**1754**	**740**	**566**	**414**	**17**	**621871**	**713813**	**137210**
北　　京	0	0	0	0	0	0	0	0	0
天　　津	1300000	20	5	5	10	0	12790	1701	5438
河　　北	4000000	126	63	30	23	0	5000	4000	2000
山　　西	2300000	25	19	3	3	0	1800	600	350
内 蒙 古	2000000	18	9	5	2	2	70000	40000	17000
辽　　宁	1700000	64	34	14	16	0	400	200	150
吉　　林	600000	71	26	8	32	5	1000	800	900
黑 龙 江	1150000	53	29	10	14	0	5000	2000	1500
上　　海	200000	20	0	10	10	0	0	620	500
江　　苏	2700000	98	30	26	42	0	7320	6890	8130
浙　　江	2380000	41	24	5	11	1	4800	1000	330
安　　徽	4000000	29	24	0	0	0	2800	0	0
福　　建	3200000	79	30	24	25	0	36000	22100	12500
江　　西	3200000	49	22	14	13	0	320	120	80
山　　东	1600000	36	17	5	14	0	92160	27080	18857
河　　南	10000000	140	55	45	40	0	49200	26800	26400
湖　　北	6000000	60	0	60	0	0	0	3000	0
湖　　南	6500000	72	35	19	14	4	405	32	67
广　　东	2200000	22	5	6	11	0	20000	15000	15000
广　　西	5000000	67	34	19	13	1	4500	320000	3000
海　　南	700000	25	10	7	8	0	12500	9800	1200
重　　庆	2600000	42	14	18	10	0	2900	3100	960
四　　川	15000000	190	100	40	50	0	200000	80000	2500
贵　　州	0	0	0	0	0	0	0	0	0
云　　南	6000000	120	0	120	0	0	0	120000	0
西　　藏	3500000	27	4	8	12	1	300	330	200
陕　　西	8000000	160	100	35	25	0	80516	21600	18498
甘　　肃	1000000	20	13	7	0	0	2600	1400	0
青　　海	0	0	0	0	0	0	0	0	0
宁　　夏	465000	21	12	5	3	1	2000	800	150
新　　疆	3370000	49	24	14	9	2	7260	4340	1050
新疆生产建设兵团	220000	10	2	4	4	0	300	500	450

12—3 续表 2

地　区	开展“讲、比”活动企业数（个）	#国有企业	参与“讲、比”活动的科技人员（人次）	“讲、比”活动中被采纳合理化建议（条）	专家工作站（服务中心）（个）	#经济技术开发区	#高新开发区	专家进（站、中心）人数（人次）	专家服务团队（个）	参加服务团队专家人数（人次）
合　计	**4737**	**2733**	**404193**	**52836**	**742**	**154**	**30**	**2785**	**586**	**5231**
北　京	300	0	48000	0	38	0	0	600	0	0
天　津	327	241	56648	5061	8	0	2	35	6	28
河　北	320	0	70500	300	0	0	0	0	1	200
山　西	47	45	15000	1600	0	0	0	0	8	47
内蒙古	21	0	2500	190	17	0	0	70	0	0
辽　宁	0	0	0	0	0	0	0	0	0	0
吉　林	0	0	0	0	2	0	1	30	9	540
黑龙江	0	0	0	0	0	0	0	0	23	1100
上　海	2659	1979	32048	18756	39	0	0	344	172	344
江　苏	0	0	0	0	303	124	3	292	303	918
浙　江	17	17	6720	598	27	0	0	162	30	603
安　徽	30	8	3000	100	2	0	0	20	1	200
福　建	0	0	0	0	94	0	0	253	0	0
江　西	83	65	46000	10000	3	0	0	27	1	8
山　东	10	10	4241	1067	37	0	0	94	4	498
河　南	120	35	1200	0	9	0	1	26	0	0
湖　北	0	0	0	0	41	23	18	65	1	126
湖　南	114	40	13880	965	4	1	2	13	21	60
广　东	67	57	8695	2037	64	0	0	500	0	0
广　西	72	0	360	0	1	0	0	11	2	15
海　南	93	80	3306	172	0	0	0	0	0	0
重　庆	233	67	41000	8056	16	0	0	82	0	0
四　川	0	0	0	0	10	0	0	50	0	0
贵　州	30	30	15000	2300	0	0	0	0	0	0
云　南	0	0	0	0	1	0	0	6	2	512
西　藏	12	8	350	1	0	0	0	0	0	0
陕　西	3	3	280	79	1	1	0	4	0	0
甘　肃	85	20	16000	530	2	0	0	32	2	32
青　海	0	0	0	0	0	0	0	0	0	0
宁　夏	18	12	1620	0	12	3	1	25	0	0
新　疆	76	16	17845	1024	11	2	2	44	0	0
新疆生产建设兵团	0	0	0	0	0	0	0	0	0	0

12—4 各副省级城市科协、省会城市科协科技服务

城市	提供决策咨询报告（篇）	#获上级领导批示报告	举办决策咨询活动（次）	参加决策咨询活动专家数（人次）	科技评价（项）	科技人才评价（人）	#专业技术职称评定	社区益民计划表彰的示范社区（个）
合计	**186**	**35**	**45**	**767**	**25**	**30**	**0**	**97**
副省级城市小计	**131**	**29**	**26**	**629**	**0**	**0**	**0**	**21**
宁波*	4	3	0	0	0	0	0	0
厦门*	7	1	5	15	0	0	0	0
深圳*	5	3	2	350	0	0	0	0
青岛*	10	2	2	40	0	0	0	4
大连*	0	0	0	0	0	0	0	0
省会城市小计	**160**	**26**	**36**	**362**	**25**	**30**	**0**	**93**
石家庄	0	0	0	0	0	0	0	0
太原	2	1	0	0	0	0	0	2
呼和浩特	2	0	2	2	0	0	0	0
沈阳*	8	5	0	0	0	0	0	6
长春*	0	0	3	50	0	0	0	0
哈尔滨*	6	2	3	28	0	0	0	0
南京*	6	0	0	0	0	0	0	4
杭州*	15	6	9	46	0	0	0	4
合肥	0	0	0	0	0	0	0	5
福州	12	1	1	10	0	0	0	0
南昌	0	0	0	0	0	0	0	0
济南*	3	1	2	100	0	0	0	0
郑州	25	2	11	100	25	30	0	0
武汉*	4	2	0	0	0	0	0	3
长沙	7	1	2	20	0	0	0	26
广州*	19	4	0	0	0	0	0	0
南宁	0	0	0	0	0	0	0	0
海口	0	0	0	0	0	0	0	0
成都*	44	0	0	0	0	0	0	0
贵阳	0	0	0	0	0	0	0	0
昆明	2	1	3	6	0	0	0	0
拉萨	0	0	0	0	0	0	0	2
西安*	0	0	0	0	0	0	0	0
兰州	0	0	0	0	0	0	0	10
西宁	0	0	0	0	0	0	0	12
银川	0	0	0	0	0	0	0	0
乌鲁木齐	5	0	0	0	0	0	0	19

注：城市名称后带“*”的为副省级城市，包括省会城市中带“*”的

12—4 续表 1

城　市	科普惠农兴村奖补资金（元）	科普惠农兴村表彰的先进单位和个人（个/人）	#农村专业技术协会	#农村科普示范基地	#农村科普带头人	#少数民族科普工作队	受表彰农村专业技术协会带动农户数（户）	受表彰农村科普示范基地带动农户数（户）	受表彰农村科普带头人带动农户数（户）
合　计	**8699000**	**283**	**111**	**94**	**73**	**0**	**170495**	**135578**	**78875**
副省级城市小计	**3822000**	**136**	**49**	**52**	**30**	**0**	**61886**	**48657**	**19087**
宁　波*	1980000	32	8	8	11	0	3000	5000	1800
厦　门*	0	0	0	0	0	0	0	0	0
深　圳*	0	0	0	0	0	0	0	0	0
青　岛*	430000	6	3	1	2	0	5680	1220	1650
大　连*	0	0	0	0	0	0	0	0	0
省会城市小计	**6289000**	**245**	**100**	**85**	**60**	**0**	**161815**	**129358**	**75425**
石家庄	0	0	0	0	0	0	0	0	0
太　原	0	0	0	0	0	0	0	0	0
呼和浩特	0	0	0	0	0	0	0	0	0
沈　阳*	200000	6	3	1	2	0	10000	1000	3500
长　春*	0	0	0	0	0	0	0	0	0
哈尔滨*	0	0	0	0	0	0	0	0	0
南　京*	80000	12	0	9	3	0	0	12000	320
杭　州*	140000	15	0	15	0	0	0	750	0
合　肥	570000	19	19	0	0	0	5900	0	0
福　州	600000	27	8	10	9	0	27	20	10
南　昌	610000	4	2	1	1	0	10	15	12
济　南*	500000	40	18	14	8	0	32234	25761	11300
郑　州	1300000	24	10	10	4	0	1200	1200	0
武　汉*	400000	3	3	0	0	0	690	0	0
长　沙	0	0	0	0	0	0	0	0	0
广　州*	0	0	0	0	0	0	0	0	0
南　宁	267000	36	12	9	15	0	95340	72330	55186
海　口	160000	12	2	6	4	0	4000	12000	4000
成　都*	0	0	0	0	0	0	0	0	0
贵　阳	0	0	0	0	0	0	0	0	0
昆　明	0	0	0	0	0	0	0	0	0
拉　萨	550000	5	1	1	3	0	32	186	30
西　安*	92000	22	14	4	4	0	10282	2926	517
兰　州	570000	9	4	2	3	0	1300	600	30
西　宁	0	0	0	0	0	0	0	0	0
银　川	0	0	0	0	0	0	0	0	0
乌鲁木齐	250000	11	4	3	4	0	800	570	480

12—4 续表 2

城市	开展"讲、比"活动企业数（个）	#国有企业	参与"讲、比"活动的科技人员（人次）	"讲、比"活动中被采纳合理化建议（条）	专家工作站（服务中心）（个）	#经济技术开发区	#高新开发区	专家进（站、中心）人数（人次）	专家服务团队（个）	参加服务团队专家人数（人次）
合　　计	**1419**	**583**	**227190**	**35590**	**309**	**25**	**26**	**5275**	**128**	**1123**
副省级城市小计	**699**	**278**	**157361**	**12701**	**259**	**20**	**12**	**5123**	**124**	**876**
宁　　波＊	116	5	3480	492	54	0	0	762	66	380
厦　　门＊	23	8	2000	125	7	0	0	47	2	47
深　　圳＊	0	0	0	0	1	0	0	3000	0	0
青　　岛＊	56	15	13600	300	21	1	2	280	0	0
大　　连＊	40	35	19300	800	10	0	0	50	2	20
省会城市小计	**1184**	**520**	**188810**	**33873**	**216**	**24**	**24**	**1136**	**58**	**676**
石家庄	52	46	777	8	0	0	0	0	0	0
太　　原	52	30	25200	12000	7	1	3	45	0	0
呼和浩特	0	0	0	0	0	0	0	0	0	0
沈　　阳＊	21	21	15500	1200	34	9	4	130	0	0
长　　春＊	17	7	25700	105	1	0	1	15	0	0
哈尔滨＊	37	35	1157	277	8	0	0	17	1	27
南　　京＊	51	39	17000	760	14	5	0	78	16	245
杭　　州＊	59	6	6333	1800	55	1	1	353	35	118
合　　肥	0	0	0	0	0	0	0	0	0	0
福　　州	25	3	1600	90	0	0	0	0	0	0
南　　昌	40	25	5500	312	0	0	0	0	0	0
济　　南＊	65	38	18547	4396	3	0	0	103	1	14
郑　　州	398	160	8560	4176	39	4	11	74	2	22
武　　汉＊	162	42	19310	30	4	0	0	20	0	0
长　　沙	5	5	400	25	0	0	0	0	0	0
广　　州＊	8	5	2674	530	1	0	0	3	1	25
南　　宁	33	12	18000	1210	2	0	0	18	1	221
海　　口	0	0	0	0	0	0	0	0	0	0
成　　都＊	32	10	12000	1886	46	4	4	265	0	0
贵　　阳	16	3	212	20	2	0	0	15	0	0
昆　　明	28	6	1020	1100	0	0	0	0	1	4
拉　　萨	0	0	0	0	0	0	0	0	0	0
西　　安＊	12	12	760	0	0	0	0	0	0	0
兰　　州	18	8	6360	3856	0	0	0	0	0	0
西　　宁	0	0	0	0	0	0	0	0	0	0
银　　川	5	3	50	2	0	0	0	0	0	0
乌鲁木齐	48	4	2150	90	0	0	0	0	0	0

注：城市名称后带"＊"的为副省级城市，包括省会城市中带"＊"的

12—5 各地区地级科协科技服务

地　区	提供决策咨询报告（篇）	#获上级领导批示报告	举办决策咨询活动（次）	参加决策咨询活动专家数（人次）	科技评价（项）	科技人才评价（人）	#专业技术职称评定	社区益民计划表彰的示范社区（个）
合　计	**2020**	**447**	**522**	**5142**	**95**	**1914**	**1429**	**660**
北　京	63	12	7	79	0	0	0	94
天　津	17	8	12	9	0	0	0	54
河　北	18	2	2	18	0	0	0	15
山　西	58	17	22	27	0	0	0	3
内 蒙 古	3	2	3	86	0	0	0	29
辽　宁	27	9	9	493	10	10	10	28
吉　林	9	2	15	70	0	0	0	8
黑 龙 江	21	5	13	184	0	0	0	8
上　海	109	33	68	264	1	0	0	20
江　苏	215	11	76	405	6	0	0	110
浙　江	127	17	15	160	2	49	39	5
安　徽	63	6	13	248	0	0	0	27
福　建	7	6	3	25	0	0	0	2
江　西	77	14	5	116	20	20	0	3
山　东	116	42	69	790	33	753	364	23
河　南	35	16	11	51	0	0	0	0
湖　北	265	43	61	370	1	20	0	4
湖　南	9	3	6	122	0	0	0	4
广　东	8	3	18	276	6	962	942	13
广　西	93	28	6	76	0	0	0	5
海　南	0	0	0	0	0	0	0	0
重　庆	217	30	16	276	0	0	0	31
四　川	59	14	25	225	0	0	0	24
贵　州	43	36	3	90	0	0	0	0
云　南	81	10	15	260	14	91	65	51
西　藏	6	4	0	0	0	0	0	0
陕　西	94	10	7	23	0	0	0	12
甘　肃	90	27	11	151	0	0	0	8
青　海	2	1	2	2	1	0	0	7
宁　夏	1	1	6	214	0	0	0	3
新　疆	40	12	1	21	1	9	9	45
新疆生产建设兵团	47	23	2	11	0	0	0	24

12—5 续表1

地　　区	科普惠农兴村奖补资金（元）	科普惠农兴村表彰的先进单位和个人（个/人）	#农村专业技术协会	#农村科普示范基地	#农村科普带头人	#少数民族科普工作队	受表彰农村专业技术协会带动农户数（户）	受表彰农村科普示范基地带动农户数（户）	受表彰农村科普带头人带动农户数（户）
合　　计	**28330800**	**2332**	**777**	**604**	**789**	**15**	**369385**	**273071**	**213164**
北　　京	7860000	75	20	21	34	0	10469	8210	2769
天　　津	220000	10	2	4	4	0	150	160	120
河　　北	600000	20	13	6	1	0	22200	1600	100
山　　西	1390000	81	36	27	18	0	4100	5300	3320
内 蒙 古	1430000	58	24	20	11	2	17482	3406	10392
辽　　宁	209000	54	18	10	24	2	1820	932	293
吉　　林	0	0	0	0	0	0	0	0	0
黑 龙 江	110000	32	4	12	16	0	11	19	32
上　　海	2360000	50	10	9	31	0	10348	3785	1280
江　　苏	1556500	80	22	28	30	0	19570	20840	47530
浙　　江	1210000	180	17	39	114	0	3232	3545	50893
安　　徽	540000	49	23	17	9	0	20767	1116	228
福　　建	462700	127	53	33	41	0	18213	8590	8531
江　　西	0	0	0	0	0	0	0	0	0
山　　东	2800000	357	152	92	102	1	127802	105001	48037
河　　南	1340000	77	26	22	26	0	770	3212	1548
湖　　北	555000	46	15	20	11	0	2650	3400	1200
湖　　南	100000	47	16	16	15	0	38915	50500	16146
广　　东	910000	38	12	13	13	0	1330	1610	860
广　　西	90000	104	35	35	33	1	7930	6615	4105
海　　南	0	0	0	0	0	0	0	0	0
重　　庆	965000	205	61	42	102	0	14090	10660	3880
四　　川	150000	14	8	3	3	0	12000	3100	1800
贵　　州	20000	2	0	2	0	0	0	260	0
云　　南	1563600	254	59	36	39	1	6405	3950	3530
西　　藏	0	0	0	0	0	0	0	0	0
陕　　西	882000	195	85	53	57	0	15180	3531	1700
甘　　肃	20000	6	2	3	1	0	5	6	5
青　　海	0	0	0	0	0	0	0	0	0
宁　　夏	0	0	0	0	0	0	0	0	0
新　　疆	906000	138	52	37	38	8	11576	15125	3560
新疆生产建设兵团	81000	33	12	4	16	0	2370	8598	1305

12—5 续表 2

地区	开展“讲、比”活动企业数（个）	#国有企业	参与“讲、比”活动的科技人员（人次）	“讲、比”活动中被采纳合理化建议（条）	专家工作站（服务中心）（个）	#经济技术开发区	#高新开发区	专家进（站、中心）人数（人次）	专家服务团队（个）	参加服务团队专家人数（人次）
合计	**6777**	**1594**	**736993**	**121040**	**649**	**118**	**44**	**8576**	**325**	**6048**
北京	43	6	4355	276	6	2	0	50	0	0
天津	105	34	14879	5788	4	0	0	11	0	0
河北	124	82	25205	3775	20	3	0	80	5	261
山西	119	71	64133	4633	21	0	0	305	0	0
内蒙古	51	10	20908	261	6	2	2	52	3	25
辽宁	329	119	52788	8137	108	5	2	1475	32	417
吉林	84	49	30315	1568	1	1	0	3	0	0
黑龙江	86	52	15549	4716	4	0	0	30	5	50
上海	1510	219	67810	1304	4	4	0	15	7	15
江苏	843	110	43876	3343	24	3	7	110	44	998
浙江	152	55	8772	114	95	7	2	584	62	564
安徽	164	58	7176	146	4	1	1	173	15	140
福建	88	16	15056	996	53	3	0	317	5	46
江西	80	23	15062	1222	10	3	3	90	11	164
山东	919	105	30409	31075	126	59	15	452	22	817
河南	154	62	13898	962	4	1	0	18	3	123
湖北	345	27	104670	6211	29	2	1	154	21	83
湖南	110	73	29224	10727	5	1	1	40	2	31
广东	238	16	15832	602	21	0	2	66	15	85
广西	131	23	36374	1109	1	0	1	2	3	303
海南	0	0	0	0	0	0	0	0	0	0
重庆	189	50	11208	496	27	7	2	302	6	187
四川	402	81	62357	30480	39	4	3	163	36	395
贵州	1	0	50	2	3	2	0	35	2	109
云南	55	17	5535	202	10	1	0	78	4	201
西藏	0	0	0	0	0	0	0	0	0	0
陕西	52	27	9771	303	1	0	0	1	0	0
甘肃	180	55	15973	1741	7	5	1	62	4	69
青海	0	0	0	0	0	0	0	0	1	28
宁夏	22	8	1903	34	14	2	1	1200	15	913
新疆	56	24	5718	410	1	0	0	3	0	0
新疆生产建设兵团	145	122	8187	407	1	0	0	5	2	24

12—6 各地区县级科协科技服务

地区	提供决策咨询报告（篇）	#获上级领导批示报告	举办决策咨询活动（次）	参加决策咨询活动专家数（人次）	科技评价（项）	科技人才评价（人）	#专业技术职称评定	社区益民计划表彰的示范社区（个）
合计	**5716**	**2182**	**1632**	**14222**	**713**	**4006**	**3276**	**1218**
北京	0	0	0	0	0	0	0	10
天津	7	4	1	22	0	0	0	5
河北	239	77	68	326	2	35	0	38
山西	220	64	36	162	4	21	13	74
内蒙古	141	47	22	510	8	6	3	32
辽宁	113	39	22	95	0	0	0	26
吉林	164	64	58	457	3	3	0	19
黑龙江	209	84	179	647	118	168	109	28
上海	14	0	17	230	0	0	0	0
江苏	383	134	77	671	2	41	41	163
浙江	328	84	79	823	12	202	134	48
安徽	181	97	31	239	1	71	71	45
福建	242	86	57	931	5	5	5	73
江西	190	78	94	271	2	11	2	42
山东	494	224	300	1975	71	648	544	161
河南	397	180	133	1778	9	19	5	17
湖北	654	192	102	903	36	220	72	56
湖南	389	183	50	555	119	280	180	88
广东	33	17	19	665	0	0	0	9
广西	169	85	12	514	5	20	0	13
海南	23	7	3	16	17	14	2	13
重庆	38	18	12	122	0	0	0	10
四川	335	122	56	330	18	301	300	32
贵州	100	46	17	220	28	20	8	15
云南	170	56	40	686	10	782	782	14
西藏	0	0	0	0	0	0	0	0
陕西	179	85	29	398	16	550	513	58
甘肃	181	53	47	273	2	50	30	35
青海	16	6	3	24	1	1	1	6
宁夏	28	10	20	171	160	146	144	6
新疆	79	40	48	208	64	392	317	82

12—6 续表 1

地　　区	科普惠农兴村奖补资金（元）	科普惠农兴村表彰的先进单位和个人（个/人）	#农村专业技术协会	#农村科普示范基地	#农村科普带头人	#少数民族科普工作队	受表彰农村专业技术协会带动农户数（户）	受表彰农村科普示范基地带动农户数（户）	受表彰农村科普带头人带动农户数（户）
合　　计	**45149701**	**6010**	**1634**	**1515**	**2475**	**74**	**688031**	**613151**	**292695**
北　　京	2030000	19	4	7	8	0	305	420	135
天　　津	0	0	0	0	0	0	0	0	0
河　　北	347000	74	20	25	29	0	6877	14644	5890
山　　西	2195000	92	25	36	30	0	6088	9142	3190
内 蒙 古	1813000	248	40	31	171	4	15224	15407	21978
辽　　宁	1152000	205	50	36	102	3	13061	12145	7456
吉　　林	0	0	0	0	0	0	0	0	0
黑 龙 江	545000	195	73	49	71	2	4676	8414	7127
上　　海	63000	4	0	3	1	0	0	1480	510
江　　苏	4822000	484	134	156	182	6	51060	57646	29118
浙　　江	4078201	647	54	153	422	2	3446	21767	17757
安　　徽	1727000	208	58	39	107	0	15950	11548	9469
福　　建	689500	112	33	33	42	0	15585	9956	9966
江　　西	491000	23	7	9	7	0	33300	9410	3740
山　　东	3938500	989	365	304	318	0	262197	252782	87863
河　　南	2351200	363	109	96	153	4	22774	15385	6877
湖　　北	2865000	247	67	63	90	3	56007	9917	5192
湖　　南	3664000	412	122	117	157	8	62893	62797	35022
广　　东	220000	21	3	2	15	0	18	3	56
广　　西	161000	164	26	19	119	0	8713	4991	3781
海　　南	225000	46	9	7	23	2	1510	1178	1029
重　　庆	960000	102	48	22	26	0	11950	13840	4360
四　　川	1635000	44	18	11	10	0	10638	9685	2234
贵　　州	494500	120	31	27	24	1	10279	3216	1041
云　　南	2652800	426	77	69	120	2	33115	36387	10842
西　　藏	0	0	0	0	0	0	0	0	0
陕　　西	3189500	465	179	124	148	1	21024	10417	6513
甘　　肃	1750000	37	16	11	8	2	3113	1380	380
青　　海	6000	8	0	1	2	5	0	10	20
宁　　夏	3000	22	0	1	1	20	0	5	120
新　　疆	1081500	233	66	64	89	9	18228	19179	11029

12—6 续表 2

地　区	开展"讲、比"活动企业数（个）	#国有企业	参与"讲、比"活动的科技人员（人次）	"讲、比"活动中被采纳合理化建议（条）	专家工作站（服务中心）（个）	#经济技术开发区	#高新开发区	专家进（站、中心）人数（人次）	专家服务团队（个）	参加服务团队专家人数（人次）
合　计	**16276**	**1526**	**505171**	**48428**	**802**	**155**	**40**	**13145**	**1261**	**24183**
北　京	0	0	0	0	0	0	0	0	0	0
天　津	38	1	528	110	2	0	1	56	10	199
河　北	778	189	19998	1194	13	4	0	95	31	777
山　西	246	48	11959	719	4	3	0	25	8	45
内蒙古	210	24	11587	728	9	1	0	59	19	549
辽　宁	518	62	19141	1481	21	4	1	99	48	1255
吉　林	378	21	14816	1289	2	0	0	1013	14	586
黑龙江	345	53	5484	555	49	2	2	587	42	474
上　海	3	0	1200	20	0	0	0	0	0	0
江　苏	2529	125	61456	5749	275	33	1	5537	221	3946
浙　江	950	15	49115	11767	123	15	6	1075	73	880
安　徽	621	39	7312	646	6	4	2	87	28	1472
福　建	1116	74	25826	3669	62	13	14	260	54	1116
江　西	306	67	6663	308	10	6	1	39	60	372
山　东	2436	219	98895	5852	74	36	3	632	117	2778
河　南	826	73	19891	2572	2	0	0	36	79	1391
湖　北	941	92	47402	3896	40	7	4	2211	97	1472
湖　南	792	145	16125	1664	7	3	0	52	30	939
广　东	989	31	10905	2175	17	0	1	610	24	782
广　西	365	48	9831	423	1	0	0	12	61	1072
海　南	25	5	1352	21	0	0	0	0	1	6
重　庆	234	13	4999	326	8	0	0	26	6	78
四　川	672	59	33957	2047	22	11	0	118	97	1121
贵　州	85	15	5142	79	18	0	0	28	13	536
云　南	109	20	2932	237	1	0	0	2	22	389
西　藏	0	0	0	0	0	0	0	0	0	0
陕　西	229	46	6370	164	8	1	0	115	40	792
甘　肃	242	14	8788	494	3	0	0	120	9	253
青　海	118	1	1367	6	0	0	0	0	2	62
宁　夏	78	18	651	61	17	8	3	220	35	403
新　疆	97	9	1479	176	8	4	1	31	20	438

12—7 各地区省级学会科技服务

地区	提供决策咨询报告（篇）	#获上级领导批示报告	举办决策咨询活动（次）	参加决策咨询活动专家数（人次）	科技评价（项）	科技人才评价（人）	#专业技术职称评定
合计	**3434**	**774**	**2920**	**19401**	**2984**	**13296**	**8543**
北京	138	18	142	956	15	1125	1125
天津	47	12	62	499	40	32	26
河北	55	38	79	287	9	77	57
山西	57	43	45	436	24	194	160
内蒙古	142	23	12	120	130	0	0
辽宁	56	18	62	571	61	49	36
吉林	31	8	28	206	51	73	33
黑龙江	47	16	31	407	11	53	33
上海	175	29	122	894	395	1002	278
江苏	115	27	103	587	63	648	425
浙江	119	25	61	381	64	237	204
安徽	144	33	83	685	26	275	183
福建	244	50	323	2252	235	623	356
江西	90	19	223	655	25	321	192
山东	186	20	67	420	53	624	170
河南	61	18	112	775	18	88	6
湖北	160	65	162	1352	81	759	347
湖南	176	12	189	897	131	184	107
广东	161	15	186	2004	76	2389	822
广西	134	64	206	1074	922	345	296
海南	3	2	9	162	5	8	8
重庆	174	97	222	972	65	1751	1601
四川	60	11	69	682	5	644	635
贵州	50	19	68	407	147	22	16
云南	91	27	61	546	100	210	155
西藏	387	6	9	63	11	12	12
陕西	235	32	80	562	69	443	329
甘肃	7	3	28	207	95	59	59
青海	27	11	16	21	46	714	546
宁夏	13	4	4	40	0	0	0
新疆	49	9	56	281	11	335	326

十三、为科技工作者服务

简要说明

本篇统计资料为

一、汇总数据，反映中国科协、地方科协和全国学会、省级学会开展为科技工作者服务的工作情况。

二、各省级科协的统计数据为本年度引进海外高层次人才、反映科技工作者建议、答复人大政协代表（委员）提案、看望科技工作者、科学道德和学风宣讲、继续教育和培训班、表彰奖励科技工作者等情况。

三、副省级城市、省会城市科协的统计数据为本年度引进海外高层次人才、反映科技工作者建议、答复人大政协代表（委员）提案、看望科技工作者、科学道德和学风建设宣讲、继续教育、表彰奖励科技工作者等情况。

四、地级科协的统计数据为本年度引进海外高层次人才、反映科技工作者建议、答复人大政协代表（委员）提案、看望科技工作者、表彰奖励科技工作者等情况。

五、县级科协的统计数据为本年度引进海外高层次人才、反映科技工作者建议、答复人大政协代表（委员）提案、走访看望科技工作者、表彰奖励等工作情况。

六、省级学会统计数据为本年度引进海外高层次人才、反映科技工作者建议、答复人大政协代表（委员）提案、看望科技工作者、继续教育和培训班、表彰奖励科技工作者等情况。

13－1 各级科协为科技工作者服务汇总表

指　　标	合　计	中国科协机关及直属单位	省级科协	副省级、省会城市科协	地级科协	县级科协
引进海外高层次人才（人）	191	9	57	6	42	77
反映科技工作者建议（条）	24796	1962	1594	270	4294	16676
#获上级领导批示的建议	6336	48	244	53	828	5163
答复人大政协代表（委员）提案（件）	2460	52	78	25	256	2049
走访看望（慰问）科技工作者（人次）	35523	265	2831	1232	5969	25226
科学道德与学风建设宣讲活动（场次）	136	1	122	13	—	—
宣讲活动受众人数（万人次）	27	0.60	25	1	—	—
参加科学道德与学风建设宣讲专家数（人次）	637	3	610	24	—	—
编写科学道德教育读本（册）	21	2	18	1	—	—
技术创新方法培训班（场次）	182	54	128	—	—	—
继续教育培训班（场次）	1453	5	236	392	820	—
培训结业人数（万人次）	21	0.04	2	2	17	—
宣传科技工作者人数（人）	8396	342	1647	406	6001	—
表彰奖励科技工作者（人次）	72206	1026	5827	2626	20349	42378
#女性科技工作者	21795	138	1832	763	6364	12698
#40岁以下科技工作者	25458	55	1754	642	7471	15536

13－2 全国学会、省级学会为科技工作者服务汇总表

指　　标	合　计	全国学会		省级学会
		所属学会	委托管理学会	
引进海外高层次人才（人）	248	73	0	175
反映科技工作者建议（条）	7841	451	33	7357
#获上级领导批示的建议	1882	60	11	1811
答复人大政协代表（委员）提案（件）	217	4	0	213
走访看望（慰问）科技工作者（人次）	18868	1709	87	17072
科学道德与学风建设宣讲活动（场次）	71	66	5	—
宣讲活动受众人数（万人次）	2	2	0.03	—
参加科学道德与学风建设宣讲专家数（人次）	234	229	5	—
编写科学道德教育读本（册）	0	0	0	—
技术创新方法培训班（场次）	0	0	0	—
继续教育培训班（场次）	5658	1235	8	4415
培训结业人数（万人次）	75	17	0.01	58
宣传科技工作者人数（人）	28863	12852	0	16011
表彰奖励科技工作者（人次）	53946	18742	151	35053
#女性科技工作者	14425	4234	69	10122
#40岁以下科技工作者	16416	6286	42	10088

13－3 各省级科协为科技工作者服务

地　　区	引进海外高层次人才（人）	反映科技工作者建议（条）	#获上级领导批示的建议（条）	答复人大政协代表（委员）提案（件）	走访看望（慰问）科技工作者（人次）	科学道德与学风建设宣讲活动			编写科学道德教育读本（册）
						活动次数（场次）	受众人数（人次）	参加宣讲活动专家数（人次）	
合　　计	**57**	**1594**	**244**	**78**	**2831**	**122**	**254926**	**610**	**18**
北　　京	0	341	8	4	320	1	650	2	1
天　　津	0	4	2	4	2	1	1200	3	0
河　　北	0	200	80	0	310	11	28308	50	5
山　　西	0	15	10	0	120	10	4454	20	0
内 蒙 古	0	108	8	0	273	5	16618	35	0
辽　　宁	0	0	0	0	26	3	5000	6	5
吉　　林	0	0	0	0	20	10	10000	63	0
黑 龙 江	0	85	3	0	0	3	9696	12	0
上　　海	0	109	36	0	0	15	45000	75	4
江　　苏	10	1	0	0	47	0	0	0	0
浙　　江	3	36	32	4	190	5	15000	30	0
安　　徽	22	53	0	0	10	9	20000	67	0
福　　建	4	27	22	0	352	1	1400	2	0
江　　西	0	0	0	0	63	2	6000	20	0
山　　东	0	129	12	0	85	3	10000	36	0
河　　南	0	0	0	1	51	5	15500	59	1
湖　　北	1	24	2	5	205	1	1100	2	0
湖　　南	0	93	4	0	70	2	2200	6	2
广　　东	0	70	5	0	50	0	0	0	0
广　　西	0	39	4	0	10	2	5500	4	0
海　　南	0	0	0	0	0	0	0	0	0
重　　庆	7	92	7	55	201	4	11000	36	0
四　　川	0	0	0	0	48	0	0	0	0
贵　　州	0	0	0	0	50	0	0	0	0
云　　南	0	0	0	1	18	1	3400	3	0
西　　藏	0	2	0	1	60	6	2900	5	0
陕　　西	0	60	0	0	70	4	4500	7	0
甘　　肃	10	18	2	0	80	3	7200	18	0
青　　海	0	12	2	3	100	2	5000	27	0
宁　　夏	0	60	1	0	0	10	21000	21	0
新　　疆	0	16	4	0	0	3	2300	1	0
新疆生产建设兵团	0	0	0	0	0	0	0	0	0

13—3 续表

地　区	技术创新方法培训班（场次）	继续教育培训班		宣传科技工作者人数（人）	表彰奖励科技工作者（人次）		
		次数（场次）	培训结业人数（人次）			#女性科技工作者	#40岁以下科技工作者
合　计	**128**	**236**	**15987**	**1647**	**5827**	**1832**	**1754**
北　京	2	65	3150	89	226	85	85
天　津	4	0	0	25	273	63	108
河　北	20	0	0	60	86	20	18
山　西	7	0	0	200	145	36	54
内蒙古	11	2	300	60	40	6	1
辽　宁	3	0	0	20	151	44	13
吉　林	4	0	0	5	53	14	10
黑龙江	0	0	0	0	89	34	33
上　海	16	11	1074	79	18	4	6
江　苏	15	0	0	42	120	29	47
浙　江	0	9	811	38	32	4	3
安　徽	0	6	550	133	70	10	5
福　建	4	7	791	195	459	35	64
江　西	0	9	300	25	36	10	9
山　东	12	52	1400	0	453	192	110
河　南	5	0	0	29	2730	1033	910
湖　北	0	0	0	36	70	1	0
湖　南	3	0	0	35	33	5	6
广　东	5	22	4833	200	0	0	0
广　西	4	0	0	20	85	23	46
海　南	0	0	0	0	30	5	5
重　庆	3	3	132	70	100	40	15
四　川	0	0	0	0	0	0	0
贵　州	0	0	0	1	20	9	1
云　南	2	0	0	0	75	19	20
西　藏	0	0	0	27	16	3	8
陕　西	0	1	60	38	129	34	85
甘　肃	4	2	36	26	120	35	50
青　海	3	34	770	16	11	0	0
宁　夏	1	12	1630	58	107	22	22
新　疆	0	1	150	120	50	17	20
新疆生产建设兵团	0	0	0	0	0	0	0

13－4　各副省级城市科协、省会城市科协为科技工作者服务

城　　市	引进海外高层次人才（人）	反映科技工作者建议（条）	#获上级领导批示的建议（条）	答复人大政协代表（委员）提案（件）	走访看望（慰问）科技工作者（人次）	科学道德与学风建设宣讲活动 活动次数（场次）	受众人数（人次）	参加宣讲活动专家数（人次）	编写科学道德教育读本（册）
合　　计	**6**	**270**	**53**	**25**	**1232**	**13**	**10450**	**24**	**1**
副省级城市小计	**6**	**123**	**23**	**18**	**802**	**8**	**3370**	**11**	**1**
宁　　波 *	1	4	1	4	200	3	1000	5	0
厦　　门 *	0	0	0	2	0	0	0	0	0
深　　圳 *	0	2	2	0	0	0	0	0	0
青　　岛 *	0	6	1	0	0	0	0	0	0
大　　连 *	0	5	3	1	60	1	700	2	0
省会城市小计	**5**	**253**	**46**	**18**	**972**	**9**	**8750**	**17**	**1**
石 家 庄	0	3	2	0	40	0	0	0	0
太　　原	0	0	0	1	4	0	0	0	0
呼和浩特	0	3	0	0	20	0	0	0	0
沈　　阳 *	0	8	5	0	0	0	0	0	0
长　　春 *	0	0	0	0	0	0	0	0	0
哈 尔 滨 *	0	6	2	0	0	1	800	1	1
南　　京 *	2	10	1	3	182	0	0	0	0
杭　　州 *	3	39	5	2	190	3	870	3	0
合　　肥	0	0	0	0	0	0	0	0	0
福　　州	0	0	0	0	103	0	0	0	0
南　　昌	0	50	15	0	0	0	0	0	0
济　　南 *	0	3	1	0	0	0	0	0	0
郑　　州	0	25	0	0	30	3	5000	10	0
武　　汉 *	0	21	2	0	60	0	0	0	0
长　　沙	0	7	1	0	20	0	0	0	0
广　　州 *	0	0	0	3	30	0	0	0	0
南　　宁	0	0	0	0	7	0	0	0	0
海　　口	0	15	2	3	0	0	0	0	0
成　　都 *	0	19	0	3	25	0	0	0	0
贵　　阳	0	1	1	0	0	1	80	1	0
昆　　明	0	2	0	1	20	0	0	0	0
拉　　萨	0	0	0	0	0	0	0	0	0
西　　安 *	0	0	0	0	55	0	0	0	0
兰　　州	0	0	0	1	16	1	2000	2	0
西　　宁	0	10	0	0	0	0	0	0	0
银　　川	0	13	1	1	20	0	0	0	0
乌鲁木齐	0	18	8	0	150	0	0	0	0

注：城市名称后带“*”的为副省级城市，包括省会城市中带“*”的

13—4 续表

城市	继续教育培训班		宣传科技工作者人数（人）	表彰奖励科技工作者（人次）		
	次数（场次）	培训结业人数（人次）			#女性科技工作者	#40岁以下科技工作者
合　计	**392**	**24331**	**406**	**2626**	**763**	**642**
副省级城市小计	**282**	**19151**	**268**	**1395**	**369**	**356**
宁　波*	200	10000	90	79	10	30
厦　门*	0	0	0	2	2	1
深　圳*	0	0	0	0	0	0
青　岛*	0	0	0	241	57	82
大　连*	4	120	0	55	11	8
省会城市小计	**188**	**14211**	**316**	**2249**	**683**	**521**
石家庄	0	0	0	0	0	0
太　原	30	2000	0	400	71	0
呼和浩特	0	0	3	0	0	0
沈　阳*	39	5000	0	193	51	45
长　春*	0	0	0	0	0	0
哈尔滨*	12	1500	80	96	37	17
南　京*	14	1395	16	107	39	15
杭　州*	12	1036	32	292	87	73
合　肥	0	0	0	0	0	0
福　州	0	0	0	0	0	0
南　昌	0	0	0	0	0	0
济　南*	0	0	0	0	0	0
郑　州	2	230	100	137	75	80
武　汉*	0	0	50	300	69	55
长　沙	0	0	0	11	2	10
广　州*	1	100	0	0	0	0
南　宁	0	0	0	300	106	130
海　口	0	0	0	5	1	0
成　都*	0	0	0	0	0	0
贵　阳	0	0	0	0	0	0
昆　明	0	0	6	62	14	3
拉　萨	0	0	0	11	0	0
西　安*	0	0	0	30	6	30
兰　州	0	0	0	59	28	20
西　宁	0	0	0	0	0	0
银　川	15	1000	15	15	0	0
乌鲁木齐	63	1950	14	231	97	43

13－5 各地区地级科协为科技工作者服务

地区	引进海外高层次人才（人）	反映科技工作者建议（条）	#获上级领导批示的建议（条）	答复人大政协代表（委员）提案（件）	走访看望（慰问）科技工作者（人次）
合计	**42**	**4294**	**828**	**256**	**5969**
北京	0	225	17	2	83
天津	0	102	19	9	67
河北	0	195	8	13	136
山西	0	131	28	1	80
内蒙古	0	23	10	8	64
辽宁	0	156	33	2	75
吉林	0	34	9	3	6
黑龙江	0	133	14	5	129
上海	22	217	59	73	325
江苏	15	506	34	8	687
浙江	0	108	24	3	40
安徽	1	84	6	6	357
福建	1	29	4	4	162
江西	0	66	13	0	63
山东	2	187	25	12	397
河南	0	194	51	10	366
湖北	0	255	68	6	227
湖南	0	202	42	9	184
广东	0	19	2	8	548
广西	0	131	29	6	258
海南	0	0	0	0	0
重庆	0	236	60	27	554
四川	0	58	17	5	203
贵州	0	12	1	1	83
云南	0	121	20	3	347
西藏	0	10	4	3	31
陕西	1	104	17	2	70
甘肃	0	198	52	8	192
青海	0	13	1	0	4
宁夏	0	40	0	0	67
新疆	0	114	5	10	151
新疆生产建设兵团	0	391	156	9	13

13－5 续表

地区	继续教育培训班 次数（场次）	继续教育培训班 培训结业人数（人次）	宣传科技工作者人数（人）	表彰奖励科技工作者（人次）	#女性科技工作者	#40岁以下科技工作者
合计	**820**	**171050**	**6001**	**20349**	**6364**	**7471**
北京	3	228	90	684	313	229
天津	13	750	232	1181	543	458
河北	15	87640	40	322	141	179
山西	8	300	39	794	267	126
内蒙古	19	570	39	99	20	37
辽宁	6	570	283	1468	466	437
吉林	0	0	322	1232	268	590
黑龙江	16	1660	1438	295	102	79
上海	352	28841	1237	792	318	315
江苏	206	12527	157	1256	207	324
浙江	1	700	144	464	125	99
安徽	16	870	218	363	92	81
福建	3	231	36	248	43	71
江西	12	368	142	201	48	38
山东	63	21966	361	2595	877	1065
河南	0	0	152	1830	692	1031
湖北	8	260	152	447	105	138
湖南	0	0	25	351	67	120
广东	47	12158	49	1310	429	511
广西	1	220	5	545	161	237
海南	0	0	0	0	0	0
重庆	18	853	147	666	236	295
四川	0	0	32	484	140	111
贵州	1	60	10	114	33	39
云南	5	158	22	831	183	278
西藏	6	70	16	11	4	8
陕西	1	50	114	603	120	224
甘肃	0	0	144	365	91	59
青海	0	0	49	7	1	1
宁夏	0	0	81	80	10	16
新疆	0	0	220	325	119	140
新疆生产建设兵团	0	0	5	386	143	135

13—6 各地区县级科协为科技工作者服务

地　区	引进海外高层次人才（人）	反映科技工作者建议（条）	#获上级领导批示的建议（条）	答复人大政协代表（委员）提案（件）	走访看望（慰问）科技工作者（人次）	表彰奖励科技工作者（人次）	#女性科技工作者	#40岁以下科技工作者
合　计	**77**	**16676**	**5163**	**2049**	**25226**	**42378**	**12698**	**15536**
北　京	0	1	0	0	10	10	6	4
天　津	0	15	12	1	76	87	25	32
河　北	0	1186	314	137	1355	1344	468	417
山　西	12	612	142	93	368	1187	424	250
内蒙古	0	435	109	57	390	693	250	173
辽　宁	0	509	112	76	418	1979	770	537
吉　林	0	420	149	107	297	1112	387	376
黑龙江	0	796	204	134	864	1261	396	608
上　海	0	5	3	0	0	40	13	10
江　苏	29	1037	425	114	2724	3561	997	1366
浙　江	5	1022	255	95	1967	2870	750	1014
安　徽	3	523	206	95	1520	973	271	346
福　建	0	653	177	64	1067	1678	442	659
江　西	0	637	144	72	799	759	202	229
山　东	9	1740	555	177	2087	4716	1555	2122
河　南	4	1291	414	98	1647	4012	1231	1771
湖　北	12	887	318	119	1274	3117	824	1002
湖　南	0	1499	560	194	1216	1796	436	547
广　东	0	87	17	20	777	1067	343	431
广　西	0	454	152	46	626	1284	458	616
海　南	0	68	27	8	269	143	59	61
重　庆	0	118	34	27	309	368	85	158
四　川	0	719	199	74	1210	2530	763	784
贵　州	0	237	58	32	833	725	247	301
云　南	0	386	116	25	1257	1354	286	524
西　藏	0	0	0	0	0	0	0	0
陕　西	0	488	174	76	750	1597	417	429
甘　肃	0	492	139	55	310	693	204	198
青　海	0	37	11	13	115	45	18	15
宁　夏	3	55	17	8	248	179	47	58
新　疆	0	267	120	32	443	1198	324	498

13—7 各地区省级学会为科技工作者服务

地区	引进海外高层次人才（人）	反映科技工作者建议（条）	#获上级领导批示的建议（条）	答复人大政协代表（委员）提案（件）	走访看望（慰问）科技工作者（人次）
合计	**175**	**7357**	**1811**	**213**	**17072**
北京	1	256	14	4	459
天津	12	81	36	0	439
河北	3	71	44	5	425
山西	7	298	78	8	2280
内蒙古	1	9	5	0	23
辽宁	7	455	114	5	385
吉林	8	110	16	1	164
黑龙江	17	2159	544	25	148
上海	12	87	20	1	857
江苏	11	46	7	7	293
浙江	10	67	12	4	437
安徽	3	123	36	17	300
福建	2	370	42	17	2303
江西	18	53	9	13	288
山东	8	433	41	7	725
河南	1	37	11	4	188
湖北	18	723	27	0	434
湖南	6	593	359	0	492
广东	3	43	5	0	753
广西	3	271	70	12	856
海南	0	1	0	10	121
重庆	7	427	161	7	489
四川	2	26	7	4	95
贵州	1	41	20	0	77
云南	1	69	19	3	1399
西藏	0	3	1	3	28
陕西	9	405	87	14	2209
甘肃	3	10	1	1	152
青海	1	37	8	1	127
宁夏	0	16	0	10	20
新疆	0	37	17	30	106

13—7 续表

地区	继续教育培训班		宣传科技工作者人数（人）	表彰奖励科技工作者（人次）		
	次数（场次）	培训结业人数（人次）			#女性科技工作者	#40岁以下科技工作者
合计	**4415**	**581445**	**16011**	**35053**	**10122**	**10088**
北京	305	34099	294	1010	369	385
天津	175	15409	342	1090	222	616
河北	81	14589	997	909	331	665
山西	71	9396	779	1029	215	100
内蒙古	131	3665	18	341	128	180
辽宁	127	81461	139	1937	566	606
吉林	103	21895	498	1775	589	81
黑龙江	101	11831	192	1578	310	114
上海	330	37498	479	1569	597	264
江苏	195	22549	1239	2156	585	668
浙江	234	28115	1194	1526	176	353
安徽	184	24831	822	541	123	142
福建	220	21179	2227	895	236	357
江西	72	8209	366	780	144	371
山东	284	30699	2064	5136	2451	1832
河南	72	9246	141	243	52	71
湖北	86	5349	328	1169	275	489
湖南	133	17607	146	2853	831	318
广东	360	54924	265	825	231	307
广西	121	12640	348	909	218	215
海南	1	150	100	50	10	32
重庆	95	9644	342	890	165	186
四川	127	7808	80	351	71	16
贵州	36	3171	447	701	120	280
云南	232	19784	912	979	268	553
西藏	1	60	5	11	6	4
陕西	257	27677	617	2872	561	430
甘肃	39	6914	6	17	1	15
青海	45	3983	491	468	151	192
宁夏	64	19819	19	77	33	21
新疆	133	17244	114	366	87	225

主要指标解释

主要指标解释

组织建设

直属单位 指由科协主办并直接领导的，经工商行政管理部门登记具有独立法人资格的企业，或经编制管理部门批准的事业单位（不含其下属的企事业单位）。

机关/直属单位从业人员 指在本单位工作、并领取劳动报酬的在编和连续工作一年以上的非在编人员。

农技协 指在民政部门登记、经科协正式审批接纳的农村专业技术协会（农技协）和在科协登记备案的各类农村专业技术研究会（农研会）。

个人会员（基层组织个人会员） 指企业、高校、乡镇、街道等建立的科学技术协会（科学技术普及协会）发展的个人会员（取得本学会会员资格的人员）。

基层科普员 指截止本年 12 月 31 日，本单位管理的在基层直接为公众提供科学技术咨询服务的，负责科普活动站（室）日常管理、科普画廊（宣传栏、橱窗）更新维护的专兼职科普工作者及科普志愿者。

理事会理事 指经会员代表大会选举产生的学会理事。

所属分科学会 指学会按专业划分的专业委员会、专业分会或专业组，不含工作委员会和地方分会。

学会个人会员 指在本学会注册登记，并取得本学会会员资格的人员（包括外籍会员）。

高级（资深）会员 指符合各学会章程所规定的高级会员或资深会员的标准的会员。如章程中无此项规定，则按具备高级专业技术资格的会员数填报。

外籍会员 指在本学会登记注册，并取得本学会会员资格的具有外籍身份的人员。

学会从业人员 指在本学会工作并领取劳动报酬的在编人员和连续工作一年以上的社会聘用人员。

社会聘用人员 指由学会聘用的在本学会连续工作一年以上的人员。

经费收入与支出

同级财政补助 指同级财政部门全年拨付的科学事业费、行政费、项目费和基建费等预算经费。不含通过同级财政部门拨付上级财政转移支付的上级科协项目资助。

科普经费 指专门用于科普设施建设和科普活动（含青少年科技活动）的专项经费。

上级科协项目补助 指上一级科协以项目资助或委托等形式拨付的经费。

事业收入 指本单位开展业务活动及其辅助活动取得的收入，包括科研收入、技术收入、学术活动收入、科普活动收入和试制产品收入等。

经营收入 指本单位在专业业务活动及辅助活动之外开展的非独立核算的生产经营活动取得的收入，包括产品销售收入、经营服务收入、工程承包收入、租赁收入和其他经营收入等。

其他收入 指本单位经费筹集总额中除上述收入外的所有收入。

挂靠单位资助 指挂靠单位补贴学会的全部经费，包括事业费补助、人员工资补贴以及其他各类经费补贴等。

捐赠 指国内外有关单位、团体和个人给予本单位的捐赠和资助。

科技期刊收入 指本单位编辑出版及公开发行科技期刊所取得的相应收入。

承担委托项目收入 指本单位承担有关部门和单位委托的项目论证、决策咨询、科研课题、成果鉴定、职称评定等项工作所取得的经费。

学术交流活动

国内学术会议 指在我国境内，由本单位主办（或第一主办）的综合交叉性、专业性高端前沿等系列学术研讨会、交流会、报告会和论坛等。学术会议有国内有关专家、学者及科技人员参加并提交学术论文。

境内国际学术会议 指在我国境内，由本单位主办（或第一主办）以及受国际组织委托承办的综合交叉性、专业性高端前沿等系列学术研讨会、交流会、报告会和论坛等。学术会议有三个或三个以上国家或地区（不含港、澳、台地区）的专家、学者及科技人员参加并提交学术论文。

高端前沿学术会议 指围绕最能代表某一学科或专业领域发展趋势、制约该学科或领域当前发展的关键性科学问题而举办的学术会议，以主题前沿性、人员专业性和规模小型性为主要特征。

综合交叉学术会议 指围绕某些仅凭单一学科无法认识、只能通过多学科的联合协作才能准确研究的交叉性科学问题而举办的学术会议，由来自不同学科背景的研究者共同参与，以选题学科交叉性、跨学科、跨领域为主要特征。

学术服务会议 指为解决国家、地区重大战略需求以及优先发展的科技领域的科学问题而举办的学术会议，以提出有针对性决策建议为主要特征。

科技期刊

主办科技期刊 指本单位主办的，具有固定刊名、刊期、年卷或年月顺序编号、印刷成册、以报道科学技术为主要内容的连续出版物。包括学术期刊、综合期刊、技术期刊、科普期刊和检索期刊。只统计在新闻出版机构注册登记，有正式刊号或内部准印证并由本单位直接主办、负责编辑的期刊，不包括各类内部刊物。

中文学术期刊 指以刊登研究报告、学术论文、综合评述为主要内容的中文期刊。

科普期刊 指本单位年度内独立或牵头组织编辑发行以刊登科普知识为主要内容，并在新闻出版机构登记、有正式刊号或有内部准印证的科普性刊物。不包括各类内部刊物。

科普活动

举办科普宣讲活动 指本单位单独和牵头组织的，以报告会、广播、电视、报刊、网络和其他形式举办的科普讲座和报告，以陈列实物及展示图片等形式举办的各类科普展览，组织相关专业专家组成智力团体，以科学技术为依据，向社会和公众提供的智力服务。按专题统计，每个专题为一次。

播放科技广播、影视节目 指截止本年 12 月 31 日，本单位组织的，通过电台、电视台或其他形式向公众普及科学知识、宣传科学思想、科学精神和科学方法所播放广播、影视节目的时间。

举办实用技术培训 指本单位单独和牵头组织的，主要面向农村党员、基层干部，以传播、推广和普及适应农业和农村经济发展需求的先进实用技术为主要内容，通过现代远程教育等形式开展的培训。

参加活动科技人员总数 指参与全国科普日、科技周、科技下乡、科教进社区活动的全部工作人员，包括科协工作人员、学会工作人员、志愿者、被邀请的专家和科技专业人员等。

青少年科技教育

举办青少年科普宣讲活动 指本单位单独和牵头组织的，以报告会、广播、电视、报刊、网络和其他形式举办的科普讲座和报告，以陈列实物及展示图片等形式举办的各类科普展览，面向青少年普及科学知识、传播科学思想、科学精神、科学方法。按专题统计，每个专题为一次。

播放青少年广播、影视节目 指截止本年 12 月 31 日，本单位组织的，利用电台、电视台或其他形式，播放以青少年教育为题材普及科学知识、传播科学思想、科学精神和科学方法的广播、影视节目的时间。

举办青少年科技竞赛 指由本单位独立举办或牵头组织举办的旨在推动青少年科技活动的蓬勃开展，培养青少年的创新精神和实践能力，提高青少年的科技素质，鼓励优秀人才的涌现，推进科技普及发展的各类科技竞赛活动。

编印青少年科技教育资料 指本单位编印的，以青少年科技教育为题材的论文集、画册、宣传资料、汇编等。

举办青少年科技教育培训 指本单位单独和牵头组织的，向青少年普及科学知识、实用技术和技能的培训活动。

科普基础设施建设

科技馆 指截止本年 12 月 31 日，本单位拥有所有权或使用权的，具备展览教育，培训教育、实验教育等功能的社会科技教育固定设施。面向公众常年开馆。

建筑面积 指截止本年 12 月 31 日，本单位拥有所有权或使用权的科技馆的展览教育、公众服务、业务研究、管理保障等用房主体建筑面积总和。

展厅面积 指截止本年 12 月 31 日，本单位拥有所有权或使用权的科技馆内专门用于布置常设展览和短期展览的用房（场所）的使用面积。

科普画廊建筑面积（宣传栏、科技宣传橱窗） 指截止本年 12 月 31 日，由本单位单独或牵头联合有关单位共同在广场、社区、村寨、公园、道路边等地方建设的、直接向公众宣传科学技术信息的具有展示功能的宣传栏、橱窗等固定科普设施。按实际建筑面积计算。单面的计算单面面积，双面的计算双面面积。N 个单个建筑面积之和等于总面积。

科普画廊展示面积 指截止本年 12 月 31 日，在本单位单独或牵头联合有关单位共同建设的科普画廊（宣传栏、橱窗）中，展示科学技术信息图片、文字的实际面积。按实际展示面积计算。单面的计算单面面积，双面的计算双面面积。N 个单个年展示面积之和等于年展示面积。单个年展示面积＝每次展示面积×展示次数。

科普大篷车 指截止本年 12 月 31 日，本单位获得中国科协配发的用于科普活动的大篷车。由使用大篷车单位填报。

科普大篷车行驶里程 指截止本年 12 月 31 日，本单位科普大篷车当年开展科普活动所累计行驶的公里数。

全国科普教育基地 指截止本年 12 月 31 日，由中国科协按照《全国科普教育基地管理办法》评审、命名的全国科普教育基地（不包括科技馆）。各级科协组织被命名单位填报。

省级科普教育基地 指截止本年 12 月 31 日，由省级科协单独或联合有关部门命名的省级科普教育基地（不包括科技馆）。由命名单位组织被命名单位填报。

科普示范县（市、区） 指截止本年 12 月 31 日，本单位命名的本辖区的科普示范县级行政区划数。由命名单位填报统计数据。县级及县级以下科协不填报此指标。

科普示范街道（乡镇）/ 社区（村）/户 指截止本年 12 月 31 日，本单位命名的科普示范街道（乡镇）/ 社区（村）/户。由命名单位填报统计数据。

科技传播

编著科技图书 指本单位组织编著的科技综合类、信息类、普及类、专业技术类和专著等图书。只统计在新闻出版机构登记，有正式书号的科技图书。

主办科技报纸 指本单位主办的面向社会的科技综合类、信息类、普及类和专业技术类报纸。只统计在新闻出版机构注册登记，有正式报刊登记证，由本单位直接主办、负责编辑的科技报纸。

制作科普挂图 指本年度内，本单位独立或牵头组织编创的，用于各项科普宣传活动的挂图。以主题进行统计，一个主题计为一种。

制作科技广播、影视节目 指本单位年度内独立或牵头组织制作的以宣传科学技术为主要内容的广播节目、电影和电视节目的数量。

制作科普动漫作品 指本单位年度内，以“科普创意”为核心，以动画、漫画为表现形式，以网络为技术传播手段的动漫作品等。

主办科技网站 指截止本年 12 月 31 日，本单位建在因特网上一块固定的面向社会公众传播科学知识、科学精神、科学思想和科学方法的站点。网站由域名（网站地址）、程序和网站空间构成，通常包括主页和其他具有超链接文件的页面。

科技开放与交流

加入国际民间科技组织 指本单位代表国家或团体加入国际组织数量。

任职专家 指在国际组织中担任主席、副主席或执委的专家数。

促成科技合作项目 指本年内本单位牵头引进的商贸、会议、展览、科研、培训等国际科技合作项目，以签订合作协议为标志。不包括：没有签订协议的国际科技项目、国内科技合作项目。

参加国外/港澳台地区科技活动人数 指本单位组织参加国外/港澳台地区会议、参展、经贸、访问考察、科研、培训等科技活动的科技工作者。

接待国外/港澳台地区专家学者 指本单位单独或牵头接待，来境内（不含港、澳、台地区）参加会议、展览、经贸、访问考察、科研、培训等科技活动的国外/港澳台地区的专家学者。

科技服务

科技评价 指本年度内本单位牵头开展的对科技政策、计划、项目、成果、专有技术、产品机构、人才等科技活动有关的行为，遵循一定的原则、程序和标准，运用科学、公正和可行的方法所进行的专业判断活动。

科技人才评价 指本年度内本单位牵头开展的针对某一目标，按照规定的原则、程序和标准对科技人才做出价值判断的活动。

专业技术职称评定 指本年度本单位牵头组织专家针对某一专业领域的专业人员，按照规定的原则、程序和标准所进行的专业技术资格认定的活动。由专业技术资格认定单位填报。

社区益民计划表彰的示范社区 指本年度本单位按照社区益民计划表彰标准评选表彰的城市示范社区的数量。由表彰单位填报。

开展“讲、比”活动企业数 指本年度内开展“讲理想、比贡献”活动的企业数量。统计本级地方科协直接联系的企业。

参与“讲、比”活动的科技人员 指本年内参加本企业组织开展的“讲、比”活动的科技人员数量。

“讲、比”活动中被采纳合理化建议 指本年度在开展“讲、比”活动中，企业采纳科技人员提出的合理化建议的数量。以“条”为计量单位统计。

专家工作站（服务中心） 指截止本年12月31日，本级科协组织协同有关单位，为高层次专家直接参与经济建设和社会服务而组建的专家科技服务机构。

专家进站人数 指本年度内，以设站单位名义聘请进入专家工作站的专家。由颁发证书单位填报。

专家服务团队 指本单位根据项目合作需要，按专业特点牵头组织的专家服务团队，打破单位界限，进行专家资源的整合，承担科学普及、科技攻关、决策咨询、工程论证、技术指导、科技扶贫等相关合作。

为科技工作者服务

反映科技工作者建议 指科技工作者以书面形式正式向同级或上级党和政府及有关部门反映的有关社会、经济、科技、科技团体和个人权益保障等方面的意见和建议。

答复人大政协代表（委员）提案 指本单位负责并完成答复人大和政协的有关机构交办的议案。

表彰奖励科技工作者 指本单位正式行文表彰（含命名）的，在科技工作中有特殊贡献的科技工作者。一般的表扬鼓励和专门针对本单位工作人员的奖励不统计在内。